A ECONOMIA POLÍTICA DA DEFESA

Editora Appris Ltda.
1.ª Edição - Copyright© 2024 do autor
Direitos de Edição Reservados à Editora Appris Ltda.

Nenhuma parte desta obra poderá ser utilizada indevidamente, sem estar de acordo com a Lei nº 9.610/98. Se incorreções forem encontradas, serão de exclusiva responsabilidade de seus organizadores. Foi realizado o Depósito Legal na Fundação Biblioteca Nacional, de acordo com as Leis n⁰ˢ 10.994, de 14/12/2004, e 12.192, de 14/01/2010.

Catalogação na Fonte
Elaborado por: Dayanne Leal Souza
Bibliotecária CRB 9/2162

D144e
2024
	Dall'Agnol, Gustavo Fornari
	   A economia política da defesa / Gustavo Fornari Dall'Agnol.
	1. ed. – Curitiba: Appris, 2024.
	   269 p. : il. color. ; 23 cm. – (Coleção RI).
	
	   Inclui referências.
	   ISBN 978-65-250-6574-8
	
	   1. Defesa. 2. Inovação. 3. Economia política. I. Dall'Agnol, Gustavo Fornari. II. Título. III. Série.
	
	                                                                   CDD – 330.9

Livro de acordo com a normalização técnica da ABNT

Appris
editora

Editora e Livraria Appris Ltda.
Av. Manoel Ribas, 2265 – Mercês
Curitiba/PR – CEP: 80810-002
Tel. (41) 3156 - 4731
www.editoraappris.com.br

Printed in Brazil
Impresso no Brasil

Gustavo Fornari Dall'Agnol

A ECONOMIA POLÍTICA DA DEFESA

Appris
editora

Curitiba, PR
2024

FICHA TÉCNICA

EDITORIAL	Augusto Coelho
	Sara C. de Andrade Coelho

COMITÊ EDITORIAL:
- Ana El Achkar (Universo/RJ)
- Andréa Barbosa Gouveia (UFPR)
- Antonio Evangelista de Souza Netto (PUC-SP)
- Belinda Cunha (UFPB)
- Délton Winter de Carvalho (FMP)
- Edson da Silva (UFVJM)
- Eliete Correia dos Santos (UEPB)
- Erineu Foerste (Ufes)
- Fabiano Santos (UERJ-IESP)
- Francinete Fernandes de Sousa (UEPB)
- Francisco Carlos Duarte (PUCPR)
- Francisco de Assis (Fiam-Faam-SP-Brasil)
- Gláucia Figueiredo (UNIPAMPA/ UDELAR)
- Jacques de Lima Ferreira (UNOESC)
- Jean Carlos Gonçalves (UFPR)
- José Wálter Nunes (UnB)
- Junia de Vilhena (PUC-RIO)
- Lucas Mesquita (UNILA)
- Márcia Gonçalves (Unitau)
- Maria Aparecida Barbosa (USP)
- Maria Margarida de Andrade (Umack)
- Marilda A. Behrens (PUCPR)
- Marília Andrade Torales Campos (UFPR)
- Marli Caetano
- Patrícia L. Torres (PUCPR)
- Paula Costa Mosca Macedo (UNIFESP)
- Ramon Blanco (UNILA)
- Roberta Ecleide Kelly (NEPE)
- Roque Ismael da Costa Güllich (UFFS)
- Sergio Gomes (UFRJ)
- Tiago Gagliano Pinto Alberto (PUCPR)
- Toni Reis (UP)
- Valdomiro de Oliveira (UFPR)

SUPERVISORA EDITORIAL	Renata C. Lopes
PRODUÇÃO EDITORIAL	Sabrina Costa
REVISÃO	Stephanie Ferreira Lima
DIAGRAMAÇÃO	Bruno Ferreira Nascimento
CAPA	Daniela Baum
REVISÃO DE PROVA	Bruna Santos

COMITÊ CIENTÍFICO DA COLEÇÃO RELAÇÕES INTERNACIONAIS

DIREÇÃO CIENTÍFICA	Ramon Blanco (UNILA)
	Lucas Mesquita (UNILA)

CONSULTORES:
- Alexsandro Pereira (UFPR)
- Andrea Pacheco Pacífico (UEPB)
- Danielle Jacon Ayres Pinto (UFSC)
- Dawisson Belém Lopes (UFMG)
- Déborah Silva do Monte (UFGD)
- Fernando Ludwig (UFT)
- Gilberto Oliveira (UFRJ)
- Jayme Benvenutto (UFPE)
- Karina Lilia Pasquariello Mariano (UNESP)
- Lara Selis (UFU)
- Letícia Carvalho (PUC-MG)
- Marcela Vecchione (UFPA)
- Marcos Alan Ferreira (UFPB)
- Júlio C. Rodriguez (UFSM)
- Marta Fernandez (PUC-RJ)
- Maurício Santoro (UERJ)
- Muryatan Santana Barbosa (UFABC)
- Roberto Menezes (UNB)

INTERNACIONAIS:
- Cécile Mouly - Facultad Latinoamericana de Ciencias Sociales (FLACSO) Ecuador
- Daniela Perrotta - Universidad de Buenos Aires (UBA)
- Nahuel ODonne - Instituto Social del MERCOSUR

*Aos meus pais, Ledamir Fornari e Darlei Dall'Agnol,
que me deram o presente da vida, não uma, mas inúmeras vezes.*

AGRADECIMENTOS

Em primeiro lugar, gostaria de agradecer a Coordenação de Pessoal de Ensino Superior (Capes), pelo apoio financeiro, sem o qual esta pesquisa não poderia ser realizada. Eu gostaria de estender meu agradecimento especial ao meu orientador, Prof. Dr. Eugenio Diniz, que não só me orientou fazendo observações precisas, mas foi fundamental para meu desenvolvimento intelectual, por meio de suas aulas, provendo um aparato acadêmico sólido e as ideias que deram gênese à essa tese. Eu não poderia de ser grato ao reconhecimento concedido pela Associação Brasileira de Relações Internacionais (ABRI), por ter concedido a este trabalho o prêmio de melhor tese em 2023, o que levou ao convite da editora Appris para sua publicação.

Eu não poderia deixar de reconhecer a equipe, tanto técnica como docente, do Programa de Relações Internacionais na Pontifícia Universidade Católica de Minas Gerais (PUC-MG). A contribuição deles foi essencial para meu desenvolvimento enquanto pesquisador, especialmente me providenciando o aparato teórico e metodológico necessários para este trabalho. Gostaria de agradecer aos professores Letícia Carvalho de Souza de Andrade, Otávio Dulce e Maria de Fátima Junho Anastasia. Na PUC-MG, trabalhei também como estagiário docente com o professor Jorge Lasmar em sua aula de Teoria das Relações Internacionais, o que aprimorou meu conhecimento na área. Ademais, tive a oportunidade de trabalhar como professor assistente na instituição, lecionando Metodologia, Teoria das Relações Internacionais e Tomada de Decisão, experiência que se provou fundamental para essa tese. Nesse sentido, sou grato à Daniela Secches, coordenadora do curso, por me confiar esse emprego. Na PUC-MG, sou grato especialmente aos meus colegas de orientação Andrea Resende, Aimara de Aguiar, Eduardo Kraemer, Pedro Diniz e Eduardo Maia. A eles sou grato pelos importantes debates, ao lado de suas amizades.

Gostaria de agradecer a Augusto Cesar Dall'Agnol, meu primo, amigo e colega, por suas contribuições diretas para este livro, com quem desenvolvi uma sólida parceria de trabalho. Estendo minha gratidão aos colegas pesquisadores do Instituto Sul-Americano de Política e Estratégia (Isape), instituição que oferece um bom espaço para pesquisa e debate. Meu pai,

Darlei Dall'Agnol, que também contribuiu amplamente para meu doutorado, por meio de debates e excelentes sugestões. Durante o doutorado, também compartilhei ideias de pesquisa e importantes debates com Bruno Haeming, amigo e colega, e por isso lhe agradeço.

Sou grato ao professor David R. Mares e à Universidade da Califórnia em San Diego (UCSD), por me aceitarem como pesquisador visitante, com um projeto aprovado pelo Conselho Nacional de Desenvolvimento Científico e Tecnológico (CNPq), que infelizmente, devido à pandemia, não pude realizar. No entanto, fui convidado a participar dos seminários do Centro de Estudos Ibéricos e Latino-Americanos (Cilas) da instituição, um lugar excepcional para troca de experiências de pesquisa. O General Accountability Office (GAO), o Congressional Research Service (CRS) e o Congressional Budget Office (CBO) ofereceram dados e estatísticas valiosas que utilizei em meu projeto.

Também gostaria de expressar minha gratidão à minha família, especialmente aos meus pais, Ledamir Fornari e Darlei Dall'Agnol, pelo apoio emocional incondicional. À minha noiva, Júnia Roberta de Souza Pereira, agradeço pelo carinho durante os anos desta pesquisa, especialmente durante a pandemia. Meus amigos em minha cidade natal, Florianópolis, que sempre estiveram ao meu lado e por isso sou grato.

A defesa nacional é uma das obrigações cardinais do homem de Estado, e há uma obrigação em performar tal função a despeito de política partidária ou quaisquer destas disputas.

(John Adams)

O melhor professor, o fracasso é.

(Mestre Yoda)

PREFÁCIO

Conheci Gustavo Fornari Dall'Agnol no seu doutorado, no Programa de Pós-Graduação em Relações Internacionais da Pontifícia Universidade Católica de Minas Gerais (PUC-Minas), na condição de seu orientador. Foi para mim uma grande alegria orientá-lo. Exemplar ao participar das atividades em sala de aula, diligente, proativo e criativo em suas atividades de pesquisa, escolheu um tema que aproveita um de seus pontos fortes: sua facilidade de integrar distintas perspectivas no enfrentamento de questões que envolvem aspectos políticos, sociais e econômicos. Chama a atenção, em particular, seu amplo conhecimento da literatura sobre inovação,

Essa riqueza de perspectivas permitiu-lhe enfrentar um problema particularmente espinhoso: o que faz com que um projeto de inovação de larga escala em defesa possa ser bem-sucedido ou fracasse? Trata-se de uma questão que, aparentemente voltada para um problema de competição entre indústrias, é, na verdade, um problema que se relacionada diretamente com possibilidades de alteração no balanço de forças entre Estados, a partir de decisões sobre gastos públicos, necessariamente tomadas em âmbito político doméstico, expressando coalizões de interesses altamente diversos, dispersos socialmente. Consistentemente com a natureza do problema, Gustavo parte de três ângulos de análise: a perspectiva estrutural da política internacional, a perspectiva da política burocrática sobre o processo de decisão política no âmbito doméstico e a literatura sobre inovação — que, partindo da tradição inaugurada por Schumpeter, teve amplo desenvolvimento a partir dos trabalhos de Freeman, Pavitt, Mowery, Nelson, Winter, Teece... Sua hipótese é que consenso político (internamente ao Congresso e ao Executivo e entre ambos) e viabilidade tecnológica são condições necessárias e, conjuntamente, suficientes para explicar o sucesso ou o fracasso dos projetos de defesa, ao passo que a existência de ameaça externa está forte e positivamente relacionada ao sucesso ou ao fracasso do projeto; afinal, iniciativas complexas como projetos de inovação de larga escala em defesa dependem de financiamento sustentado ao longo de muito tempo, ultrapassando o horizonte de uma ou duas administrações. Essa percepção fica clara no título do Capítulo 4 da tese: "O cerne da questão: o orçamento".

Testar a validade dessa hipótese exigiu um esforço significativo, que não tinha como ser tratado quantitativamente. Assim, a tese envolve quatro estudos de caso de projetos bastante significativos, entre bem-sucedidos e malsucedidos: o desenvolvimento de submarinos a propulsão nuclear, o bombardeiro furtivo B2, o Future Combat System e o F-35. Trata-se de programas dos EUA, o que foi necessário para manter controlados os demais fatores enquanto se variavam as condições em que os programas estiveram envolvidos.

Leiam o livro para saberem o resultado. O que faço questão de adiantar aqui é que o esforço de pesquisa do Gustavo foi muito bem-sucedido — a tal ponto que sua tese foi premiada como a melhor tese de doutorado em Relações Internacionais no 9º Encontro Nacional da Associação Brasileira de Relações Internacionais (Abri), em 2023. A premiação foi merecidíssima, pelos méritos do trabalho, que expressam fielmente as extraordinárias qualidades, que mencionei antes, do pesquisador Gustavo Fornari Dall'Agnol.

As aplicações e implicações do trabalho são óbvias: a partir dos resultados da pesquisa do Gustavo, podem-se calibrar melhor as expectativas de sucesso de programas complexos; dimensionar os riscos de tais iniciativas dadas determinadas condições; identificar as condições em que a opção por correr os riscos inerentes a tais iniciativas é mais pertinente, mais razoável; tomar melhores decisões de investimento no âmbito da indústria de defesa; tomar melhores decisões de alocação de recursos escassos. Seus impactos potenciais na política de defesa são notórios e muito significativos. A contribuição do Gustavo merece ser lida e refletida pelos pesquisadores da área de Estudos de Defesa, mas também pelos responsáveis por decisões políticas, no Congresso e no Executivo, e pelos executivos das empresas da indústria de defesa, no Brasil e no exterior, que se beneficiarão muito deste trabalho.

Ao Gustavo, parabéns pelos muitos méritos, seus e do seu trabalho, e obrigado pela oportunidade de acompanhá-lo ao longo do seu desenvolvimento. E a você, que me lê, desejo uma ótima leitura. Sei que esta lhe será muito proveitosa.

Prof. Dr. Eugenio Diniz
Professor da PUC-MG/ Diretor Executivo da Synopsis

LISTA DE ABREVIATURAS[1]

A2/D2	Anti-Access/Area-Denial
AAN	Army After Next
ACAT	DoD Acquisition Categories
ACF	Advocacy Coalition Framework
AEC	Atomic Energy Commission
ALCM	Air Launched Cruise Missile
ALIS	Autonomic Logistics Information System
APUC	Average Procurement Unit Cost
BCT	Brigade Combat Team
BES	Budget Estimate Submission
BP	Bureaucratic Politics
BUR	Bottom-Up Review
CAIG	Cost Analysis Improvement Group
CBO	Congressional Budget Office
CIA	Central Intelligence Agency
Circular A-11	Preparation, Submission and Execution of the Budget
CNO	Chief of Naval Operations
COCOM	Combatant Command
CPA	Chairman-s Program Assessment
CPR	Chairman's Program Recommendation
CR	Continuing Resolutions
CSF	Critical Success Factors
CTD	Concept and Technology Demonstration
CTOL	Conventional Take-Off and Landing
D(PA&E)	Director of Program Analysis and Evaluation
DARPA	Defense Advanced Research Projects Agency
DIB	Defense Industrial Base

---

[1] As abreviações foram deixadas em inglês, dado que são específicas do contexto do país trabalhado.

DoD	Department of Defense
DODIG	Department of Defense Inspector General
DoE	Department of Energy
EBR-1	Experimental Breeder Reactor
FCS	Future Combat Systems
FOC	Full Operational Capability
FPDM	Foreign Policy Decision-Making
FRP	Full-rate Production
FY	Fiscal Year
FYDP	Future-Years Defense Program
GAO	General Accountability Office
GDP	Gross Domestic Product
GE	General Electric
HAC	House Appropriation Committee
HASC	House Armed Forces Committee
HBC	House Budget Committee
HCM	Historical-Comparative Method
HMDS	Helmet Mounted Display System
IAF	Israeli Air Force
IO&E	Initial Operational Test Evaluation
IOC	Initial Operating Capability
IP	Intellectual Property
IPL	Integrated Priority List
IR	International Relations
IRS	Infra-Red Signature
IS	International System
JAST	Joint Advanced Strike Technology
JCIDS	Joint Capabilities Integration and Development System
JCS	Joint Chief of Staff
JPG	Joint Programming Guidance
JSF	Joint Strike Fighter
LO	Low Observable
LRIP	Low Rate Initial Production
LSI	Lead Systems Integrator

MADL	Multifunctional Data Link
MIT	Massachusetts Institute of Technology
MITI	Ministry of International Trade and Industry (Japan)
MTR	Material Testing Reactor
NASA	National Aeronautics and Space Administration
NATO	North Atlantic Treaty Organization
NDAA	National Defense Appropriation Act
NRL	Naval Research Laboratory
NRO	Navy Reconnaissance Office
NSC	National Security Council
NSC-68	National Security Council 68
NSI	National System of Innovation
O&M	Operation and Maintenance
O&M	Operations and Maintenance
OCLL	Chief, Legislative Liaison
OMB	Office of Management and Budget
OSD	Office of the Secretary of Defense
PAUC	Procurement Acquisition Unit Cost
POM	Program Objective Memorandum
PPBE	Programming, Budgeting and Execution
PPBS	Planning, Programming and Budgeting System
PWR	Pressurized Water Reactor
QDR	Quadrennial Defense Review
R&D	Research and Development
RCS	Radar Cross Section
RD&E	Research, Development and Execution
RMA	Revolution in Military Affairs
SAC	Senate Appropriation Committee
SALT	Strategic Arms Limitation Talk
SAR	Selected Acquisition Report
SASC	Senate Armed Forces Committee
SBC	Senate Budget Committee
SC	Success Criteria
SDD	System Design and Development

SDI	Strategic Defense Initiative
SIR	Submarine Intermediate Reactor
SLBM	Submarine Launched Ballistic Missiles
SOPs	Standard Operation Procedures
SPG	Strategic Planning Guidance
SRAM	Short Range Attack Missile
STOVL	Short Take-Off and Vertical Landing
TINA	Truth in Negotiations Act
TRIPS	Trade-Related Aspects of Intellectual Property Rights
UAV	Unmanned Aerial Vehicles
USSR	Soviet Union
US	United States
USAF	United States Air Force
USD (AT&L)	Secretary of Defense for Acquisition, Technology and Logistics
USD (C)	DoD Comptroller
USD (P)	Under Secretary of Defense for Policy
USMC	United States Marine Corps
VTOL	Vertical Take-Off and Landing
WIPO	World Intellectual Property Organization

SUMÁRIO

INTRODUÇÃO 21
  A) Variável dependente.. 24
  B) Objetivo principal... 28
  C) Hipótese geral construção do modelo............................ 28
  D) Metodologia e técnicas de pesquisa............................. 30
  E) Relevância.. 32
  F) Estrutura do livro.. 33

PARTE I
ESTRUTURA, ATORES, PROCESSOS E QUESTÕES

CAPÍTULO 1
AMEAÇA, RESPOSTA E TECNOLOGIA 37
  1.1 Anarquia e Comportamento das Unidades........................ 38
  1.2 Balanceamento interno e a segunda imagem reversa............. 42
    1.2.1 Segunda imagem reversa................................... 46
    1.2.2 Respostas militares...................................... 49
  1.3 Ameaça, tecnologia e inovação................................ 53
  1.4 O que esperar?... 60

CAPÍTULO 2
POLÍTICA DOMÉSTICA E TOMADA DE DECISÃO EM DEFESA 65
  2.1 Presidentes, burocratas e tomada de decisão.................. 66
    2.1.1 O modelo da Política Burocrática 70
    2.1.2 Críticas à BP e desenvolvimentos epistêmicos 75
    2.1.3 Desenvolvimentos recentes na BP 78
  2.2 Ciência Política: a questão de quem decide................... 81
  2.3 Outros Modelos de Tomada de Decisão, Procedimentos e Resultados 85
    2.3.1 Advocacy Coalition Framework (ACF) 85
    2.3.2 A Teoria do Equilíbrio Pontuado 88
    2.3.3 Veto Players 89
  2.4 O que esperar?... 91

CAPÍTULO 3
INOVAÇÃO E MOBILIZAÇÃO DE RECURSOS 95
   3.1 A Base Industrial de Defesa e o caso dos Estados Unidos 96
      3.1.1 A BID como setor específico 100
   3.2 Eficiência, incentivos e aquisição 103
   3.3 Inovação: preceitos teóricos 110
      3.3.1 A Questão da Propriedade Intelectual 114
   3.4 Internacionalização *versus* nacionalização: questões de segurança e eficiência ... 116
   3.5 O que afeta esforços inovadores de larga escala? 119
   3.6 O que esperar? 120

CAPÍTULO 4
O CERNE DA DISPUTA: ORÇAMENTO 123
   4.1 O orçamento e algumas questões teóricas 124
   4.2 Processo e legislação orçamentários 129
   4.3 O papel do DoD na Tomada de Decisão 134
   4.4 Orçamento é política 138
   4.5 Da teoria e processo à materialidade 140

PARTE II

APOSTA ALTA E RISCO ALTO:
UMA ANÁLISE DE PROGRAMAS DE ALTO CUSTO, LONGO PRAZO E LARGA-ESCALA

CAPÍTULO 5
MERGULHO PROFUNDO: O SUBMARINO DE PROPULSÃO NUCLEAR .. 145
   5.1 Concepção, motivações e potencial 146
   5.2 O desenvolvimento do Nautilus e além 153
   5.3 O desfecho 159
   5.4 Resultados e notas de Conclusão 163

CAPÍTULO 6
UM VOÔ PERTURBADO: O BOMBARDEIRO STEALTH B-2 167
   6.1 Concepção, motivações e potencial 168
   6.2 O desenvolvimento do B-2: um processo problemático 173
   6.3 O desfecho 182
   6.4 Resultados e notas de conclusão 184

CAPÍTULO 7
O FUTURE COMBAT SYSTEMS JAZ FIRMEMENTE NO PASSADO 187
7.1 Concepção, motivação e potencial 188
7.2 Desenvolvimento do FCS. 195
7.3 O desfecho. 203
7.4 Resultados e notas de conclusão 205

CAPÍTULO 8
O PROMISSOR F-35 209
8.1 Concepção, motivação e potencial 210
8.2 Desenvolvimento do JSF 218
8.3 O desfecho 226
8.4 Resultados. 230

À GUISA DA CONCLUSÃO 233

REFERÊNCIAS 243

INTRODUÇÃO

Através da história, coletividades organizaram-se na busca pelo poder e pela riqueza. Em tempos contemporâneos, essa disputa é liderada por Estados. A defesa sempre esteve na mente e vida dos humanos, agindo como um motivador poderoso em diversos aspectos. A defesa ocupou um lugar central no desenvolvimento dos nossos meios de transporte, logística, organização geográfica, sistemas de comunicação, dentre inúmeros outros exemplos. Mais importante, no entanto, é que a defesa impulsiona um aspecto humano central: transformar a natureza para seu serviço. Por meio da transformação da natureza, a inovação é posta em movimento. Portanto, há uma relação umbilical entre defesa e inovação.

Nem a inovação nem a defesa, no entanto, são uma tarefa fácil. Nas sociedades contemporâneas, como é o caso dos Estados Unidos, que é aqui investigado, a defesa nacional envolve uma variedade complexa de atores, interesses e disputas. Logo, os tomadores de decisão enfrentam inúmeros desafios. Opções que concernem tomada de decisão em defesa e inovação possuem implicações de larga escala nos âmbitos político, econômico e de segurança. Congressistas se preocupam com seus distritos, os militares para possíveis engajamentos e o presidente vai ser responsabilizado por quaisquer fracassos maiores. As firmas buscarão grandes contratos, universidades e outras instituições de pesquisas cumprem uma função grande na P&D necessária para a inovação. Recursos estão sendo continuamente disputados entre diferentes repartições e outros atores.

Os Estados sofrem constante pressão para inovar militarmente. No caso de uma grande potência como os Estados Unidos, se não bem-sucedidos, eles sofrem sério risco de perder sua posição de liderança. Acima de tudo, vidas humanas estão em jogo. Contudo, inovar está longe de ser um resultado simples de causa e efeito resultante da pressão internacional.

Inovação, mesmo quando não se tratando de defesa, é *per se* sistêmica e complexa. Diferentes variáveis reforçam umas às outras e estão inter-relacionadas, desafiando o analista e o tomador de decisão a isolar os fatores mais importantes. No caso da defesa, a importância do tema e a quantidade de recursos e pessoas envolvidas tornam o cenário ainda mais complexo. Deve-se estar atento às ações dos atores-chave e seus interesses, o processo interno é cheio de nuances da política de aquisição e orçamento, a tecnologia envolvida, possíveis *trade-offs*[2] e, em especial, a dúvida entre os *stakeholders* se a inovação vai cumprir seu propósito.

O presente estudo possuí como foco a inovação tecnológica, muito embora um Estado possa inovar nas esferas da doutrina e organização também. A tecnologia pode afetar ambos, a doutrina e a organização e até, em alguns casos, constrangê-las para ter que se adaptar a um novo cenário. No centro da inovação tecnológica militar, estão os projetos de larga-escala. Tecnologias disruptivas podem ser decisivas ou, ao menos, prover uma margem de vantagem para com os competidores. Trata-se de uma tarefa constante já que potenciais adversários irão buscar vencer a disputa também. Esse mecanismo estrutura uma corrida contínua para buscar novas soluções ao mesmo tempo em que se incrementa as tecnologias existentes.

Projetos de defesa de larga-escala possuem impacto em diversos níveis. Grandes avanços modificam substancialmente a relação entre os seres humanos e seu ambiente e possuem um largo impacto na política e economia internacionais. Enquanto mobilizam milhares de pessoas, universidades, instituições governamentais e firmas grandes, se bem-sucedidas, podem gerar inovações de grande proporção. Tais projetos tiveram seu papel em conhecer da estrutura do átomo a exploração e viagem espacial. Ademais, investimentos em inovação na indústria de defesa podem gerar tecnologia de *dual-use*, beneficiando o setor privado por meio de externalidades positivas ou *spin offs*, especialmente por meio do investimento na economia baseada no conhecimento, com desenvolvimento em ciência básica e engenharias (Mowery, 2010; McDonouth, 2017). Há inúmeros exemplos de *spin offs*, os mais evidentes incluem a internet, energia nuclear, turbinas a jato, o GPS e desenvolvimentos na microeletrônica (Diamond, 2006). O contrário também é verdadeiro. Chamados *spin-ins*, inovações no setor civil, vêm progressivamente sendo utilizados no setor de defesa. O *dual use* e o desenvolvimento sistêmico inovativo estão no coração da tecnologia militar.

Historicamente, conforme apontado por Mowery (2010), muito embora os pilares principais vêm sendo desenvolvidos desde o século XIX, uma estrutura sólida de Pesquisa e Desenvolvimento (P&D), com fins militares, tem suas origens no Projeto Manhattan. Este, mobilizou agências

---

[2] Este trabalho é fruto, parcialmente, da tradução da minha tese, originalmente escrita em inglês. O setor de defesa estadunidense possuí peculiaridades que tornam a tradução de certos termos, conceitos e nomes incompatíveis com os propósitos aqui visados. Por isso, em alguns casos, optou-se por deixá-los em inglês.

civis e militares que conjuntamente envidaram esforços a contrataram universidades, firmas e outras instituições gerando capacidade inovativa no setor privado por meio da demanda pública. O Programa Apollo, por exemplo, em 1966, fez com que a NASA fosse responsável por 20.8% de todo gasto em P&D e empregasse 92 mil cientistas ao custo anual de bilhões (Zegyeld; Enzig, 1987).

O problema é que o projeto não é sempre bem-sucedido em atingir seus objetivos iniciais e isso tem consequências. De antemão, o projeto há de se justificar em seu propósito e os recursos que irá dispender. A política orçamentária, portanto, está no centro do tema. A competição por recursos é um processo contínuo. Um projeto fracassado irá implicar em perdas para outras prioridades governamentais, outros projetos, agências e assim por diante. Um projeto fracassado irá ter custos irrecuperáveis. Não atingir seus propósitos significa que o dinheiro poderia ter sido gasto em algo mais eficiente e eficaz, incluindo em questões de rivalidade interestatal. Os principais *stakeholders*, como os contratantes, irão ter que lidar com as consequências financeiras, já que tais projetos são de imensa magnitude. Outros, como os proponentes principais do projeto e seus apoiadores, irão ter que admitir derrota na arena política. Empregos e subcontratados irão ser afetados. A política local será afetada.

A inovação é, por natureza, risco. Desenvolver inovações disruptivas e de ponta é altamente arriscado. Quanto mais alto o que está em jogo, maior é o risco. Diante dessa problemática, a principal questão deste livro é: *o que torna um projeto inovador de defesa em larga escala bem-sucedido ou um fracasso?* Em outras palavras: por que alguns projetos de larga escala são bem-sucedidos e outros não? O que impulsiona o esforço inicial para dar origem a eles e o que os leva a ser cancelados ou a avançar? Explicar esse processo complexo é o que orienta o propósito deste estudo. Para explicar tal dinâmica, este trabalho propõe um quadro teórico dentro de um diálogo crítico com outros modelos e teorias, com o objetivo de explicar o sucesso ou o fracasso de projetos de larga escala. Argumenta-se que o modelo construído pode ser expandido para outros países e momentos históricos. Além disso, o modelo pode ser readaptado, mantendo premissas fundamentais e a centralidade do orçamento e dos principais atores, para desenvolver modelos mais completas que abordem outros temas e questões de política externa e defesa. Ao abordar a questão por três ângulos diferentes: doméstico, estrutural e econômico/tecnológico, este estudo constrói seu quadro teórico e o aplica para explicar o sucesso ou o fracasso de projetos de defesa de larga escala, por meio de um estudo comparativo de quatro casos, que variam nos parâmetros definidos pelas variáveis e hipóteses desenvolvidas pelos diferentes ângulos. O presente livro abrange projetos de defesa de larga escala. Geograficamente e institucionalmente, o escopo da pesquisa é limitado aos Estados Unidos. Em termos de delimitação histórica, quatro estudos de caso específicos são investigados: o Submarino Propulsionado por Energia Nuclear (Nautilus), o bombardeiro B-2, o Joint Strike Fighter e o Future Combat System (FCS). A escolha dos casos é explicada mais adiante nesta Introdução.

Para realizar tal pesquisa, naturalmente, há diversas outras questões subjacentes, tais como: quais são os principais atores, processos e condições estruturais que impactam significativamente o desenvolvimento de um projeto desse tipo? No entanto, é preciso primeiro investigar: o que torna um projeto considerado bem-sucedido? Com quais parâmetros pode-se avaliar seu grau de sucesso ou fracasso? O grau de sucesso ou fracasso de projetos de defesa de larga escala é a variável dependente (y) deste estudo.

A) Variável dependente

Este livro visa a explicar o sucesso e o fracasso de projetos de defesa de alto custo e longo prazo. Esses projetos se enquadram na categoria de Programas de Aquisição Principal do Departamento de Defesa (DoD), conforme definido no Código dos EUA § 2430, e espera-se que excedam $ 1,8 bilhão (1990) (LII, 2022). Além disso, o foco está em projetos militares inovadores, definidos por Steven Rosen como uma "mudança nos conceitos de operação daquela arma de combate, que são as ideias que governam as maneiras como ela usa suas forças para vencer uma campanha" (Rosen, 1991, p. 7)[3]. A inovação, geralmente, começa com especulações sobre como um segmento das operações militares pode ser implementado para orientar o desenvolvimento e aquisição. Assim, mudanças em hardware e software, táticas e organização são esperadas para reconfigurar algum segmento das operações militares.

Os projetos aqui explicados são projetos na fronteira tecnológica. Eles geralmente são baseados principalmente em tecnologias novas e inexistentes no momento em que são concebidos. Algumas tecnologias ainda estão em desenvolvimento e outras precisam ser desenvolvidas durante o

---

[3] As traduções neste livro são minhas.

ciclo de vida do projeto (Roussel, 1991). Como consequência, isso implica grande risco e certamente torna mais difícil avaliar o progresso durante o projeto e, portanto, fazer uma previsão de sucesso ou fracasso. Projetos de alto risco são geralmente empreendidos por governos dispostos a correr riscos, devido ao ambiente externo e à necessidade de segurança ou outros objetivos.

A maneira mais intuitiva de medir o sucesso (a variável dependente deste livro) é comparar os objetivos iniciais do projeto com seus resultados, verificando se os objetivos foram alcançados (Wit, 1988). No entanto, a tarefa é mais complicada do que isso. Os objetivos do projeto variam ao longo de seu ciclo de vida, a hierarquia dos objetivos depende dos interessados envolvidos e assim por diante. Segundo Wit (1988), nenhum projeto é um sucesso ou fracasso absoluto, pois isso depende do tempo e das diferentes posições entre os interessados. O autor afirma que medir objetivamente o sucesso de um projeto é uma ilusão. A medição do sucesso de um projeto também varia de acordo com o tipo de projeto. Rodríguez-Segura *et al.* (2016) argumenta que os Fatores Críticos de Sucesso (FCS) e os Critérios de Sucesso (CS) de um projeto não são universais e dependem do tipo de projeto, destacando que há poucos estudos focados em projetos de defesa. Wit (1988, p. 168) afirma que certos FCS são mais apropriados para avaliar o desempenho de projetos do setor público, onde "a política domina e o sucesso percebido é mais importante do que o sucesso real". Projetos comerciais tendem a focar mais nos resultados econômicos e projetos governamentais no desempenho e na necessidade. Como este estudo se concentra em projetos de defesa, esse debate será avaliado posteriormente. Nesse ponto, no entanto, cabe a este estudo apontar algumas perspectivas fornecidas pela literatura dedicada ao sucesso do projeto.

Nas primeiras décadas do debate sobre os CS, os projetos eram avaliados, se alcançavam orçamento, prazo e um nível aceitável de metas de desempenho. Essas análises eram dedicadas a avaliar eficiência ou maximizar a produção para um determinado nível de insumo. O sucesso era, assim, descrito e identificado de maneira objetiva: ou sucesso ou fracasso. Ao longo da evolução do debate, a eficácia e uma abordagem mais holística e multidimensional tornaram-se relevantes, uma vez que a eficiência passou a ser considerada um quadro inadequado para a avaliação do projeto como um todo (Jugdev; Muller, 2005; Belout, 1998; Kerzner, 1994; Cooke-Davies, 2002). Satisfação do cliente, ganhos dos *stakeholders*, aprendizado organizacional e benefícios futuros passaram a ser incorporados como CS ao longo dos anos (Wateridge, 1998). Diversos estudos testaram e pesquisaram uma extensa lista de FCS ao longo dos anos. Indicadores de sucesso começaram a incluir medidas tanto de eficiência quanto de eficácia ao longo do ciclo de vida do projeto e seus resultados e impactos futuros. Isso inclui variáveis gerenciais, satisfação do cliente, coesão da equipe, entre outras. Os FCS deste livro estão incorporados nas três variáveis e ângulos de análise propostos como variáveis independentes. A quantidade de variáveis indicadas pela literatura não é considerada necessária para explicar o resultado do projeto. Como afirmam Jugdev e Muller (2005, p. 29): "os indicadores identificados devem ser avaliados/medidos usando medidas simples e apropriadas. É melhor usar poucas medidas e medi-las bem do que ter uma lista extensa e não as abordar adequadamente".

A literatura de gerenciamento de projetos é importante para este livro, especialmente devido à evolução conceitual da avaliação do sucesso. Além da eficiência, a eficácia precisa ser incorporada neste estudo de projetos de defesa de grande escala. Por causa disso, o ciclo de vida do produto e o tipo de projeto precisam ser levados em consideração. Especificamente relacionado à defesa, Segura *et al.* (2016), ao analisarem projetos de defesa aeroespacial, concluíram que o impacto no cliente e a preparação para o futuro são condições necessárias para o sucesso. O estudo também sugere que a gestão do projeto e a satisfação do cliente e do usuário final são necessárias para o sucesso. Estudos de projetos de defesa em Israel (Tishler *et al.*, 1996; Lipovetsky *et al.*, 1997) destacaram o fator mais importante para esse tipo de projeto ser bem-sucedido são os benefícios para o cliente, com o alcance dos objetivos de design em segundo lugar. Dvir *et al.* (2006), utilizando análise de rede neural e análise de regressão linear, concluem que o principal fator para avaliar o sucesso é a necessidade operacional essencial e urgente, de acordo com ambas as metodologias. Esse resultado é consistente com os trabalhos de Sherwin e Isenson (1967) e Tshler *et al.* (1996).

Estudos na área de gerenciamento de projetos ampliaram as possibilidades de critérios para avaliar o sucesso. Argumenta-se, aqui, que a eficiência (cronograma, custo e desempenho) deve ser considerada na avaliação do sucesso ou fracasso de projetos de defesa de larga escala. Essa análise é importante porque esses indicadores são alvos de escrutínio e afetam partes *stakeholders*-chave durante o ciclo de vida do projeto e seus desdobramentos. No entanto, ela precisa ser complementada com dois outros fatores propostos, a saber: a necessidade do produto e seu sucesso tático conforme avaliado pelos *key stakeholders*. Esses Critérios de Sucesso (CS) são propostos neste livro como uma maneira de medir adequadamente o sucesso alinhado com as descobertas de pesquisa mencionadas anteriormente. O principal comprador e usuário de projetos de defesa de larga escala é o governo. A posição do governo (incluindo congressistas, agências de auditoria, o executivo, as forças armadas e a comunidade de aquisição de defesa em geral) é um indicador-chave da necessidade e avaliação do sucesso do projeto. A eficácia gerencial, as inter-relações, a satisfação do cliente, entre outros, não são tratadas neste estudo, pois já estão incluídas no processo político-burocrático.

Dois outros pontos precisam ser destacados. Conforme a literatura indica, não há uma maneira objetiva de avaliar o sucesso ou o fracasso em termos absolutos. No entanto, se um programa for cancelado sem atender a nenhum critério de sucesso, será considerado um projeto fracassado. Se um projeto for concluído atendendo a todos os critérios, será considerado bem-sucedido. No meio disso, os projetos serão classificados no "espectro de fracasso", se não atenderem aos critérios mínimos de sucesso, e no "espectro de sucesso", se atenderem à maioria dos critérios de sucesso. Mais importante, no entanto, é que a eficácia é considerada mais importante do que a eficiência. Este livro parte dessa premissa, porque considera que as necessidades de desenvolvimento em defesa subordinam considerações econômicas em face de imperativos militares urgentes.

Portanto, os critérios de sucesso a serem utilizados aqui são os seguintes:

- Excesso de custos (estimativa inicial em comparação com o custo final em %).
- Atrasos no cronograma (estimativa inicial em comparação com o cancelamento/implantação).
- Desempenho: alcance dos objetivos de design (testes, implantação).
- Necessidade das *stakeholders* (governo).
- Sucesso operacional (satisfação com as operações utilizando a inovação).
- Os conceitos e parâmetros delineados nesta seção são indispensáveis para alcançar os objetivos do livro:

B) Objetivo principal

Explicar por que projetos de defesa de alto custo e longo prazo, nos Estados Unidos, são bem-sucedidos ou não, fornecendo elementos preditivos e nomotéticos além da compreensão histórica desses eventos.

No entanto, para atingir o objetivo principal, objetivos específicos são indispensáveis:

a. Explicar quais atores, processos e condições estruturais impactam projetos de defesa em larga escala construindo um quadro teórico para explicar tais projeto.

b. Derivar mecanismos de causalidade entre as principais variáveis no desenvolvimento desses projetos.

c. Explicar as características específicas desses projetos, que estão inseridas nos aspectos institucionais da história dos Estados Unidos, destacando o processo orçamentário.

d. Investigar minuciosamente os estudos de caso propostos.

C) Hipótese geral construção do modelo

Este estudo adota três ângulos de análise (estrutural, doméstico e econômico/tecnológico), que gerarão três hipóteses principais e variáveis independentes. Junto com proposições e conclusões sobre esses ângulos, as variáveis independentes construirão o quadro teórico e o modelo proposto para investigar os estudos de caso e, portanto, explicar a variável dependente (Y). A variável independente estrutural, $X1$, correlaciona o nível de ameaça externa com a inovação, utilizando teorias de equilíbrio de poder, especialmente o a lógica de *internal balancing*, explicado adiante. Argumenta-se que quanto maior a ameaça, maior a probabilidade de o esforço inovador ser bem-sucedido. A $X2$ é desenvolvida utilizando premissas retiradas da literatura, especialmente Política Burocrática (BP). Busca-se fazer uma e avaliação qualitativa do nível de consenso dentro e entre o Executivo e o Congresso. Quanto maior o nível de consenso, maior a probabilidade de o projeto ser bem-sucedido. Finalmente, condições econômicas e materiais são necessárias para o sucesso do projeto e a variável independente $X3$ é uma variável de proxy desenvolvida para abordar a viabilidade tecnológica, com base nas variações da demanda do projeto e na posição dos atores sobre o assunto. Maior elasticidade da demanda e dúvidas entre os tomadores de decisão sinalizam desafios tecnológicos. As variáveis independentes serão abordadas qualitativamente por meio do rastreamento de processos dos estudos de caso nos parâmetros estabelecidos nos três capítulos subsequentes.

A hipótese neste livro é representada na Figura 1. O que é proposto é um Diagrama de Venn para explicar Y. Inus é uma parte insuficiente, mas necessária para explicar Y. No entanto, várias condições Inus, consideradas em conjunto, podem resultar em um conjunto suficiente que explica Y. Se X1, X2 e X3 forem analisados separadamente, não são suficientes para explicar Y. Um conjunto de condições Inus, por exemplo, X1+X2+X3, pode revelar-se suficiente para explicar Y (Mayoney *et al.*, 2009). Aqui, argumenta-se que as variáveis X2 e X3 são condições necessárias que, juntas, são suficientes para explicar Y. A variação em X2 e X3 pode explicar o sucesso ou o fracasso de projetos de defesa de larga escala. Uma vez que são necessárias, se um projeto não for tecnologicamente viável ou perder o nível necessário de apoio político, ele falhará. Quanto a X1 (nível de ameaça), está fortemente e positivamente relacionado a Y, mas este livro não o considera necessário, embora seja extremamente importante, para explicar Y.

Figura 1 – Diagrama de Venn (construção do modelo)

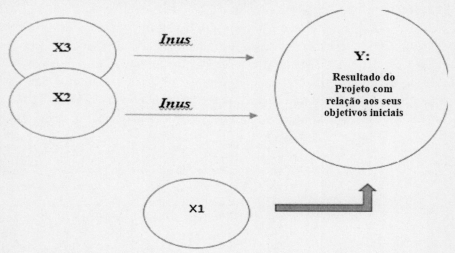

Fonte: elaboração própria

D) Metodologia e técnicas de pesquisa

Parissinotto e Codato (2015) argumentam que a palavra "metodologia" geralmente tem dois significados. O primeiro refere-se à lógica que abrange o estudo, a estratégia geral de pesquisa. O segundo são as técnicas reais utilizadas na seleção, validação e processamento de dados. Relacionando-se a este livro, ambos os significados são apresentados agora. O Método Histórico-Comparativo (MHC) é a metodologia geral, na qual os estudos de caso são investigados nos parâmetros e hipóteses do quadro teórico. A principal técnica de pesquisa utilizada é qualitativa, nomeadamente, o *process-tracing*.

Epistemologicamente, o estudo trabalha principalmente com Teorias de Alcance Médio. Este livro não pretende universalizar de maneira nomotética suas conclusões. As Teorias de Alcance Médio não visam universalizar modelos gerais, mas explicar fenômenos empíricos mais específicos. No entanto, mesmo que às vezes possam parecer explicações idiossincráticas, as Teorias de Alcance Médio visam essa causalidade entre fenômenos. Essas ligações causais podem ocorrer porque as Teorias de Alcance Médio se preocupam com a sofisticação de modelos que desvendam mecanismos causais e os vinculam aos resultados da pesquisa (Jackson; Nexon, 2013; Sil; Katzenstein, 2010).

O método comparativo visa estabelecer essas relações empíricas causais entre duas ou mais variáveis, enquanto outras são mantidas constantes. Dessa forma, ele utiliza uma condição *ceteris paribus* (Lipjart, 1971). Geralmente, o método comparativo envolve um número limitado de casos (pequeno n), ou seja, é recomendado como uma estratégia intermediária entre estudos de caso e estudos quantitativos de grande n. A pesquisa atual, por meio de diálogo teórico, também se encontra no espectro de *theory-confirming, theory infirming* e *theory building*, dependendo do resultado da análise comparativa de casos. De acordo com Lipjart:

> A *theory-confirming* e a *Theory-infirming* são análises implicitamente comparativas. Elas se concentram em um caso específico para avançar em direção a uma análise de um número relativamente maior de casos. Esse conjunto de casos é analisado por meio de seu contexto empírico utilizando um ângulo teórico específico (Lipjart, 1971, p. 693).

Bennet e Elman (2008), por exemplo, argumentam que o método comparativo é adequado para desenvolvimento teórico, estudos de caso individuais e conclusões mais generalizadas sobre mecanismos causais. Eles não visam explicações, nem nomotéticas, nem idiográficas. Portanto, são complementares à epistemologia das Teorias de Alcance Médio (Bennett, 2010; Bennett, Elman, 2008; Mahoney; Rueshemeyer, 2003). Skocpol (1979) argumenta que a comparação representa, portanto, uma ferramenta valiosa para especulação teórica.

A principal técnica usada neste livro, o *process-tracing*, advém de uma resposta feita por pesquisadores que defendem metodologias qualitativas diante do aumento da utilização de regressões estatísticas para definir parâmetros de análise. Segundo Mahoney e Rushmeyer (2003), estudos de pequeno porte contribuem para *insights* teóricos avançados. O rastreamento de processos pode gerar ideias e *insights* sobre causalidade e fornecer características auxiliares a uma teoria específica (Mahoney, 2010). Collier (2011) define o *process-tracing* como uma ferramenta analítica para fazer inferências descritivas e causais por meio do estudo da sequência de eventos, que constituem o objeto de estudo. O *process-tracing* visa conectar variáveis X hipotéticas a uma variável Y dependente, por meio da identificação da ausência ou presença de interações causais entre relações entre as partes que interagem (Silva; Cunha, 2010).

A escolha dos casos neste livro decorre das ideias apresentadas por Theda Skocpol (1979). A autora baseia sua análise nas ideias de John Stuart Mill para prosseguir em uma Análise Histórico-Comparativa. Em primeiro lugar, Mill identifica o que ele chama de Método de Acordo (*Method of Agreement*), no qual um autor analisa vários casos dentro de um fenômeno comum em que podem ser demonstradas um conjunto comum de variáveis causais, embora possam variar em outros fatores ou maneiras que também podem parecer casualmente significativos (Skocpol, 1979). Em segundo lugar, Mill desenvolve o Método de Diferença (*Method of Difference*), no qual o autor contrasta os casos com outros nos quais o fenômeno e as causas hipotéticas estão ausentes, no entanto, são de outras maneiras semelhantes aos casos positivos. Com a escolha adequada de casos negativos (onde as causas e o resultado não estão presentes), o Método de Diferença torna-se extremamente útil para análise comparativa.

De acordo com Skocpol (1979), a combinação das duas lógicas é extremamente útil. Em sua pesquisa, a autora escolhe casos positivos de revoluções sociais (China, Rússia e França) e os contrasta com casos negativos adequados. Nesse mesmo sentido, escolha-se aqui dois casos positivos (projetos de defesa de larga escala bem-sucedidos) e dois casos negativos (projetos malsucedidos), visando inferir as variáveis significativas.

E) Relevância

O tema principal do presente livro é relevante tanto social quanto teoricamente. Decisões relacionadas ao orçamento de defesa podem custar vidas: tipos de escolhas de radar e sonar e veículos blindados, por exemplo, afetam diretamente o engajamento militar e suas principais características e, por consequência, os soldados. Projetos de alto custo e longo prazo podem mudar de maneira decisiva a vantagem relativa de um país em uma arena internacional competitiva. Decisões de gastos, também, envolvem compensações importantes entre despesas em bem-estar social, por exemplo, e grandes quantidades de recursos para a defesa. Economicamente, essas decisões afetam os contribuintes, a inflação e a dívida, por exemplo. Quando se trabalha com orçamento, aspectos políticos relevantes aparecem:

> As vitórias e derrotas, os compromissos e as barganhas, os acordos e as esferas de conflito em relação ao papel do governo nacional em nossa sociedade, tudo aparece no orçamento. No sentido mais integral, o orçamento está no cerne do processo político (Wildavsky, 1964, p. 5).

Explicar projetos de defesa de larga escala também pode fornecer mais tangibilidade e previsibilidade em relação às decisões futuras da política de defesa dos Estados Unidos. Socialmente, no caso do Brasil, pode-se inferir lições importantes em relação ao processo decisório de projetos de defesa de larga escala. Isso é especialmente verdadeiro, já que o Brasil também visa a esse tipo de projetos, como o submarino de propulsão nuclear.

Teoricamente, o presente estudo apresenta uma investigação importante examinando ameaça externa, tecnologia e tomada de decisão, avançando nesse campo de estudo ao estabelecer um diálogo crítico com as principais perspectivas da área. Em segundo lugar, se desconsiderarmos as contingências dos estudos de caso (projetos de defesa de larga escala), o modelo pode ser desenvolvido ainda mais para ser estendido em sua abrangência geográfica e histórica, abrangendo outras áreas importantes de tomada de decisão em defesa e política externa também. Por fim, a escolha de variações no tempo e nos serviços entre as Forças Armadas, que torna os projetos inseridos em diferentes condições estruturais internacionais, aspectos institucionais e políticos domésticos e base material, pode proporcionar explicação causal e construção teórica.

F) Estrutura do livro

Para alcançar os objetivos aqui propostos, a estrutura é organizada em duas partes principais. A parte que segue esta Introdução — Estrutura, Atores, Processos e Questões — desenvolve o referencial teórico e as hipóteses a serem testadas na análise comparativa de casos. Os Capítulos 1, 2 e 3 desenvolvem uma discussão teórica sobre estrutura, atores e a economia de defesa. Cada um desses capítulos, conforme explicado a seguir, aborda um ângulo de análise. O Capítulo 1 visa a debater o Sistema Internacional (SI) e seu impacto em projetos de defesa em larga escala. O Capítulo 2 se debruça na discussão sobre os principais tomadores de decisão que impactam os resultados da política doméstica dos EUA. O Capítulo 3 discute a economia na tomada de decisões de defesa. Hipóteses são propostas a partir dos resultados desta construção teórica. Cada um dos três ângulos de análise estabelece uma variável independente para explicar o sucesso e o fracasso de projetos de defesa em larga escala. O Capítulo 4 é um capítulo empírico destinado a explicar o sistema orçamentário de defesa dos EUA, concentrando-se no processo pelo qual um projeto de defesa de larga escala será abrangido ao longo de seu ciclo de vida. A segunda parte principal deste estudo — "Alto risco e alta aposta: Uma análise de projetos de defesa em larga escala, de alto custo e longo prazo" — investiga minuciosamente os quatro casos propostos neste livro. Ao reconstruir a linha do tempo dos eventos, destacando os três ângulos de análise, as hipóteses e o referencial teórico são confrontados com os resultados dos casos. A conclusão resume as principais descobertas deste estudo e discute seus resultados.

Para delinear mais o conteúdo: o Capítulo 1 discute o impacto do SI na inovação militar, mais especificamente, na inovação tecnológica. Para fazer isso, o capítulo se engaja com teorias de equilíbrio da tradição realista e o impacto da ameaça externa na organização interna dos Estados. Seu objetivo é propor uma correlação entre ameaça externa e projetos de defesa em larga escala. Posteriormente, o Capítulo 2 debate a estrutura doméstica da política, especialmente a política dos EUA, revisando criticamente as principais teorias de tomada de decisão. O papel das burocracias é destacado e críticas à teoria burocrática são discutidas. A estrutura de tomada de decisões e seus principais atores são analisados, envolvendo várias bases teóricas da ciência política e políticas públicas. O objetivo do capítulo é isolar a variável doméstica mais importante na tomada de decisões de defesa em relação a projetos de defesa em larga escala e identificar as principais "regras do jogo" na arena doméstica dos EUA. O Capítulo 3 foca na economia de defesa e inovação. Mobilizar recursos dentro de uma estrutura de mercado específica é o tema do capítulo. Identificando as principais questões da economia de defesa e inovação, o capítulo situa projetos de defesa de larga escala nessa estrutura. Juntamente com as importantes inferências delineadas no capítulo, a inovação é uma condição pelo desenvolvimento tecnológico. Portanto, uma hipótese é proposta correlacionando viabilidade tecnológica e projetos de defesa em larga escala. O orçamento é central para o sucesso ou fracasso de qualquer política governamental. As regras, atores e fases da aquisição de defesa estabelecem a mesa na qual as cartas são jogadas. O Capítulo 4 é dedicado a explicar o processo orçamentário de defesa.

Com o referencial teórico construído e as hipóteses delineadas, os Capítulos 5 a 8 as testam de acordo com a metodologia proposta. Portanto, os resultados dos quatro casos são explicados. O Capítulo 5 investiga o U.S Nautilus, o primeiro submarino nuclear do mundo. Os EUA saíram vitoriosos da Segunda Guerra Mundial para enfrentar a Guerra Fria. Além disso, os resultados do Projeto Manhattan e as possibilidades envolvendo energia nuclear pareciam ilimitados. Como será visto, o projeto foi bem-sucedido. O Capítulo 6 investiga o bombardeiro B-2. O bombardeiro foi concebido para fortalecer a parte do bombardeiro tripulado na tríade estratégica, percebida como obsoleta pelos defensores do B-2. O projeto era altamente ambicioso e seu resultado é considerado aqui no espectro de projetos de defesa de larga escala fracassados. O Capítulo 7 analisa os Sistemas de Combate Futuros (FCS), um projeto do Exército para guerras futuras, que se baseava na conscientização situacional completa e vantagem de tempo, prometendo "levantar a névoa da guerra". Como será demonstrado, o FCS falhou. O último caso examinado é o caça F-35, no Capítulo 8. Suas origens remontam à ideia de construir um caça que contemplasse as necessidades futuras da Força Aérea, Marinha e Fuzileiros Navais, uma vez que seus caças estavam envelhecendo. O capítulo analisa o desenvolvimento e os resultados do F-35 até o momento presente, argumentando que está no espectro bem-sucedido de projetos de defesa em larga escala.

A conclusão encerra este livro. Os casos e seus resultados são revisados à luz do modelo geral e dos critérios de sucesso apresentados nesta Introdução e o impacto das variáveis independentes é examinado mais detalhadamente. Os limites do presente estudo são apresentados e propostas de futuras pesquisas necessárias para explicar melhor os fenômenos estudados são sugeridos. Além disso, possíveis relações entre as variáveis são propostas e são abordadas aplicações e desenvolvimentos futuros do modelo.

PARTE I
ESTRUTURA, ATORES, PROCESSOS E QUESTÕES

Devo estudar política e guerra para que meus filhos tenham a liberdade de estudar matemática e filosofia. Meus filhos hão de estudar matemática e filosofia, geografia, história natural, arquitetura naval, navegação, comércio e agricultura para que para seus filhos lhes seja concedido o direito de estudar pintura, poesia, música, arquitetura, estatuaria, tapeçaria e porcelanato.

(John Adams)

Mesmo nosso propósito sendo a paz, nossa política e propósito são para providenciar para a defesa todos os meios que nossos recursos possam prover.

(Thomas Jefferson)

CAPÍTULO 1

AMEAÇA, RESPOSTA E TECNOLOGIA

Mas o que mais significa e envolve o equilíbrio além da formação de alianças? No curto prazo, alguns Estados podem ter a sorte de contar com amigos generosos e circunstâncias externas fortuitas (fortuna), mas, a longo prazo, sua viabilidade só pode ser assegurada por seus próprios esforços e pela força de sua organização interna (virtù).

(Resende-Santos, João, 2007, p. 65)

É a teoria que decide o que podemos observar.

(Albert Einstein)

Os seres humanos são criativos. Ao longo da história, os humanos interpretaram e transformaram a natureza para inúmeros fins. A sobrevivência é a condição *sine qua non* para todas as suas aspirações. A humanidade se organizou em unidades políticas, nas quais o indivíduo transfere seu direito à liberdade de ação em troca de segurança. Essas unidades estão inseridas em um ambiente anárquico, onde a competição prospera e a falta de um soberano para garantir sua segurança os impulsiona a buscar a sobrevivência contando apenas consigo mesmos[4]. Estados modernos são o tipo mais comum de unidades políticas em nosso mundo contemporâneo. Quando a ameaça aumenta, como um Estado responde? Os Estados precisam mobilizar seus recursos materiais e humanos para responder a situações ameaçadoras. Eles também podem buscar amigos para protegê-los de agressões externas. Estados precisam estar preparados para a guerra. Isso significa que eles precisam se organizar militarmente, traçar uma estratégia de combate e aprimorar suas capacidades materiais. Nesse sentido, alguns projetos inovadores em larga escala são cruciais, embora seu fracasso possa resultar em uma perda enorme de recursos. Como explicar o sucesso ou fracasso de projetos tecnológicos militares de grande escala à luz do nível de

---

[4] A tradição filosófica contratualista mencionada neste parágrafo remonta a Thomas Hobbes (2009). Um desenvolvimento mais recente pode ser encontrado no trabalho de Mearsheimer (2018).

ameaça? O objetivo deste capítulo é abordar essa questão do ponto de vista teórico. Ele tratará do nível sistêmico como uma condição independente e gerará hipóteses relacionadas ao comportamento do Estado diante das restrições do ambiente internacional. Este estudo, ao investigar os efeitos do domínio internacional sobre o comportamento inovador, apresentará um quadro analítico baseado nas perspectivas neorrealistas.

Para abordar essas questões, este capítulo será organizado em quatro seções. A primeira pretende apresentar alguns conceitos-chave do Neorrealismo em relação ao sistema internacional. Em seguida, a segunda seção desenvolve uma discussão sobre uma tipologia do possível comportamento militar dos Estados diante das restrições sistêmicas e as diferentes dimensões de ação estatal possíveis nessa situação. A terceira seção tem como objetivo oferecer um tratamento conceitual para ameaça e inovação. Finalmente, a discussão teórica neste capítulo será revisada para gerar hipóteses, relacionando incentivos sistêmicos e o sucesso ou fracasso de projetos de defesa em larga escala. Também serão levantadas hipóteses auxiliares relacionadas à discussão apresentada aqui.

1.1 Anarquia e Comportamento das Unidades

Quem e o que molda a política externa? Ao longo da história da disciplina, os estudiosos das Relações Internacionais (RI) debateram extensivamente sobre a natureza do Sistema Internacional[5]. Os Estados estão inseridos e moldados por ele. É intuitivo supor que o SI influencia o comportamento do Estado. No entanto, as questões de como e em que medida os Estados são afetados pelo SI são motivo de grande controvérsia na literatura de RI. Para abordar essas questões, é necessário identificar a natureza de: a) o sistema internacional; b) os Estados; c) o comportamento do Estado. O campo das RI oferece uma variedade de teorias para explicar esses tópicos de investigação, a maioria delas construída sobre sólidas tradições intelectuais[6]. Este livro investiga o SI com base em uma fundação neorrealista. Uma vez que o objetivo deste estudo não é se envolver em debates metateóricos, ontológicos ou epistemológicos, ele deixa deliberadamente de fora os paradigmas concorrentes.

---

[5] Uma análise conceitual bem desenvolvida do "Sistema Internacional" pode ser encontrada em: Buzan e Johnes (2000). Os autores da chamada Escola Inglesa separam "Sistema Internacional" de "Sociedade Internacional", com ênfase no equilíbrio de poder no primeiro e em regras e ordem no último (Bull, 2012; Buzan, 2014).

[6] Wight (1994) argumenta que existem três tradições nas Relações Internacionais: Realismo, Liberalismo e uma perspectiva intermediária, a Escola Inglesa, à qual ele se identifica.

O que permite falar de uma "tradição" realista, apesar de suas diversas "escolas de pensamento"[7], é um denominador comum de suas principais suposições — a anarquia do SI, os Estados como seus principais atores e a centralidade do poder nas relações internacionais. Como este capítulo é dedicado *exclusivamente* às fontes internacionais do comportamento do Estado, é adequado focar na Teoria Neorrealista, pois oferece a abordagem mais sistemática e teoricamente sólida para o assunto.

O Neorrealismo tem suas origens com a obra seminal de Kenneth Waltz, *Teoria da Política Internacional*, publicada em 1979. Após criticar o que ele chama de "reduciomo", que são teorias que tentam explicar resultados sistêmicos por meio das propriedades da unidade, Waltz propõe uma teoria estrutural do sistema político internacional[8]. Adotar uma perspectiva estrutural visa explicar a "espinha dorsal" de um sistema e os resultados que ocorrem independentemente das intenções dos atores. A estrutura impõe restrições às unidades. Uma estrutura política é entendida por Waltz como o princípio organizador de um sistema, sua diferenciação funcional de unidades e a distribuição de capacidades entre as unidades (Waltz, 1979).

As características estruturais do SI, segundo Waltz (1979), são a anarquia, a equivalência funcional das unidades e a distribuição de poder entre os Estados. A ausência de governo no SI, ao contrário do nível doméstico, resulta em um sistema em que os Estados são os principais atores e responsáveis por realizar um conjunto de funções básicas, o que resulta na semelhança de comportamento entre eles. Na medida em que os Estados são soberanos, segundo Waltz (1979), o que os distingue é o poder relativo entre eles, ou seja, a distribuição de capacidades no sistema. Como consequência, a única forma possível de mudança estrutural, desde que a anarquia prevaleça, é uma transformação na distribuição de capacidades entre as unidades. Embora possa haver conflitos no nível subnacional, o princípio ordenador do domínio doméstico é a hierarquia. Estruturas hierárquicas implicam na distribuição de funções entre atores internos.

A consequência imediata que a estrutura impõe aos Estados é sua responsabilidade de autoajuda: eles têm que cuidar de si mesmos. Para alcançar qualquer um de seus possíveis objetivos, os Estados precisam

---

[7] O realismo pode ser encontrado em diferentes autores com perspectivas distintas, embora haja algumas premissas compartilhadas que nos permitem identificá-lo como uma escola de pensamento.

[8] Segundo Waltz, questões econômicas ou outras, em um ambiente de autoajuda, são subordinadas a considerações políticas (WALTZ, 1979, p. 145-155).

sobreviver. A sobrevivência é seu objetivo mais elevado e predominante[9]. Da anarquia deriva a natureza competitiva do sistema e a insegurança e incerteza que permeiam a vida dos Estados[10]. Na raiz da lógica que subjaz à competição, está o *dilema de segurança*[11]. Para sobreviver, os Estados são compelidos a aprimorar suas capacidades, pois desconfiam das intenções dos outros Estados. Os outros Estados reagem da mesma maneira, criando uma lógica em espiral. A maneira mais óbvia de aprimorar as capacidades é por meio de meios militares, uma vez que a sobrevivência física é uma condição prévia para qualquer outra forma de competição. Deve-se esperar uma acumulação militar entre os Estados. A competição estrutural não significa necessariamente que os Estados agirão de acordo com seu imperativo de sobrevivência. No entanto, segundo a teoria, se um Estado deixar de responder aos imperativos do sistema, será "punido", assim como as empresas são punidas pelo mercado, se deixarem de se ajustar às suas demandas. No limite, um Estado pode deixar de existir.

Como teoria estrutural do SI, o Neorrealismo visa, principalmente, explicar os resultados internacionais. Isso efetivamente ajuda a explicar o comportamento do Estado? Desde a publicação de *Theory of International Politics*, têm ocorrido sucessivas tentativas de emendar a teoria para explicar a política externa[12]. A construção de Waltz faz poucas previsões sobre o comportamento do Estado, uma vez que seus conceitos visam explicar tendências gerais, que são revisadas a seguir. Waltz argumenta que seu estudo não é teoricamente construído para explicar os domínios separados do nível doméstico e internacional:

> A teoria explica por que Estados posicionados de maneira semelhante se comportam de maneira semelhante, apesar de suas diferenças internas. A explicação do comportamento dos Estados é encontrada no nível internacional, e não no nível nacional. É por isso que a teoria é chamada de teoria da política internacional. Em contraste, uma teoria da política externa explicaria por que Estados posicionados de maneira

---

[9] Mearsheimer (2014), em uma perspectiva diferente, argumenta que além da sobrevivência, conquistar a melhor posição no Sistema Internacional é um objetivo constante para os Estados.

[10] Kenneth Waltz foi alvo de várias análises e críticas por diferentes autores. Veja, por exemplo: (Keohane, 1986).

[11] John Herz (1950) argumentou em texto seminal, que, para sobreviver, os Estados observarão seus adversários e tentarão superá-los. A resposta do outro Estado será a mesma e isso gerará um dilema no qual a principal consequência é uma corrida armamentista entre os contendores.

[12] Alguns exemplos incluem: Elman (1996) e Realismo Neoclássico (que é explorado mais detalhadamente no capítulo subsequente).

> semelhante em um sistema se comportam de maneira diferente [...] A teoria de mercado não lida com as características das empresas. A teoria política internacional não inclui fatores no nível dos Estados (Waltz, 1996, p. 55-56).

É bastante intuitivo que o comportamento do Estado depende tanto de fatores domésticos quanto internacionais. Como Waltz (1996, p. 57) argumenta: "nem os realistas nem qualquer outra pessoa acreditam que os fatores no nível da unidade podem ser excluídos da análise da política externa". O presente estudo não tem a ambição de explicar o comportamento do Estado construindo uma teoria que unifique variáveis tanto domésticas quanto internacionais. Esse é o motivo pelo qual este capítulo é dedicado exclusivamente a uma abordagem teórica sistemática em relação ao comportamento do Estado e é analiticamente separado do próximo capítulo, que se concentra em uma elaboração do nível doméstico. O objetivo do livro não é unificar explicações em ambos os níveis[13], embora ambos sejam apresentados. O estudo simplesmente oferece duas perspectivas para abordar a análise empírica, tratando-as como fontes independentes de explicação[14], já que, em concordância com Waltz, para explicar política externa:

> [...] a maneira mais satisfatória seria fornecer uma única teoria capaz de explicar o comportamento dos Estados, suas interações e os resultados internacionais. Infelizmente, ninguém sequer sugeriu como tal teoria grandiosa pode ser construída, quanto mais desenvolvida [...] Economistas se dão muito bem com teorias separadas de empresas e mercados. Estudantes de política internacional se sairão bem concentrando-se em, e fazendo uso de, teorias separadas de políticas internas e externas até que alguém descubra uma maneira de uni-las (Waltz, 1996, p. 57).

No entanto, argumenta-se aqui que existem ferramentas teóricas precisas derivadas do Neorrealismo para explicar o comportamento dos Estados e, especificamente, projetos de defesa em larga escala. Os aumentos militares podem ser vistos, sem ultrapassar os limites da teoria, como respostas ao sistema internacional, especialmente por meio de proposições de equilíbrio de poder. Como Posen (1984, p. 35) afirma, ao teorizar sobre

---

[13] Putnam (1988) argumenta que há uma sólida interconexão entre a Arena Internacional e a Arena Doméstica. A partir desse ponto de partida, o autor desenvolve uma teoria de "jogos de dois níveis".

[14] Dessa forma, gera-se diferentes grupos de hipóteses ao analisar os níveis separadamente.

doutrinas militares: "a Teoria do Equilíbrio Pontuado de poder deve ser capaz de explicar o comportamento de unidades políticas soberanas em qualquer ambiente não regulamentado". O equilíbrio de poder é uma noção incorporada na maioria dos estudos realistas[15]. Na abordagem neorrealista, para sobreviver, os Estados são compelidos a adotar um comportamento de equilíbrio em relação a outros Estados, a fim de responder aos incentivos do ambiente anárquico. Waltz desenvolve sua Teoria do Equilíbrio Pontuado de poder da seguinte forma:

> Uma Teoria do Equilíbrio Pontuado de poder, devidamente formulada, começa com pressupostos sobre os Estados: eles são atores unitários que, no mínimo, buscam sua própria preservação e, no máximo, almejam a dominação universal. Estados, ou aqueles que agem por eles, tentam, de maneiras mais ou menos sensatas, usar os meios disponíveis para alcançar os objetivos desejados. Esses meios se dividem em duas categorias: esforços internos (ações para aumentar a capacidade econômica, reforçar a força militar, desenvolver estratégias inteligentes) e esforços externos (ações para fortalecer e ampliar a própria aliança ou enfraquecer e reduzir uma aliança oponente) (Waltz, 1979, p. 118).

Esses dois tipos de respostas (externas e internas) resultam em duas formas diferentes de comportamento estatal: balanceamento externo (*external-balancing*) e balanceamento interno (*internal balancing*). O balanceamento externo (*external-balancing*) foi bem desenvolvido pela literatura de Relações Internacionais (RI)[16]. Quanto ao balanceamento interno, Resende-Santos (2007) e Collin Elman (1999) apresentam desenvolvimentos teóricos sólidos sobre o tópico, que serão abordados na próxima seção. Para desenvolver um quadro de análise de construção militar a partir da perspectiva neorrealista, uma discussão mais detalhada sobre o balanceamento, especificamente, o balanceamento interno, será fornecida na próxima seção.

1.2 Balanceamento interno e a segunda imagem reversa

De uma perspectiva neorrealista, o comportamento estatal pode ser explicado por meio de incentivos estruturais e restrições impostas pelo Sistema Internacional (SI). Estados que deixam de responder aos

---

[15] Waltz (1979) e Posen (1984) revisam alguns dos principais autores que trabalham dentro dessa perspectiva.
[16] Veja, por exemplo, Snyder (1984) e Walt (1987).

imperativos estruturais são punidos pelo sistema. Devido à autoajuda e ao ambiente competitivo do SI, espera-se que os Estados busquem equilibrar. Simplificadamente, os Estados serão compelidos a aumentar seu poder, seja aumentando suas capacidades materiais e melhorando suas estratégias ou formando alianças para equilibrar outro Estado ou grupo de Estados. Externamente, eles também podem adotar a estratégia de *bandwagoning* ou *free-ride*.

Quadro 1.1 – Estratégias Simplificadas de Balanceamento

Externo	Buck-Passing Bandwagoning	Alianças Formais	
Interno	Contra-medida	Inovação	Emulação

Fonte: Resende-Santos (2007, p. 69)

O balanceamento interno pode ser realizado por emulação, inovação ou contramedida (Resende-Santos, 2007)[17]. Um Estado específico também pode optar por manter sua estratégia atual. A contramedida pode ser entendida como fundamentalmente quantitativa (aumentar as próprias capacidades). Inovação e emulação têm aspectos qualitativos (por exemplo, a capacidade de mobilizar e usar recursos de maneira mais eficaz). Essas estratégias de balanceamento interno podem ser sobrepostas por um Estado, como combinando emulação e inovação.

Uma teoria de emulação está latente na formulação de Waltz (Resende-Santos, 2007). Waltz argumenta que os Estados tendem a emular as práticas militares e armas mais bem-sucedidas uns dos outros. Esse tipo de comportamento levará à difusão das melhores práticas, gerando isomorfismo no SI[18]. Embora Waltz conceitualize esse tipo de comportamento estatal, ele não o desenvolve sistematicamente (Posen, 1993). Segundo Resende-Santos (2007), a teoria de Waltz não consegue prever de que maneira, quando e em que condições um Estado buscará o balanceamento.

As respostas dos Estados às demandas estruturais podem ser processos de longa duração em grande escala, como no caso das emulações organiza-

---

[17] Para uma análise detalhada, consulte Elman (1999) e Resende-Santos (2007).
[18] De acordo com Waltz (1979), as forças que levam ao isomorfismo entre unidades são Socialização e Competição.

cionais e tecnológicas estudadas por Resende-Santos (2007) ou as respostas militares a restrições externas analisadas por Elman (1999). O comportamento de balanceamento também pode ser direcionado a dimensões específicas da resposta militar, como brilhantemente explorado pelo trabalho seminal de Posen sobre as fontes da doutrina militar[19]. Embora este estudo discuta apenas o aspecto de balanceamento interno militar, os Estados podem equilibrar outros ativos uns dos outros, como estratégias de desenvolvimento econômico. Os Estados não são os únicos atores a se envolver em comportamento de balanceamento: as empresas também emulam e inovam. Mesmo que, neste trabalho, ao estudar o Sistema Internacional, restringe-se a discussão das estratégias de balanceamento do *Estado*, é importante destacar que há diversas estratégias internas de mobilização, que envolvem o melhoramento dos recursos humanos, materiais, organizacionais e tecnológicos.

De acordo com Resende-Santos (2007, p. 23), "fatores no nível da unidade, como insegurança no regime e política doméstica, não podem fornecer explicações satisfatórias sobre por que os Estados imitam e a quem eles imitam". Batalhas políticas e comportamento organizacional são algumas das principais explicações no nível da unidade sobre o comportamento de balanceamento interno desenvolvidas pela literatura sobre o assunto[20]. No entanto, como já foi dito, o objetivo deste capítulo não é se envolver em um extenso debate intrateórico. O objetivo deste capítulo é desenvolver hipóteses a partir de um quadro explicativo em nível sistêmico, ou seja, explicar por que os Estados tomam decisões de segurança antes das restrições e incentivos do SI.

A Figura 1 apresenta uma síntese do desenvolvimento da literatura sobre o comportamento de balanceamento. Os Estados protegerão sua sobrevivência e objetivos buscando amigos externos ou mobilizando seus recursos internos (humanos e materiais) para se preparar para possíveis resultados competitivos, incluindo guerras. A Figura 1 mostra as possíveis estratégias de balanceamento militar apresentadas na literatura discutida. Três dimensões abrangem o comportamento de balanceamento interno militar: organizacional, doutrinária e tecnológica. Os Estados podem imitar, contramedir ou inovar práticas direcionadas a cada uma dessas dimensões, justapô-las em uma combinação ou optar por emular parcial ou totalmente aquela que é mais bem-sucedida. A Figura 1.1 apresenta opções simplificadas de balanceamento militar.

---

[19] Ver Posen (1984).

[20] O próximo capítulo traz algumas das principais perspectivas no tópico.

Figura 1.1 – Opções de balanceamento

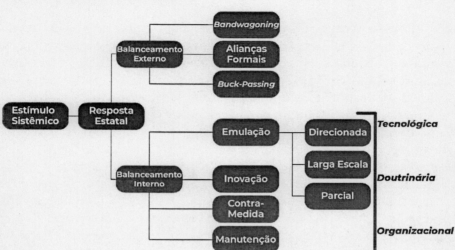

Fonte: elaboração própria

Dado que este livro discute projetos de defesa pioneiros que são as bases estruturais de grandes rearranjos militares, a inovação terá prioridade de análise em relação às outras estratégias de balanceamento. A inovação militar ocorre principalmente entre as grandes potências. Para assumir os riscos da inovação, é preciso ter recursos disponíveis, pois a inovação pode não se mostrar viável ou provar ser malsucedida quando implementada. Resende-Santos (2007) destaca corretamente o fato de que Waltz não desenvolve as bases para explicar a inovação. As perspicácias teóricas do Neorrealismo abrem o caminho para entender a inovação, porque é logicamente derivado que, em um sistema de incerteza e competição, os Estados inovarão. No entanto, explicar as nuances do processo e prever quando um Estado inovará, em oposição a se engajar em outras estratégias, é uma lacuna na literatura que precisa ser mais solidamente explorada. Resende-Santos também deliberadamente exclui da análise a explicação para o sucesso ou fracasso do balanceamento interno: "a questão de por que alguns emuladores são mais produtivos é historicamente e teoricamente interessante, mas está fora do escopo deste estudo" (Resende-Santos, 2007, p. 11). A literatura neorrealista apresenta algumas perspicácias interessantes sobre inovação. De qualquer forma, essas hipóteses serão introduzidas na próxima seção do presente capítulo, pois estão relacionadas a uma variável importante a ser introduzida: o nível de ameaça externa.

1.2.1 Segunda imagem reversa

Embora Waltz tenha tido a intenção em sua teoria apenas de desenvolver algumas previsões gerais sobre o comportamento dos Estados, outros autores argumentaram que é possível ir além na explicação das consequências internas das pressões sistêmicas (Gourevitch, 1978; Elman, 1996). Em sua obra seminal "The Second Image Reversed: the international sources of domestic politics" (A Segunda Imagem Reversa: as fontes internacionais da política doméstica), Gourevitch (1978, p. 883) afirma que "o desenvolvimento político é moldado pela guerra e pelo comércio". A abordagem da segunda imagem reversa é um caminho teórico fundamental para explicar o objeto de estudo deste livro, uma vez que a abordagem alega que o Sistema Internacional (SI) tem peso causal no condicionamento do comportamento dos Estados. Este estudo analisará esse processo de condicionamento através das lentes conceituais do balanceamento interno, já que, conforme afirmado por Resende-Santos (2007, p. 15), "o balanceamento interno é a via pela qual o sistema exerce seus efeitos organizacionais sobre os Estados".

O ambiente anárquico obriga os Estados a se organizarem para enfrentar os desafios da competição, seja seu objetivo a mera sobrevivência ou a dominação mundial. É importante destacar que algumas características qualitativas inerentes à posição específica dos Estados no SI afetarão seu comportamento. A geografia é o exemplo mais óbvio. Para ilustrar, a Inglaterra desenvolveu uma marinha forte em oposição a um exército, uma vez que o Canal da Mancha diminuía a ameaça de invasão. Em contrapartida, a Prússia, cercada por competidores terrestres, teve que permanecer em constante vigilância e desenvolver um amplo arsenal terrestre. Por essas razões, Gourevitch (1979) afirma que essas condições afetaram substancialmente o desenvolvimento das estruturas institucionais domésticas desses países. Na mesma linha de pensamento, Posen (1984) argumenta que esses imperativos geográficos foram responsáveis pela escolha de uma doutrina defensiva pela Inglaterra e uma doutrina ofensiva pela Alemanha. Nesse sentido, Jervis (1978, p. 194) afirma que "tecnologia e geografia são os dois principais fatores que determinam se uma postura ofensiva ou defensiva tem a vantagem"[21].

Há uma literatura substancial que respalda a perspectiva da segunda imagem reversa. Otto Hintz (1975, p. 178), por exemplo, argumenta que "toda organização estatal era originalmente organização militar, organização para a guerra". Perry Anderson (1974) explica o surgimento do absolutismo

---

[21] Mearsheimer (2014) dá ênfase especial a "grandes corpos d'água", o que dificulta ainda mais o equilíbrio.

no leste europeu a partir de uma perspectiva internacional. Diante da pressão de Estados ocidentais mais poderosos e invasões turcas do leste, os Estados do leste europeu tiveram que se adaptar ou afundar. Skocpol (1979) também atribui peso causal às pressões sistêmicas ao explicar as revoluções francesa, chinesa e russa (Dall'agnol, 2019). Finalmente, como resumido por Gourevitch:

> O sistema internacional não é apenas uma consequência da política e estruturas domésticas, mas uma causa delas. Relações econômicas e pressões militares limitam uma ampla gama de comportamentos domésticos, desde decisões políticas até formas políticas. As relações internacionais e a política doméstica são, portanto, tão inter-relacionadas que devem ser analisadas simultaneamente, como um todo (Gourevitch, 1978, p. 911).

Aqui, adota-se a perspectiva de Gourevitch de que tanto os fatores domésticos quanto os incentivos internacionais moldam o comportamento dos Estados. No entanto, como já foi afirmado, neste momento, o foco do estudo está em explicações que tratam os fatores sistêmicos como a variável independente. A sociologia histórica oferece *insights* importantes que convergem com a perspectiva da segunda imagem invertida. Os autores que trabalham nessa perspectiva analisam as características do ambiente internacional que estão na raiz da construção do Estado.

Charles Tilly (1990) argumentou que a capacidade de resposta de um Estado à competição internacional depende de sua base de recursos e da capacidade de seu núcleo organizacional. Tilly, entre outros sociólogos históricos, mantém que a forma política-organizacional dos Estados (ou outras unidades soberanas políticas) é determinada por requisitos internos e externos. Estados fazem a guerra e a guerra faz o Estado. Na concepção de Tilly, a função primordial do Estado é a guerra e o preparo para a guerra. A guerra requer uma mobilização profunda das capacidades organizacionais, extrativas e materiais do Estado. Como processo dinâmico, as imperativas externas afetarão diretamente os requisitos de modernização do Estado. Resende-Santos (2007, p. 64-65) argumenta que

> [...] a eficácia competitiva é estruturalmente determinada. Não é uma qualidade das unidades individuais, mas um produto de sua competição [...] a estrutura anárquica determina por si só os requisitos mínimos de viabilidade no sistema.

Norbert Elias, em sua obra *O Processo Civilizador*, estuda a sociogênese dos Estados modernos na Europa ocidental. O autor destaca que a competição entre unidades menores operava como uma força impulsora na formação do monopólio moderno do uso da força. Segundo Elias (1993), em tempos de paz, as estruturas de poder internas das unidades políticas seriam abaladas, fragmentando o poder e, como consequência, contestando a autoridade do líder. O poder centralizador do líder, em tempos de competição militar, segundo Elias, é elevado. O expansionismo é, assim, estimulado. Os atores políticos são impelidos a expandir para sobreviver. A sociologia histórica de Elias deriva do ambiente competitivo externo o comportamento expansionista das unidades políticas:

> A preservação da alma na existência social requer, em uma competição livre, uma expansão permanente. Quem não se eleva, cai. A vitória, portanto, significa, principalmente - seja essa ou não a intenção - a dominação sobre os concorrentes e a redução deles a um Estado de dependência. Nesse caso, o ganho de um é necessariamente a perda do outro, seja em termos de território, capacidade militar, dinheiro ou qualquer outra forma de manifestação concreta de poder social. Mas além desse fato, a vitória significará, mais cedo ou mais tarde, o confronto e conflito com um rival cuja força é ameaçadora para a sua, e mais uma vez, essa situação impulsiona a expansão de um e a absorção, subjugação, humilhação e destruição do outro (Elias, 1993, p. 134).

Além do raciocínio de soma zero de Elias, é facilmente identificada em seus escritos uma tese de constrangimento estrutural, enfrentado pelas unidades políticas ao terem que se expandir para sobreviver. O sistema leva, assim, inevitavelmente, ao conflito. Uma linha de argumentação semelhante pode ser encontrada na teoria neorrealista de competição de grandes potências de John Mearsheimer. Mearsheimer (2014, p. 2) argumenta que

> [...] o desejo por mais poder não desaparece, a menos que um Estado atinja o objetivo final da hegemonia. No entanto, como nenhum Estado provavelmente alcançará a hegemonia global, o mundo está condenado a uma competição perpétua entre grandes potências.

Dado que a busca por poder por grandes potências é inerente ao sistema, a teoria de Mearsheimer foi chamada de Neorrealismo Ofensivo, em oposição ao Neorrealismo Defensivo de Waltz. A diferenciação entre as duas teorias reside no fato de que, na teoria de Waltz, a sobrevivência é o objetivo último e natural e na construção de Mearsheimer, o expansionismo também está ontologicamente ligado ao sistema. Mearsheimer (2014, p. 3) catregoricamente afirma que: "posto de maneira simples, grandes poderes são destinados a ofensiva. Mas não somente um grande poder busca mais poder à custa de outros Estados, ele também tenta frustrar rivais inclinados a ganhar poder à sua custa".

A literatura, portanto, tem uma tradição interdisciplinar de derivar do sistema, especificamente da natureza competitiva da ordem internacional, o comportamento e a construção interna dos Estados. Este tópico mostrou que, além das previsões gerais de Waltz sobre o comportamento dos Estados frente às restrições do sistema, é possível explicar características mais específicas das ações dos Estados diante da estrutura e das consequências da lógica da segunda imagem invertida. Uma vez que este livro estuda o comportamento militar dos Estados e, especificamente, neste capítulo, as respostas militares em relação ao sistema, alguns conceitos relacionados ao comportamento estratégico do Estado podem ser úteis neste momento.

1.2.2 Respostas militares

Até este ponto, neste estudo, a teoria neorrealista foi apresentada com seus principais conceitos sobre o comportamento dos Estados no sistema internacional. Além disso, foram introduzidos desenvolvimentos teóricos sobre o balanceamento interno, juntamente com perspectivas da segunda imagem reversa e *insights* sobre a construção do Estado. Argumentou-se que o balanceamento interno militar consiste em três dimensões: doutrinária, tecnológica e organizacional. Este estudo concentra-se mais na dimensão tecnológica, uma vez que analisa projetos de defesa específicos. Além disso, concentra-se, principalmente, na inovação e nos Estados com capacidade inovadora, pois tenta explicar grandes projetos de defesa nos Estados Unidos. Neste momento, o desencadeamento lógico proposto neste livro sugere introduzir alguns conceitos-chave relacionados às ações militares.

O conceito de guerra de Clausewitz é relacional; ou seja, é político. Para o autor, a guerra é um duelo coletivo. É política porque envolve a vontade dos atores envolvidos. "A guerra é, portanto, um ato de força para compelir nosso inimigo a fazer a nossa vontade" (Clausewitz, 2007, p. 13). A guerra é uma confrontação para alcançar um objetivo político. Portanto, a guerra é um instrumento da política, o meio para buscar um objetivo:

> [...] a guerra é meramente a continuação da política por outros meios [...] o objeto político é o objetivo, a guerra é o meio de alcançá-lo, e os meios nunca podem ser considerados isoladamente de seu propósito (Clausewitz, 2007, p. 28-29).

O estudo clássico de Clausewitz sobre a guerra nos apresenta importantes desafios para estudar a ação militar. Por ser humano e político, o estudo da guerra não é um simples derivado de funções materiais.

A competição exige resposta militar. De acordo com a teoria do balanceamento, existem três dimensões de tal ação: organizacional, doutrinária e tecnológica. Essas podem ser consideradas elementos da estratégia. O conceito de estratégia é, de certa forma, confuso na literatura, pois a palavra é usada extensivamente, ultrapassando diferentes questões, sem um significado preciso. Os estudiosos de RI, por exemplo, desenvolveram um conceito mais amplo — a grande estratégia. Segundo Robert Art:

> [...] uma grande estratégia diz aos líderes de uma nação quais objetivos eles devem buscar e como podem melhor usar o poder militar de seu país para alcançar esses objetivos. [...] Definir a política externa de uma nação é apresentar a gama completa de objetivos que um Estado deve buscar no mundo e, em seguida, determinar como todos os instrumentos do poder estatal - poder político, poder militar, poder econômico, poder ideológico - devem ser integrados e empregados uns com os outros para alcançar esses objetivos. A grande estratégia, também, lida com a gama completa de objetivos que um Estado deve buscar, mas se concentra principalmente em como o instrumento militar deve ser empregado para alcançá-los. Prescreve como uma nação deve empregar seu instrumento militar para realizar seus objetivos de política externa (Art, 2003, p. 1-2).

Posen (1984, p. 13) afirma que "a grande estratégia é uma cadeia político-militar de meios-fins, uma teoria do Estado sobre como pode causar melhor segurança para si mesmo". A grande estratégia pode ser um tanto confusa. Portanto, Art argumenta que a grande estratégia trata da gama completa de objetivos de um país específico, uma variedade de dimensões de poder faz parte do conceito, embora o autor deixe claro que essa visão holística se concentra nos meios militares, como um instrumento, de acordo com a ideia de Clausewitz. Posen apresenta um conceito semelhante, embora aparentemente mais restrito. Clausewitz (2007, p. 133) define a estratégia como "o engajamento para fins de guerra". É um conceito mais preciso e, portanto, pode-se argumentar, um conceito mais rigoroso, mais próximo dos padrões científicos em oposição à retórica política.

O uso de um conceito de estratégia implica algumas consequências para o analista político. A perspectiva da grande estratégia fornece ao estudante uma visão mais holística. No entanto, a análise será necessariamente mais descritiva e difícil de traduzir em um guia teórico para a pesquisa. Ela é útil rastrear o processo de tomada de decisão e identificar os argumentos apresentados pelos diferentes atores no teatro de negociações. O conceito de grande estratégia está presente neste trabalho, contudo, como uma descrição *en passant* para fins de análise empírica ao longo do livro.

Waltz restringe sua análise à dimensão política; Clausewitz argumenta que a guerra é um instrumento para fins políticos. O conceito de estratégia de Clausewitz pode ser mais proveitoso para este estudo em oposição à noção de grande estratégia. O engajamento com o propósito de guerra restringe os atores de tomada de decisão à cadeia de comando político-militar responsável pelas decisões de engajamento para a guerra. Dividir o conceito nas dimensões de doutrina (Posen, 1984), organização e tecnologia aumenta o risco de distorção teórica. No entanto, essa divisão é útil para desenvolver um quadro analítico.

Os seres humanos se envolvem na transformação da natureza desde a gênese de sua existência. A manipulação da materialidade para fins de guerra pode ser tratada como um subcomponente da estratégia, uma vez que as decisões sobre ela, obviamente, afetam táticas e resultados do conflito. Apesar disso, Clausewitz (2007, p. 47) argumenta famosamente que "a guerra é o reino da incerteza; três quartos dos fatores nos quais a ação na guerra se baseia estão envolvidos em uma névoa de maior ou menor incerteza". A tecnologia muda a guerra, mas a tecnologia é apenas um subcomponente do fenômeno do conflito. A tentação para o analista cair no determinismo tecnológico é forte, pois "as relações entre os fatores materiais são todas muito simples; o que é mais difícil de entender são os fatores intelectuais" (Clausewitz, 2007, p. 134).

Desde a Revolução Industrial e a escalada da produção e inovação, a tecnologia parece ser o único determinante dos resultados da guerra. No entanto, essa percepção é desafiada por dois fatos: a) avanços tecnológicos não significam melhor desempenho na guerra; b) a tecnologia não muda a natureza da guerra. A tecnologia, nesta linha de raciocínio, deve ser analisada em termos de seu impacto claro na tática e na logística (Diniz, 2002). No entanto, pode-se argumentar que a tecnologia, em um intervalo de efeitos causais, tem preponderância sobre a organização e a doutrina, pois pode impelir comandantes a mudar esses em consequência da variação daquele. Por exemplo, a aviação mudou a estrutura de forças, as táticas e a forma da guerra. Uma descoberta científica como a mecânica quântica e o subsequente desenvolvimento da bomba atômica forçou uma mudança substancial na estratégia. Inúmeros outros exemplos podem ser dados nesse sentido. A tecnologia tem uma preponderância causal no balanceamento interno? Como se analisam melhor os impactos da tecnologia de projetos de defesa de grande porte, como os estudados aqui? Essas perguntas podem levar a caminhos frutíferos de investigação teórica e empírica.

Até agora, este estudo apresentou alguns conceitos-chave para analisar o comportamento dos Estados à luz das características sistêmicas. O SI é anárquico. A anarquia implica autoajuda e incerteza. Para sobreviver, os Estados precisam estar cientes uns dos outros, e o dilema de segurança os faz responder à estrutura por meio do balanceamento. Eles podem buscar aliados ou mobilizar e aprimorar suas capacidades materiais. Militarmente, o balanceamento interno consiste em respostas organizacionais, tecnológicas e doutrinárias. Os Estados podem inovar, imitar, contramedir ou não fazer nada. A lógica da segunda imagem invertida explica também a reorganização do Estado diante da restrição internacional. O mérito da resposta do Estado não altera essa lógica.

As construções teóricas do Neorrealismo ou até mesmo da literatura sobre construção do Estado não são determinísticas. Um Estado pode agir como escolher. Se falharem em responder às restrições sistêmicas, serão punidos pela lógica competitiva. As respostas militares também foram analisadas em termos de alguns conceitos fundamentais de estudos estratégicos. Esses conceitos são úteis para analisar o processo de tomada de decisão em relação à estratégia e para levantar algumas frentes instigantes de pesquisa em relação a seus subcomponentes e sua relação entre si, por exemplo, o papel que a tecnologia desempenha em uma análise clausewitzeana subjetiva e não determinística da estratégia. No entanto, como operacionalizar uma variável sistêmica independente para apresentar uma relação mais objetiva entre a estrutura e a resposta do Estado? O que diferencia os Estados no SI é sua posição relativa na distribuição de poder. As características sistêmicas se materializarão objetivamente perante um Estado como ameaças. O nível de ameaça terá significado causal na determinação do comportamento do Estado. Mas como? Na próxima seção, esse debate é apresentado.

1.3 Ameaça, tecnologia e inovação

Gourevitch (1978, p. 896) afirma que

> [...] a anarquia do ambiente internacional representa uma ameaça aos Estados dentro dela: a ameaça de serem conquistados, ocupados, aniquilados ou subjugados. O inverso da ameaça é a oportunidade: poder, domínio, império, glória, segurança "total".

Seu raciocínio segue para inferir a lógica da segunda imagem invertida: "esse Estado de guerra induz os Estados a se organizarem internamente para enfrentar esses desafios externos" (Gourevitch, 1978, p. 896). Como foi argumentado, a posição relativa de um Estado na distribuição internacional de poder pode ser vista em conjunto com aspectos qualitativos da ameaça imposta. A característica mais óbvia de Estados específicos é sua geografia. Uma maneira mais objetiva de analisar o nível de ameaça, no entanto, é derivá-lo da distribuição de poder medida em termos de capacidades relativas. A posição do Estado na distribuição de poder do sistema apresentará o nível objetivo de ameaça. Traços específicos, como geografia ou percepção, podem ser úteis para analisar mais profundamente casos específicos, mas são prejudiciais a um quadro de análise mais teórico e sistemático em termos de metodologia de pesquisa.

A resposta dos Estados à restrição estrutural é uma resposta à ameaça. O nível de ameaça correlaciona-se com aspectos qualitativos e quantitativos da resposta do Estado. Este estudo investiga o sucesso ou fracasso de grandes projetos de defesa; consequentemente, investiga a resposta militar, em consequência na forma da dimensão tecnológica da inovação. Este capítulo é dedicado a explicar a relação entre a influência sistêmica e a resposta militar do Estado. O nível de ameaça representa a pressão sistêmica que se apresenta diante dos Estados. Em uma lógica da segunda imagem invertida, o nível de ameaça é um determinante do comportamento do Estado.

O nível de ameaça é proposto neste estudo como uma variável independente que explica os resultados dos grandes projetos de defesa. No entanto, a literatura não apresenta um padrão de medição preciso para o nível de ameaça. Como a ameaça está correlacionada com a distribuição relativa de poder, as capacidades relativas serão determinantes da ameaça. A literatura apresenta apenas algumas estimativas aproximadas para medir as capacidades (Waltz, 1979) — geralmente alguma soma de recursos econômicos, população, território e ativos militares. Portanto, o nível de ameaça geralmente é tratado de maneira qualitativa e, assim, apresenta um obstáculo complicado para a operacionalização da variável. Resende-Santos (2007) argumenta que as Relações Internacionais carecem de uma teoria da ameaça, um conceito muito difícil de operacionalizar.

Autores tentaram operacionalizar a variável nível de ameaça desenvolvendo construtos teóricos que incorporariam outros fatores para tornar a análise mais precisa. Stephen Walt (1987) desenvolve uma hipótese instigante em sua teoria do balanço de ameaças. Segundo Walt, os Estados equilibram ameaças. O autor argumenta que algumas ameaças são mais imediatas e intensas do que outras. Nesse sentido, as ameaças se apresentam em um cenário dinâmico, e os Estados respondem ao ritmo e às características qualitativas das ameaças. Os Estados responderão às ameaças mais sérias e urgentes. Walt identifica quatro componentes de ameaça: poder agregado, capacidades militares ofensivas, proximidade geográfica e intenções agressivas.

Resende-Santos (2007) baseia-se na noção de Walt para construir um parâmetro para analisar o nível de ameaça. Ele sustenta que mudanças no balanceamento de poder agregado importam, mas não é a única variável determinante do nível de ameaça. Resende-Santos argumenta que mudanças no nível de ameaça podem ser incorporadas de maneira consistente ao arcabouço teórico estrutural do Neorrealismo, além de uma análise de distribuição relativa de poder, incorporando três variáveis. Para o autor, o nível de ameaça é uma

> [...] função de vários fatores geoestratégicos, entre os quais se destacam o poder militar relativo do Estado, seus ativos e passivos geográficos, as capacidades ofensivas do adversário e a disponibilidade de opções de balanceamento externo (Resende-Santos, 2007, p. 86).

Já foi mencionado anteriormente que a geografia afetará o tipo de ameaça qualitativamente. Por exemplo, Posen argumenta que Estados geograficamente cercados inovarão e integrarão sua doutrina militar com mais frequência, uma vez que civis tenderão a intervir nas práticas militares com mais frequência (Posen, 1984). Embora a geografia forneça uma precisão descritiva maior à investigação e tenha sido defendida por muitos como fonte de explicação para o comportamento militar dos Estados, não é necessário adicioná-la como componente do nível de ameaça. Quanto à incorporação das intenções agressivas por Stephen Walt como componente do nível de ameaça, pode-se argumentar que a intenção envolve percepção e ambas são variáveis problemáticas. Não se pode sistematicamente separar intenções e capacidades como componentes de ameaça[22], uma vez que geralmente a primeira se materializa à luz da última. Na análise empírica de grandes projetos de defesa, a noção de capacidades ofensivas é algo problemática. Conforme argumentado por Diniz (2002), não é possível distinguir tecnologias ofensivas de defensivas, uma vez que a defesa completa implica elementos de ataque. Portanto, intenções e capacidades ofensivas não serão incorporadas na análise dos níveis de ameaça neste trabalho.

Se um Estado tem opções como formar alianças e *buck-pass* para enfrentar uma ameaça ou imperativos geográficos alteram os aspectos qualitativos de ameaças específicas, a geografia e as opções de equilíbrio afetarão a resposta do Estado às ameaças (Resende-Santos, 2007). No entanto, argumenta-se aqui que esses elementos não precisam ser incluídos como componentes do nível de ameaça, pois alterarão principalmente o *tipo de ameaça* e as características *da resposta dos Estados*. O nível de ameaça pode e será medido apenas em relação à distribuição agregada de poder. Uma vez que, se determina como operacionalizar a variável de nível de ameaça na análise, é necessário identificar como ela se relaciona com o comportamento do Estado.

Neste momento, cabe a este estudo apontar algumas hipóteses sobre o comportamento do Estado e sua relação com a ameaça já investigadas pela literatura. Posen (1984) investiga mudanças na doutrina militar por meio de três variáveis dependentes: a) escolha entre ofensiva-defensiva-dissuasão; b) integração doutrinária; c) inovação doutrinária. Posen aplica dois *frameworks* teóricos para testar o poder explicativo da teoria neste estudo: a teoria organizacional[23] e a Teoria do Equilíbrio Pontuado de poder (ou o modelo neorrealista). Posen (1984) propõe que o poder explicativo da teoria está correlacionado ao nível de ameaça. Ele argumenta que "em tempos de calma internacional relativa, devemos esperar um alto grau de determinismo organizacional. Em tempos de ameaça, deveríamos ver uma maior acomodação da doutrina ao sistema internacional - a integração deve ser mais pronunciada, a inovação mais provável" (Posen, 1984, p. 80). Quanto maior a ameaça, maior o poder explicativo da Teoria do Equilíbrio Pontuado de poder. Proposições da teoria organizacional, como interesses e visões conflitantes entre e dentro de organizações burocráticas e resistência à inovação, perderão importância à luz de uma ameaça maior. Pode-se inferir desta análise outra hipótese: quanto maior o nível de ameaça, mais os Esta-

---

[22] Ver Snyder (1984).
[23] Abordada no próximo capítulo.

dos agirão mais como atores unitários propostos pela Teoria do Equilíbrio Pontuado de poder, em oposição aos Estados fragmentados identificados pela teoria organizacional. Elman (1999) testa as mesmas teorias em relação à resposta militar e chega a conclusões semelhantes, afirmando que:

> Há evidências que apoiam a conclusão de que ambos os modelos têm algo a oferecer em nossas tentativas de explicar como os Estados reagem às práticas militares de outros Estados [...] Mas, a longo prazo, especialmente à medida que a ameaça e a gravidade da guerra aumentam, o modelo neorrealista se destaca (Elman, 1999, p. 97).

Tanto Posen quanto Elman sustentam suas teorias em uma lógica de segunda imagem reversa, uma vez que as pressões do ambiente internacional afetam o comportamento do Estado. O raciocínio dos autores possui uma lógica causal, conforme segue: com o aumento da ameaça externa, a competição se intensifica e, consequentemente, os líderes civis dos Estados são compelidos a centralizar a tomada de decisões na defesa. À medida que a cadeia de comando se torna mais rígida e integrada, disputas e interesses inter e intraorganizacionais são mitigados, permitindo que os civis respondam adequadamente à ameaça crescente, mobilizando e distribuindo recursos da melhor maneira possível. Esse processo resultará em inovação militar. O resultado da ameaça tem consequências organizacionais e de construção do Estado. O argumento causal é, portanto: nível de ameaça > interferência civil > inovação.

Se os trabalhos de ambos os autores forem consistentes, pode-se esperar também que as proposições de segunda imagem reversa sobre o comportamento do Estado em relação à ameaça tenham validade teórica e empírica. Consequentemente, o objeto de análise, neste estudo, está relacionado ao nível de ameaça. Como este livro investiga o sucesso ou fracasso de inovações, propõe-se uma relação causal entre o nível de ameaça e os resultados desse tipo de comportamento de equilíbrio. Resende-Santos (2007) propõe uma hipótese especificamente sobre o tema desta obra. De acordo com o autor, e totalmente endossado por este estudo:

> Todos os campos competitivos têm incentivos embutidos para inovar, uma vez que os benefícios prospectivos da inovação bem-sucedida são grandes. A emulação pode trazer benefícios de segurança, mas os benefícios da inovação bem-sucedida

> provavelmente serão maiores. Dadas as vantagens competitivas resultantes de inovação bem-sucedida, Estados que possuem a capacidade material-técnica-científica necessária inovarão, todas as outras coisas sendo iguais. A taxa de inovação aumentará com a intensidade da competição. O sistema internacional, como o mercado, gera inovação técnica e organizacional incessante. O sistema está em constante movimento por causa disso. O neorrealismo espera que o sistema exiba inovação contínua como resultado da luta e manobras entre Estados contendores - luta e manobras constantes para evitar ficar para trás como resultado do que outros fizeram, bem como em antecipação ao que eles podem fazer. Em outras palavras, quando observamos como os Estados pensam e praticam a inovação, suas ações exibem tanto uma dinâmica de ação-reação quanto uma dinâmica de dilema do prisioneiro (Resende-Santos, 2007, p. 72).

A natureza anárquica e competitiva do sistema internacional implica um cenário de dilema de segurança e impulsiona os Estados a inovar continuamente. O comportamento inovador de equilíbrio será maior quando os Estados enfrentam ameaças. Neste caso, a pressão sistêmica aumentará o ritmo e a escala da inovação. O *timing*, ritmo e escala da inovação corresponderão ao *timing* e magnitude das ameaças externas (Resende-Santos, 2007). Diante do perigo, um Estado terá que mobilizar e extrair recursos com sucesso para inovar. Como já foi afirmado, aqueles que falham em equilibrar serão punidos pelas imperativas estruturas. No entanto, a inovação é uma das formas de comportamento de equilíbrio e nem todos os Estados inovam. Para inovar, o Estado deve ter uma margem extra de segurança e disponibilidade de recursos para manter as respostas militares regulares e assumir o risco de inovar. Esses são Estados capazes de inovação. Pode-se razoavelmente esperar que esses Estados sejam, principalmente, grandes potências. Segundo Resende-Santos:

> A inovação é cara e arriscada. É demorada e incerta em resultados. Estados de capacidades primárias têm mais probabilidade de ter não apenas a base de recursos, mas, mais importante, a margem extra de segurança necessária para incorrer nesses riscos. Estados secundários não têm nenhum dos dois. Mesmo o eventual Estado secundário que pode ter a base de recursos e habilidades pode não ter a margem extra de segurança para arriscar inovação à medida que a competição aumenta (Resende-Santos, 2007, p. 73).

Resende-Santos argumenta que a correlação entre ameaça e inovação pode ser entendida como um gráfico em forma de U (Figura 2). Embora a competição e a ameaça aumentem a taxa e a escala da inovação, o autor argumenta que isso é verdade até certo nível de ameaça. Quando a ameaça atinge esse parâmetro hipotético, os Estados se tornarão mais avessos ao risco e dependerão principalmente da emulação. Assim, paradoxalmente, o aumento da ameaça é tanto a causa que gera a inovação quanto a que a enfraquece, pois enfrentando um risco maior e sendo atores mais avessos ao risco, os Estados preferirão, segundo Resende-Santos, contar com estratégias existentes:

> Neste contexto, o comportamento de emulação das grandes potências se torna mais evidente. Mesmo para as grandes potências do sistema, a inovação é um produto de um delicado equilíbrio entre riscos potenciais e ganhos prospectivos. À medida que a competição aumenta, esperamos que todos os Estados se tornem mais avessos ao risco e, portanto, optem pelos benefícios certos e imediatos da emulação. Dados os riscos e incertezas que acompanham a inovação, a intensificação da competição reduzirá a inventividade (Resende-Santos, 2007, p. 73).

Figura 1.2 – Inovação, emulação e ameaça para Resende-Santos

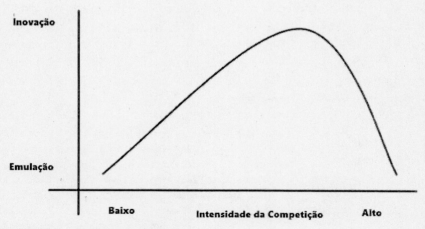

Fonte: Resende-Santos (2007, p. 74)

O raciocínio de Resende-Santos parece estar em conformidade com padrões lógico-dedutivos. No entanto, há um problema em seu argumento. O autor afirma que os Estados, diante de ameaças crescentes, contanto que sejam Estados capazes de inovação — tenham uma margem extra de segurança e recursos — inovarão. De fato, a autoajuda em um ambiente competitivo é a própria impulsionadora da inovação. Embora pareça razoável que os Estados se tornem mais avessos ao risco em competições extremas, o autor não apresenta uma causalidade entre a capacidade de inovação e a ameaça. Assim, mesmo enfrentando ameaças crescentes, nada aparentemente indica que os Estados deixarão de ter a margem extra de segurança e recursos que os torna capazes de inovação. Isso significa que, se os Estados continuarem a ter capacidades inovadoras, o parâmetro de ameaça apresentado por Resende-Santos, que supostamente mitiga a inovação, na realidade não a determina. Os Estados Unidos (EUA) enfrentaram um crescimento extremo de ameaças de 1939 a 1941, quando Japão e Alemanha mostraram vantagem relativa crescente na distribuição de poder, finalmente levando Roosevelt a entrar na guerra após o ataque a Pearl Harbor. Isso não significou, no entanto, que os EUA perderam sua margem extra de segurança e recursos, já que o país continuou a se mobilizar plenamente e a aumentar sua prontidão para a guerra. A ameaça crescente não obrigou os Estados Unidos a pararem de inovar. Essa virada hipotética na curva em U do autor é altamente subjetiva e não pode ser operacionalizada de maneira sustentável na análise.

Dito isso, este estudo sustenta que em um cenário de *ceteris paribus*, a ameaça terá uma relação diretamente proporcional com a inovação, pois é o incentivo *estrutural* que a causa. Estados capazes de inovação inovarão cada vez mais diante do aumento da ameaça. Essa relação é verdadeira para as três dimensões da inovação militar — tecnológica, organizacional e doutrinária. A velocidade e a escala da inovação também aumentarão em relação ao aumento da ameaça. Argumenta-se aqui que fatores como geografia, percepção, intenções e opções de balanceamento externo não afetam o nível de ameaça em termos absolutos, derivados da distribuição de poder.

No entanto, alguns fatores afetam o comportamento do Estado. A geografia, por exemplo, afeta a forma da resposta. Os Estados Unidos, isolados em um cenário bioceânico, quando enfrentam uma ameaça crescente, podem ser mais propensos a desenvolver uma estratégia naval, mas isso não altera a crescente pressão sistêmica para inovar. A escolha de outras estratégias de balanceamento, no entanto, parece ter um efeito mais substancial na resposta dos Estados. A disponibilidade de opções de balanceamento pode levar o Estado a buscar alianças, *bandwagon e buck-pass*, por exemplo. De qualquer forma, essas variáveis não afetam o nível de ameaça *per se* ou os incentivos estruturais para o balancear, elas alteram a forma da resposta e o tipo de ameaça. No entanto, a variável de opção de balanceamento incide diretamente na escolha dos Estados por mais ou menos balanceamento interno. A opção de equilíbrio, portanto, é uma variável com efeitos qualitativos e quantitativos. Pode-se argumentar que se um Estado tem opções de balanceamento, o nível de inovação será afetado. Apesar desse efeito, em termos teóricos, pode-se razoavelmente assumir que isso não altera a relação positiva direta entre ameaça e inovação em termos gerais. Mas em processos específicos e historicamente contingentes de inovação, a opção de equilíbrio pode alterar os principais aspectos da inovação: nível, ritmo, escala e *timing*. Portanto, outra questão de pesquisa se apresenta: como a perspectiva de opções de balanceamento impacta a inovação? Esta investigação está além do escopo deste trabalho, embora esse problema inevitavelmente se apresente na análise empírica de grandes projetos de defesa inovadores e possa ser abordado marginalmente.

Conforme supracitado, Resende-Santos (2007) destaca o fato de que o sucesso ou fracasso do balanceamento interno está além de sua investigação e pode ser teórica e empiricamente frutífero abordar tal problema. Esta pesquisa se propõe, então, a enfrentar tal problemática, tratando o sucesso ou fracasso de grandes projetos inovadores de defesa como sua variável dependente. Como este estudo se concentra principalmente na dimensão tecnológica da inovação, tentará correlacionar a ameaça externa ao sucesso ou fracasso de projetos de defesa de longo prazo de alto custo. Argumenta-se que esses projetos são a espinha dorsal material de muitos casos de comportamento inovador de balanceamento interno. No entanto, um Estado precisa mobilizar adequadamente seus recursos e a inovação precisa ser tecnologicamente viável para ter sucesso. Os aspectos mais econômicos e tecnológicos da inovação são abordados no Capítulo 3 deste estudo.

1.4 O que esperar?

A política externa e defesa, como outros fenômenos políticos complexos, possuem inúmeros determinantes possíveis. Consequentemente, sua análise pode envolver muitas variáveis. No entanto, como alguém, diante de uma realidade tão complexa, pode operacionalizar um quadro de investigação para tornar esses fenômenos tangíveis? Esse é o papel da teoria. A construção teórica é uma versão abstrata e simplificada da realidade, sem a ambição de descrever todas as suas nuances. Envolver-se na teoria é, portanto, assumir o risco de simplificação excessiva. No entanto, ao analisar projetos de defesa em larga escala, não se pode correr o risco de omitir uma variável com o potencial peso causal da ameaça externa. O propósito deste capítulo foi, portanto, apresentar os fundamentos teóricos que constroem as relações conceituais que demonstram a restrição internacional ao comportamento do Estado ou, mais especificamente, a relação causal positiva entre a ameaça internacional e o sucesso ou fracasso de projetos de defesa de longo prazo de alto custo.

Waltz faz poucas previsões sobre o comportamento do Estado. No entanto, sua construção teórica é útil para aprofundar-se no assunto. Independentemente dos objetivos do Estado, ele precisa sobreviver em um ambiente de autoajuda e competitivo. À medida que o dilema da segurança opera, espera-se que os Estados busquem balancear contra ameaças. Os Estados podem se envolver em balanceamento externo ou interno. O balanceamento interno refere-se ao esforço do Estado em aumentar e administrar melhor seus recursos internos, tanto humanos quanto materiais. No âmbito militar, a emulação, a inovação e a contramedida são formas de balanceamento interno, que podem ser opostas por um Estado e visar ameaças específicas ou em larga escala por meio das dimensões tecnológicas, doutrinárias e organizacionais da prática militar. O comportamento de balanceamento interno está inserido em uma lógica de segunda imagem reversa, que afirma que as pressões externas terão consequências organizacionais e materiais na estrutura doméstica do Estado. Autores como Gourevitch, Hintze, Anderson, Tilly, Elias e Mearsheimer, entre outros, endossam a perspectiva da segunda imagem reversa, atribuindo a pressão externa à fonte de construção do Estado ou comportamento estatal. O comportamento militar é um meio de atingir objetivos políticos, e a estratégia é o engajamento com o propósito da guerra. O conceito de estratégia militar permite ao pesquisador rastrear a tomada de decisões na cadeia de comando político-militar. A ameaça pode ter diferentes componentes, embora alguns deles possam ter efeitos qualitativos ou mesmo quantitativos na resposta do Estado, como no caso da opção de balanceamento externo, é, aqui argumentado, melhor analisar o nível de ameaça em relação à distribuição de capacidades, dado a ausência de uma medida objetiva da variável apresentada pela literatura.

Deduzindo da linha de raciocínio e do arcabouço teórico apresentados neste capítulo, este estudo pode, neste ponto, apresentar a principal hipótese em relação à inovação e sua relação com o nível de ameaça. Para testar a relação entre a variável independente sistêmica (nível de ameaça) e a variável dependente (sucesso ou fracasso de projetos de defesa inovadores em larga escala), a principal conjectura deste capítulo é:

Hipótese principal: *Estados capazes de inovação militar inovarão de maneira diretamente proporcional ao nível de ameaça, medido em termos da distribuição relativa de poder. Portanto,* ceteris paribus, *quanto maior o nível de ameaça, mais provável será o sucesso da inovação. Projetos em larga escala, como pilares tecnológicos da inovação, terão mais probabilidade de ter sucesso diante de um alto nível de ameaça.*

O debate sobre o peso causal de variáveis externas no comportamento estatal também permite a este livro explorar outras hipóteses auxiliares relacionadas ao objeto empírico:

Hipóteses auxiliares:

a. em relação às dimensões da inovação, a tecnologia tem uma preponderância causal linear em relação à organização e à doutrina, uma vez que variações substanciais na primeira podem compelir os Estados a ajustar a última;

b. em um quadro de segunda imagem reversa, um aumento no nível de ameaça causará interferência civil nas decisões militares, o que, por consequência, gerará inovação;

c. velocidade, escala e o *timing* da inovação estarão relacionadas ao nível de ameaça. Quanto maior a ameaça, maior será a velocidade, escala e urgência da inovação;

d. pode-se falsificar o modelo em forma de U apresentado por Resende-Santos, uma vez que se pode razoavelmente presumir que Estados capazes de inovação não param de inovar, quando confrontados com a ameaça, pois a ameaça é o único motivador da inovação;

e. opções de balanceamento externo afetarão a escala, a velocidade e o *timing* da inovação. Embora não altere o incentivo sistêmico para a inovação, pode atenuar a escolha de um Estado de aderir ao balanceamento interno, causando, assim, um efeito negativo no sucesso da inovação.

Essas hipóteses serão investigadas nos capítulos empíricos deste livro, na segunda parte. No próximo capítulo, este estudo volta sua atenção para *insights* teóricos que abordam a defesa e a política externa a partir da perspectiva do nível doméstico. Em conformidade com a proposta do Capítulo 2, este estudo tratará a investigação da política doméstica como uma variável independente, permitindo a elaboração de hipóteses sobre o sucesso ou fracasso de projetos de defesa em larga escala a partir de uma perspectiva política doméstica

CAPÍTULO 2

POLÍTICA DOMÉSTICA E TOMADA DE DECISÃO EM DEFESA

> *[...] as decisões geralmente refletem um compromisso considerável. O compromisso resulta da necessidade de obter adesão, da necessidade de evitar prejudicar interesses fortemente sentidos (incluindo interesses organizacionais) e da necessidade de se proteger contra as previsões sombrias de outros participantes [...]*
>
> (Allison; Halperin, 1972, p. 52)

> *Se este livro tiver uma mensagem distintiva, é que a política militar só pode ser compreendida como as respostas do governo às pressões conflitantes de seus ambientes estrangeiro e doméstico [...] A política militar não pode ser separada da política externa, da política fiscal e da política doméstica. Ela faz parte da trama e da urdidura da política americana*
>
> (Huntington, 1961, p. 67)

Estudiosos apontam que os níveis doméstico e sistêmico estão inter-relacionados (Katzenstein, 1976; Putnam, 1988) e têm impacto um no outro. Aqui, isso não é negado. No entanto, enquanto o Capítulo 1 destacou a relação entre o nível de ameaça e inovação, construindo exclusivamente a partir de uma perspectiva sistêmica, este capítulo desenvolve sua hipótese e deriva outra variável independente do ângulo doméstico. Demonstra-se que esta forma de desenvolvimento do arcabouço teórico melhoraria investigação da variável dependente (sucesso ou fracasso de projetos de defesa de grande porte), pois a causalidade pode ser vista mais claramente, tornando, assim, a investigação e, portanto, os testes de hipóteses empíricas mais tangíveis.

É defendido neste capítulo que um necessário "grau de consenso" entre o Executivo e o Congresso, levando em consideração seus principais tomadores de decisão, é uma condição para o sucesso de projetos de grande porte. Essa hipótese é formalizada no final do capítulo. No entanto, como existem muitos desenvolvimentos teóricos e variáveis utilizadas por estudiosos para analisar os impactos da política doméstica e intragovernamental, este capítulo adentra em uma revisão crítica dos autores e modelos que abordam a questão, para construir o modelo aqui proposto. Argumenta-se que a construção deste arcabouço teórico não por objetivo construir um modelo geral de tomada de decisões de política externa ou de defesa, embora alguns dos pontos delineados aqui possam ser desenvolvidos e aplicados a diferentes questões além daquela tratada neste livro.

Decisões geralmente giram em torno de uma estrutura, principais atores, processos e questões. O capítulo anterior abordou a estrutura sistêmica. Neste capítulo, os principais atores são analisados. Processos e questões aparecem ao longo dos quatro primeiros capítulos deste livro, embora o Capítulo 4 dê atenção especial ao processo e o Capítulo 3 às questões. A partir da complexidade e da ampla gama de variáveis e atores, será argumentado que o relacionamento e consenso necessários entre os principais atores podem ser operacionalizados dentro de parâmetros para comparação objetiva. Semelhante aos Capítulos 1 e 3, hipóteses auxiliares também serão delineadas, à luz do debate teórico, para fornecer orientações a serem testadas nos estudos de caso empíricos.

2.1 Presidentes, burocratas e tomada de decisão

Em uma república presidencial, fundada à luz do declínio do absolutismo na Europa, o papel histórico e atual do Executivo e de seu líder naturalmente atraiu a atenção de estudiosos. Especialmente, uma vez que o sistema é orientado por uma lógica de "freios e contrapesos", a questão da extensão do poder presidencial é indispensável para entender a política dos Estados Unidos.

O primeiro ponto abordado aqui é que uma pessoa tem uma limitação física para lidar com toda a agenda política apresentada diante dela e dedicar a atenção necessária para otimizar — em termos de racionalidade instrumental[24] — todas as decisões (Simon, 1972)[25]. A fonte de informações e opções apresentadas ao presidente para decidir é, portanto, extremamente importante. Outra questão importante é quem influencia e media as decisões

---

[24] Para uma boa revisão sobre racionalidade limitada, ver: Martin Peterson (2009).
[25] Herbert Simon (1965) afirmou que modelos cognitivos pressupõem que os tomadores de decisão têm capacidades limitadas de processamento de informações. Em vez de buscar objetivamente todas as informações para a melhor opção, os tomadores de decisão escolherão uma alternativa que seja aceitável ou "suficientemente boa".

presidenciais, contestando-as e alterando seus resultados. A presente seção, é dedicada, principalmente, a essa discussão.

Entre os primeiros a abordar esse problema estavam aqueles que Robert Art (1973) chamou de *primeira onda* da Política Burocrática (BP), que incluía os trabalhos de Neustadt (2008), Schilling (1961) e Huntington (1961). Esses autores argumentaram que o poder político, como a capacidade de alguém fazer algo que ele não faria de outra forma, é pulverizado e disperso no governo nacional. Nesta seção, o estudo revisa alguns dos argumentos feitos por esses autores e desenvolvimentos e críticas adicionais, destacando especialmente a sistematização da BP feita por Allison (1969).

Schilling (1961) analisou a resposta do governo dos Estados Unidos à explosão de uma bomba de fissão pela União Soviética, em 1949. Neste caso, políticas possíveis sobre a produção relacionadas à bomba de hidrogênio resultaram de cinco meses de debate e deliberação entre o Departamento de Estado, o Gabinete do Presidente, o Departamento de Defesa (DoD), a Comissão de Energia Atômica (AEC) e o Comitê Conjunto de Energia Atômica do Congresso. Apesar das questões relacionadas à viabilidade tecnológica, como a necessidade de uma grande quantidade de trítio, por exemplo, o DoD manteve uma posição firme em favor do desenvolvimento de armas poderosas como uma necessidade para manter a dissuasão. Por outro lado, o Departamento de Estado, a AEC e o GAC fizeram recomendações contra o desenvolvimento das bombas H e A, questionando sua utilidade real em termos de engajamento efetivo. Uma vez que o presidente tomou sua decisão, ele distribuiu tarefas para cada uma das organizações envolvidas, embora não tenha endossado um programa de bomba H em larga escala. De acordo com Schilling (1961, p. 37): "O Presidente fez escolhas, mas a comparação entre as escolhas que ele fez e aquelas que ele não fez revela claramente o caráter mínimo de sua decisão". Schilling (1961) argumenta que a bomba de hidrogênio é um dos muitos exemplos que revelam a estrutura dispersa de poder na tomada de decisões nos Estados Unidos, na qual diferentes atores precisam alcançar uma forma de "consenso" para que uma determinada política seja implementada. A lógica da consequência do argumento é que uma decisão mínima aceitável para os jogadores gera o resultado. Segundo o autor (1961, p. 43):

> A contínua separação e preocupação com as mesmas questões antigas são uma consequência inevitável de um processo político que depende da cooperação voluntária de elites inde-

pendentes e concorrentes para a formulação e condução de políticas. Mudanças significativas nas políticas podem, em sua maioria, ser efetuadas apenas por meio de mudanças incrementais.[26]

De maneira semelhante, em sua obra seminal sobre o poder presidencial, Richard Neustadt (2008) questiona a extensão do poder decisório do presidente. Ele argumenta que há uma diferença acentuada entre os poderes constitucionais e legislativos atribuídos ao presidente e o costume ou *modus operandi* do verdadeiro processo político. Segundo Neustadt, compartilhar o poder é limitá-lo, e o que ele observa no presidente é uma fragilidade (no sentido do que se espera do presidente em comparação com a garantia do que pode ser feito). Neustadt sustenta que o presidente é um funcionário, mas um funcionário valioso, do qual outros podem depender no futuro e, portanto, precisam negociar com cautela. Membros do Executivo, Congresso, partidos, atores internacionais e a população podem ter que contar com o presidente, mas o contrário também é verdadeiro. O poder do presidente reside em persuadir outros atores de que o que a Casa Branca deseja também é o que esses atores buscam.

Além disso, chefes de bureaus e especialistas têm um forte poder para influenciar o humor do presidente. De acordo com Franklin Roosevelt (Neustadt, 2008, p. 75):

> O Tesouro é tão grande e tão aberto e está tão entranhado em suas próprias práticas, que acho quase impossível conseguir a ação e os resultados que desejo- até mesmo com Henry Morgenthau lá. Mas o tesouro nem se compara ao Departamento de Estado. Você deveria passar pela experiência de tentar obter quaisquer mudanças no pensamento, nas políticas e na ação de diplomatas de carreira e então você saberá o que de fato é um problema. Mas o Tesouro e o Departamento de Estado juntos não são nada comparados à Marinha. É preciso saber lidar com os almirantes- e eu deveria saber isso. Mudar qualquer coisa na Marinha é como dar socos em um cobertor de penas. Você bate com a direita, e você bate com a esquerda até ficar exausto, e então você constata que o maldito cobertor está do mesmo jeito que estava antes de você começar a bater.

---

[26] Esse argumento está fortemente correlacionado com o Incrementalismo, uma teoria da política pública que será explorada no Capítulo 4 deste livro.

No entanto, Neustadt (2008) argumenta que, além das vantagens de negociação com outros jogadores, a reputação profissional e o prestígio público podem aumentar a influência do Presidente. Além disso, Neustadt (2008, p. 53) afirma que uma ordem eficaz do presidente pode ocorrer quando três critérios são atendidos: i) a ordem é amplamente difundida, ii) as pessoas que receberam a ordem têm o controle total necessário para executá-la e iii) os implementadores não questionam a autoridade do presidente.

Samuel Huntington (1961) argumenta que decisões estratégicas e políticas significativas requerem conteúdo e consenso. Em conformidade com os argumentos de Neustadt, Huntington sustenta que construir consenso é uma condição *sine qua non* na implementação de políticas, mas tem custos para todos os atores envolvidos no processo de tomada de decisões. Consequentemente, a *intenção inicial* dos atores não é precisamente a natureza do resultado das concessões, que podem ser não intencionadas ou imprevistas. De acordo com Huntington (1961, p. 167):

> Se este livro tem uma mensagem distintiva, é que a política militar só pode ser entendida como as respostas do governo às pressões conflitantes de seus ambientes estrangeiro e doméstico [...] A política militar não pode ser separada da política externa, da política fiscal e da política doméstica. É parte integrante da trama e da urdidura da política americana.

Hilsman (1992) apresenta o papel das burocracias na tomada de decisões. De acordo com o autor (1992, p. 179), "burocracias são centros de poder". Seu poder baseia-se em sua jurisdição específica e regras, que proporcionam uma competência técnica específica, além de treinamento especializado, experiência e conhecimento. Além disso, as organizações têm interesses próprios e atuam funcionalmente como formuladoras de políticas, legisladoras e inovadoras:

> Elaborar políticas, aplicar políticas, decidir implementação, interpretar legislação, criar algumas regras [...] assim as burocracias têm poder - muito poder [...] Algumas são mais subservientes ao presidente e outras são mais independentes (Hilsman, 1992, p. 184).

Os presidentes, portanto, compartilham poder com as burocracias por meio de indicados políticos nos níveis mais altos do executivo para mediar a relação entre a Casa Branca e os bureaus.

Exemplos especiais de burocracias poderosas são a Agência Central de Inteligência (CIA) e as Forças Armadas. A primeira detém o monopólio legal de espionagem, sigilo e a possibilidade de reter informações indispensáveis, permitindo a ela perseguir suas próprias políticas. Quanto às Forças Armadas, orçamentos enormes, poder físico real e laços estreitos com a indústria, o Congresso e suas bases eleitorais tornam-nas uma ameaça à própria democracia (Hilsman, 1992; Huntington, 1967)[27]. As relações Civis-Militares[28] são abordadas mais adiante neste capítulo, uma vez que são importantes para a construção de consenso e implementação de políticas.

2.1.1 O modelo da Política Burocrática

Em continuidade aos *insights* dos autores discutidos anteriormente, os teóricos da Política Burocrática (BP), Allison (1969) e Allison e Halperin (1972), desenvolvem o que chamam de "framework sistemático de pressupostos básicos, conceitos e proposições sugestivas, ou, em sua concepção, um paradigma analítico" (Allison; Halperin, 1972, p. 44). Seu trabalho consiste na construção de dois modelos (Modelo II e III) para abordar as questões que eles apontam como negligenciadas pelo paradigma predominante de análise na época de seu estudo (Modelo I). O desenvolvimento do *framework* desses autores é central para este capítulo, uma vez que as discussões posteriores acerca de tomada de decisão após o trabalho deles, pelo menos em algum sentido, dialogam criticamente com seu modelo de BP. Ademais, como o propósito deste capítulo é abordar hipóteses sob uma perspectiva política doméstica, argumenta-se que o modelo de BP propõe uma série de proposições e conceitos que geram importantes questões de pesquisa relacionadas à temática central aqui apresentada.

O modelo de BP é construído a partir de críticas à análise do que Allison chama de Modelo I ou Modelo Racional de Política. Segundo o autor (Allison, 1969, p. 692-695), o Modelo I assume o Estado como um

---

[27] Segundo Brooks (2019, p. 381): "Por um lado, o exército é o protetor principal de um regime e do Estado. O exército de um regime é sua última linha de defesa contra seus oponentes internos e deve reprimir tanto manifestantes civis quanto rebeldes armados quando necessário. Ele também defende o Estado contra ameaças estrangeiras e desafios externos em conflitos armados. Por outro lado, o exército também é a principal ameaça e fonte de insegurança para um regime e Estado. Um exército pode virar suas armas contra o governo e remover líderes pela força, ou comprometer a segurança do Estado ao perder no campo de batalha [...] Estados precisam garantir que o exército seja tanto submisso à autoridade civil quanto eficaz em conflitos armados. Muitas pesquisas sobre relações Civis-Militares na ciência política buscam abordar algum aspecto desse dilema central".

[28] Para uma análise aprofundada sobre o tema, consulte: Feaver (1999, 2016), Pion-Berlin (1997) e Mares e Martínez (2014).

ator monolítico que seleciona ações na política externa maximizando seus objetivos e metas estratégicas. Dentro de uma gama de opções para responder ao ambiente internacional, esse modelo, consequentemente, pressupõe uma escolha racional de maximização de valor custo-benefício pelo Estado "cujas consequências são maximizadas em termos de seus objetivos e metas". O resultado, portanto, é análogo à teoria econômica neoclássica de escolha do consumidor e da firma. A alternativa proposta por Allison é composta por um Modelo II (modelo organizacional) e um Modelo III (modelo burocrático), que ele utiliza para "confrontar" empiricamente o Modelo I em um "caso menos provável", a Crise dos Mísseis Cubanos, uma vez que é "uma decisão de crise, por um pequeno grupo de homens no contexto de uma ameaça última e, portanto, é um caso de modelo de política racional *par excellence*" (Allison, 1969, p. 691, grifos nossos).

Allison argumenta que, de acordo com o Modelo I, o bloqueio (*blockade*) era a única opção real dos EUA. No entanto, o autor afirma que esse não era o caso, e o processo decisório precisa incluir resultados organizacionais e burocráticos para avaliar adequadamente a questão. Allison (1969) argumenta que o Modelo I tem a tendência de se adaptar a situações em que, ao tentar explicar uma série de eventos e uma grande quantidade de informações, o modelo de política racional usa análise de política externa *ad hoc* e muitas vezes invoca a noção de que um "erro" foi cometido se o modelo falha em explicar o resultado da decisão. Allison e Halperin (1972, p. 707) argumentam que "os líderes que estão no topo das organizações não são um grupo monolítico". Em vez disso, o governo é composto por organizações e indivíduos que competem, negociam por meio de canais diferentes e, assim: "as decisões do governo *não são tomadas* por escolha racional, mas pelo puxa-e-empurra que é a política [...] O aparato de cada governo nacional constitui uma arena complexa para o jogo intranacional" (Allison; Halperin, 1972, p. 707, grifos nossos). De acordo com percepções anteriores, os autores argumentam que o poder é compartilhado, e cada jogador tem considerável autonomia em um processo decisório descentralizado. Os resultados da política

> [...] às vezes são o resultado do triunfo de um grupo sobre os outros. Mais frequentemente, no entanto, diferentes grupos puxando em direções diferentes produzem um resultado diferente do que qualquer um pretendia (Allison; Halperin, 1972, p. 707).

A partir dessa ruptura com o Modelo I[29] e *insights* alternativos, a Política Burocrática (BP) se dedica a formular um Modelo que inclui organizações como determinantes do resultado da política.

O Modelo Organizacional (Modelo II) afirma que as opções apresentadas aos tomadores de decisão de alto escalão são resultado de organizações dispersas, que geralmente operam por meio de Procedimentos de Operação Padrão (POPs), possuem diferentes prioridades, percepções e questões paroquiais e que "os líderes governamentais podem perturbar substancialmente, mas não controlar de fato, o comportamento dessas organizações" (Allison, 1969, p. 698). As organizações geralmente buscam maximizar seu orçamento, prestígio e proteger suas tarefas paroquiais (por exemplo, voar na Força Aérea). Os POPs geralmente resultam em inércia, mudanças dramáticas ocorrem em condições de períodos de bonança orçamentária, períodos prolongados de escassez orçamentária ou falhas de desempenho (Allison, 1969). Segundo o autor, a coordenação entre organizações é, portanto, difícil.

No entanto, Allison e Halperin (1972) argumentam que o Modelo II também é insuficiente e deve ser complementado para entender os resultados das decisões de política externa. O Modelo III ou o modelo BP, portanto, aprimora seu "paradigma analítico". Na BP, a principal unidade de análise são as ações do governo, que incluem uma série de decisões dispersas dentro do governo, nas quais os jogadores passam por jogos de decisão, jogos de política e jogos de ação. Para explicar os resultados de políticas, Allison e Halperin (1972) introduzem conceitos sobre quem joga, o que determina a posição do jogador e como esses elementos são agregados para produzir decisões e ações de um governo.

Em relação aos atores relevantes (*sênior players*), o Modelo III destaca os principais jogadores da política de segurança nacional. "Este círculo inclui as principais figuras políticas, os chefes das principais organizações de segurança nacional, incluindo inteligência, militares e, para alguns fins, a organização que gerencia alocações orçamentárias e a economia" (Allison; Halperin, 1972, p. 47). Os autores não negligenciam a importância do presidente, afirmando que ele possui uma variedade de interesses e poderes

---

[29] No Modelo I, de acordo com Allison e Halperin (1972, p. 42): "essa simplificação - como todas as simplificações - obscurece tanto quanto revela. Em particular, ela obscurece o fato persistentemente negligenciado da burocracia: o criador da política governamental não é um tomador de decisões calculista, mas sim um conglomerado de grandes organizações e atores políticos que diferem substancialmente sobre o que seu governo deveria fazer em qualquer questão específica e que competem tentando afetar tanto as decisões governamentais quanto as ações de seu governo".

formais que o distinguem outros jogadores. Em torno desse "círculo" de jogadores seniores, os autores destacam o que chamam de "jogadores juniores":

> [...] influentes no Congresso, membros da imprensa, porta-vozes de grupos de interesse importantes, especialmente o 'establishment' de política externa bipartidária dentro e fora do Congresso, e representantes de cada um desses grupos) podem entrar no jogo de maneira mais ou menos regularizada. Outros membros do Congresso, da imprensa, de grupos de interesse e do público formam círculos concêntricos em torno da arena central - círculos que demarcam limites dentro dos quais o jogo é disputado (Allison; Halperin, 1972, p. 47).

Jogadores juniores podem desviar decisões por meio de ações, embora jogadores seniores dominem os jogos de decisão. Como este estudo investiga projetos de defesa em larga escala, é essencial rastrear os jogadores seniores na respectiva arena, pois "a combinação de jogadores variará dependendo do problema e do tipo de jogo" (Allison; Halperin, 1972, p. 47). Quanto ao que determina a posição dos jogadores, os autores argumentam que suas percepções e preferências derivam tanto de suas características individuais [...] quanto de sua posição. Allison e Halperin (1972, p. 48) organizam os interesses dos jogadores em quatro categorias: interesses de segurança nacional, interesses organizacionais, interesses domésticos e interesses pessoais. Os jogadores se movimentarão por canais de ação para buscar o resultado desejado. Segundo os autores (1972, p. 50):

> Cada probabilidade de sucesso do jogador depende de pelo menos três elementos: vantagens de barganha, habilidade e vontade em usar as vantagens de barganha e percepções dos outros jogadores sobre os dois primeiros elementos. Vantagens de barganha derivam do controle da implementação, controle sobre informações que permitem definir o problema e identificar as opções disponíveis, capacidade de persuasão com outros jogadores (incluindo jogadores fora da burocracia) e habilidade para afetar os objetivos de outros jogadores em outros jogos, incluindo jogos políticos domésticos.

Além dos elementos destacados anteriormente, o sucesso depende do poder *per se*: autoridade formal, controle sobre recursos, controle sobre informações, entre outros. Segundo os autores, as restrições às ações derivam de procedimentos de operação padrão (POPs), o fornecimento de informações e "valores compartilhados dentro da sociedade e da burocracia"

(Allison; Halperin, 1972, p. 52). Cinco proposições sugestivas derivam das interações entre jogadores no trabalho dos autores:

> [...] i) as decisões de um governo raramente refletem um conjunto único, coerente e consistente de cálculos sobre interesses de segurança nacional; ii) decisões [...] atribuem ações específicas a serem tomadas; iii) decisões tipicamente refletem considerável compromisso. O compromisso resulta da necessidade de obter adesão, da necessidade de evitar prejudicar interesses fortemente sentidos (incluindo interesses organizacionais) e da necessidade de se precaver contra as previsões sombrias de outros participantes; iv) decisões raramente são moldadas para facilitar o monitoramento. Como resultado, jogadores seniores têm grande dificuldade em verificar a implementação fiel de uma decisão, e: v) decisões que envolvem mudanças substanciais na ação tipicamente refletem uma coincidência de: um prazo para um presidente ou jogadores seniores que os concentra em um problema e alimenta a busca por uma solução e; os interesses de jogadores juniores comprometidos com uma solução específica em busca de um problema (Allison; Halperin, 1972, p. 53-54).

Além disso e especialmente importante para os propósitos desta investigação: "Aqueles que se opuseram à decisão, ou que se opõem à ação, manobrarão para atrasar a implementação, para limitar a implementação à letra, mas não ao espírito, ou até mesmo para desobedecer à decisão" (Allison; Halperin, 1972, p. 53). Em projetos de defesa em larga escala, atrasos e limitações orçamentárias ou organizacionais podem ser cruciais para o seu sucesso ou fracasso.

Neste ponto, é necessário afirmar que, embora a BP forneça um paradigma valioso para a análise da tomada de decisões, existem algumas questões elementares a serem delineadas. "Valores e percepções compartilhados", "indivíduos autointeressados" e "a posição de um jogador depende de seu assento" não são necessariamente contraditórios. No entanto, eles dificultam a construção teórica, no sentido de aplicar metodologias derivadas de um quadro conceitual para uma análise operacional em situações da vida real. A riqueza da descrição do processo pode limitar a análise, tornando-a excessivamente histórica e idiossincrática. No entanto, algumas proposições delineadas pela BP são muito bem construídas, além de fortes potenciais geradoras de hipóteses, aplicáveis a um grande número de estudos de caso, que podem variar em tópico, espaço e tempo.

A partir do que este estudo endossa na BP, juntamente com a discussão teórica proposta neste capítulo, resultarão as hipóteses principais e auxiliares para investigar projetos de defesa em larga escala. Como resultado natural do paradigma provocativo e esclarecedor apresentado pela BP, ele instigou uma grande quantidade de críticas, debates e estudos empíricos nas décadas que se seguiram.

2.1.2 Críticas à BP e desenvolvimentos epistêmicos

Krasner (1972) argumenta que, ao aplicar suas proposições, a BP é enganosa e tem consequências práticas, especialmente ao aliviar os indivíduos de responsabilidades e, assim, fornecer desculpas para falhas. O autor afirma que "qual o sentido de votar um homem para fora do cargo quando seu sucessor, independentemente de seus valores, estará preso na mesma teia de POPs apenas incrementalmente mutáveis?" (Krasner, 1972, p. 161). Krasner argumenta que o comportamento dos Estados é determinado pelos valores da liderança, e os POPs são um procedimento racional necessário para coordenar políticas. Além disso, "um destaque para os limites processuais de grandes organizações não pode explicar mudanças não incrementais" (Krasner, 1972, p. 164). A crítica de Krasner se concentra no poder do presidente e na orientação da política por valores e crenças. Em relação ao presidente, Krasner (1972, p. 167-169) afirma que:

> Através do orçamento, o Presidente tem um impacto direto nos interesses burocráticos mais vitais. Enquanto um órgão pode usar sua base societal e aliados congressuais para garantir alocações desejadas, certamente é mais fácil com o apoio do Presidente do que sem ele [...] O sucesso que um órgão desfruta em promover seus interesses depende da manutenção do apoio e afeto do Presidente [...], os analistas burocráticos ignoram o efeito crítico que o Presidente tem ao escolher seus conselheiros, estabelecendo seu acesso à tomada de decisões e influenciando os interesses burocráticos [...], a capacidade das burocracias de estabelecerem independentemente políticas é uma função da atenção presidencial. A atenção presidencial é uma função do valor presidencial [...] Dentro da estrutura que ele próprio criou parcialmente, ele pode, se escolher, manipular ainda mais as opções apresentadas a ele e as ferramentas organizacionais para implementá-las.

Na mesma direção, Robert Art (1973) argumenta que um presidente, quando considera um problema de grande relevância, pode controlar a burocracia e garantir que sua intenção seja realizada. Segundo o autor (1973, p. 478): "procedimentos organizacionais podem causar deslizes, mas não o fazem automaticamente ou mecanicamente. Se o fazem ou não depende do grau de determinação do Presidente em não permitir que o façam".

Neste livro, argumenta-se que esses autores ignoram precisamente o ponto em que os estudiosos da BP se envolvem: o que sustenta o poder presidencial? O que leva milhões de pessoas a confiarem poderes constitucionais a uma única pessoa? Não seria razoável presumir, sem ter que desconsiderar motivações ideológicas ou ações fiéis, que as pessoas têm interesses tangíveis e materiais? Não esperariam essas pessoas que o executivo atendesse aos seus interesses? Os presidentes ocupam uma posição privilegiada e são atores únicos, e os pesquisadores da BP nunca negaram isso. No entanto, os presidentes precisam oferecer para realizar, dependendo de uma rede complexa e vasta de tomadores de decisão, entre eles, os jogadores com poder de veto (Tsebelis, 2002). A consequência é o inevitável jogo de barganha, inclusive pelo presidente, na arena doméstica.

Krasner (1972, p. 169) argumenta que "os objetivos são, em última análise, um reflexo de valores, de crenças sobre o que o homem e a sociedade deveriam ser". O autor também afirma que "tanto para a crise dos mísseis quanto para o Vietnã, foi a 'bagagem' de cultura e valores, não a posição burocrática, que determinou os objetivos dos altos funcionários" (Krasner, 1972, p. 166). Em sua crítica, que ele chama de "Maravilhoso Mundo de Allison", Krasner (1972, p. 169) argumenta que "Os adeptos ao framework de política burocrática não se basearam exclusivamente em uma argumentação geral. Eles tentaram substanciar suas alegações com investigações detalhadas de eventos históricos específicos".

Propõe-se, aqui, que os *resultados* como reflexo dos "valores, crenças ou cultura" dos tomadores de decisão são muito mais problemáticos e contingentes em termos de um quadro de análise. Pode-se inferir com precisão intenções ou crenças baseando-se apenas em discursos, decisões ou ações? Traços de personalidade, além de terem que depender de técnicas profundas de rastreamento psicológico e neurológico[30], embora se argumente serem possíveis com o surgimento de técnicas e conceitos recentes, também são e ainda mais circunscritos por particularidades históricas. No

---

[30] Um avanço importante nessas técnicas foi proposto por Walker, Schafer e Young (1998).

entanto, este estudo não se envolve diretamente em discussões ontológicas fundamentais. Descarta-se, na medida do possível, critérios impassíveis de um determinado grau de objetividade.

Por outro lado, uma crítica válida apresentada por Art (1973) é a incapacidade da política burocrática de oferecer uma resposta ao nível e às circunstâncias de desvio da decisão presidencial pela BP. Freeman (1976) argumenta que a BP dá demasiada ênfase a um burocrata de médio escalão, buscando seu interesse, buscando precisão descritiva de todos os atores envolvidos e negligenciando a estrutura de poder. De acordo com Freedman (1976), há uma falsa dicotomia na BP entre lógica e política. Ele afirma que a política pode consistir não apenas na competição entre interesses contraditórios, mas na construção de coalizões, no rolar da bola e na repressão. A estrutura de poder resultante da política que sublinha o interesse e a decisão do governo, argumenta Freedman (1976), pode ser compatível com um modelo racional/lógico. Uma estrutura de poder depende da distribuição de recursos de poder entre os interesses do grupo[31]. Freeman (1976) destaca a posição privilegiada do presidente no controle dos recursos de poder, mesmo reconhecendo que "recursos estratégicos podem ser usados para criar recursos táticos, mas deve-se enfatizar que eles não podem fornecer controle total" (Freeman, 1974, p. 448). Além da capacidade de antecipar todas as questões cruciais, a simples pressão do Congresso ou dos Militares, por exemplo, dá a eles a posição de resistir à formulação de políticas. A crítica central de Freeman (1976) é que o desvio por *"pulling and hauling"* não deve ser o foco da análise, pois a estrutura de poder pode fornecer uma estabilidade de política decorrente de um "interesse nacional" definido. Do ponto de vista deste estudo, o estudo de Freeman não contradiz necessariamente a perspectiva da BP nesse sentido, uma vez que autores como Hilsman (1992), Neustadt (2008), Huntington (1961), Schilling (1951) e Allison e Halperin (1972) não negaram o papel importante da posição presidencial, nem a necessidade de construir um compromisso ou uma coalizão vencedora no processo de tomada de decisões.

Rosati (1981), ao estudar as negociações do Tratado de Limitação de Armas Estratégicas (SALT I) nas administrações de Johnson e Nixon, faz uma contribuição importante para um *framework* analítico que incor-

---

[31] Conforme Freeman (1976, p. 447): "A estrutura específica de poder dependerá da distribuição dos recursos de poder que podem ser utilizados para promover os interesses do grupo. Os resultados do processo de formulação de políticas podem refletir as forças relativas dos envolvidos, de modo que a estabilidade em uma estrutura de poder resultará em certa estabilidade de política".

pora a singularidade do presidente, a teoria política burocrática (BP) e a "dominância local", correlacionando a importância dos três primeiros com duas variáveis: i) criticidade da questão e ii) envolvimento presidencial. O resultado é o seguinte:

Quadro 2.1 – Análise de Rosati da proeminência dos atores

Resultado	Variável 1: Saliência da Questão	Variável 2: Envolvimento Presidencial
Proeminência Presidencial	Questão de muita saliência	Alto envolvimento presidencial
Proeminência Burocrática	Questão de saliência intermediária	Envolvimento organizacional e individual é alto e presidencial baixo

Fonte: elaboração própria baseado em Rosati, 1981

No entanto, no próprio processo de tomada de decisão *per se*, Rosati adere à subjetividade, dificultando a instrumentalização de seu *framework*, em termos de pesquisa, na introdução já discutida de "as crenças, personalidades e modos de pensar dos participantes terão um efeito direto no processo de tomada de decisão" (Rosati, 1981, p. 251). Apesar do argumento importante feito por Rosati (1981, p. 248) em relação ao contexto decisório em termos de crise e tempo disponível para decisão, ele também se baseia na "importância dos valores percebidos pelos tomadores de decisão" em uma situação específica. É importante reiterar que este estudo não nega a importância desses fatores. Destaca-se apenas o caráter circunstancial desse tipo de abordagem, se alguém fosse investigar um caso ou conjunto de casos, e que é cientificamente prudente abordar a tomada de decisões em decisões de defesa, especialmente decisões de recursos, estabelecer uma cláusula *ceteris paribus* nesse sentido.

2.1.3 Desenvolvimentos recentes na BP

O debate apresentado pelas primeiras críticas sobre a origem da posição de um jogador foi mantido ao longo da década de 1990. O argumento de Art questionando como se pode inferir que o posicionamento de um jogador depende de onde ele fala se pessoas ocupando o mesmo assento tomam decisões diferentes foi endossado por Welch (1992, 1998). Welch (1992, p. 122) argumenta que

> [...] se as idiossincrasias de indivíduos específicos determinassem essas ações e políticas importantes, os determinantes burocráticos, especificamente, dificilmente poderiam ter desempenhado um papel importante[32].

De acordo com Welch (1992, p. 122), o mesmo "problema" no desenvolvimento da BP é refletido no processo de tomada de decisão, uma vez que as "habilidades e vantagens de barganha" também são idiossincráticas. Para Allison (1969, 1972), em questões importantes como orçamento e aquisições, a posição de um jogador pode ser prevista com alta confiabilidade. Nesse sentido, Welch (1992, p. 132) argumenta que "se preferências e posições se correlacionam fortemente apenas com questões como alocações orçamentárias e disputas de território, então o poder explicativo do Modelo III parece ser extremamente limitado". No entanto, se o Modelo de Allison tem poder preditivo em relação às posições de jogadores importantes em questões como orçamento e aquisições, por exemplo, argumenta-se aqui que o modelo, ao contrário, é altamente eficaz. Orçamento e aquisição são a base material para uma ampla gama de questões (por exemplo, capacitação, ajuda geopolítica, partilha de encargos entre alianças, mobilização de recursos humanos e de capital).

Welch (1998) argumenta que, embora a BP tenha permanecido um paradigma frutífero para estudiosos da tomada de decisões, ela falhou no sentido do desenvolvimento teórico. O autor concentra suas críticas no problema já mencionado de determinar o interesse de jogadores e organizações. Ele argumenta que "exatamente como se pode desembaraçar as preferências e o poder das organizações e dos funcionários - e da mesma forma, levanta questões ontológicas interessantes e espinhosas" (Welch, 1998, p. 214). No entanto, ao afirmar o óbvio "[...] o principal obstáculo [...] explicações sobre o comportamento do Estado continua sendo decidir o que incluir e o que excluir" (Welch, 1998, p. 212), Welch propõe um "menu" de conceitos e variáveis infinitos para introduzir em um paradigma de BP aprimorado. Finalmente, o autor afirma que um paradigma útil deve desenvolver teorias que "sejam logicamente consistentes com seus axiomas e suposições, usem apenas conceitos operacionais e permitam a derivação de hipóteses falsificáveis" (Welch, 1998, p. 141). Welch, ao tentar focar na determinação da posição de um jogador e direcionar suas críticas para essa

---

[32] Welch (1992, p. 129) afirma que "para cada Winston Churchill ou Caspar Weinberger, há um James Watt ou Anne Burford, cujas atitudes e ações se revelam antitéticas aos interesses e preferências das organizações que representam".

"lacuna" na teoria do BP, afasta-se ainda mais do desenvolvimento do que ele considera como um paradigma útil.

Hart e Rosenthal (1998) argumentam que a abordagem do BP é mais frutífera ao equilibrar o alcance explicativo e o conhecimento aprofundado do processo para manipular variáveis do que teorias que tentariam abranger toda a política governamental, pois estas não poderiam desenvolver uma distinção entre atores e contexto. No entanto, eles propõem que o BP também deve ser analisado a partir do ponto de vista de uma variável dependente, uma vez que a maioria dos estudos o utiliza como variável independente que afeta os resultados. Hart e Rosenthal (1999, p. 237) afirmam que tratar o BP como uma variável dependente

> [...] é necessário antes que se possa apreciar corretamente seu impacto. Devemos estudar porque o BP se manifesta com mais frequência e de maneira diferente em alguns problemas, domínios de políticas ou países do que em outros.

Nessa perspectiva, eles argumentam que as forças motrizes que resultam no BP são:

> A divisão burocrática do trabalho dentro do ramo executivo é a força motriz do BP [...] a atenção política e os recursos limitados precisam ser divididos entre eles. Essa visão se encaixa bem com evidências da psicologia social, sugerindo que é preciso muito pouco para criar tensões autossustentáveis entre membros de diferentes facções dentro de uma coletividade maior. [...] mas se intensifica quando os órgãos conseguem recrutar seus mestres políticos para se juntar à luta no nível do gabinete. É neste mundo que as relações entre burocratas e políticos são puramente híbridas. [...] Em breve, os líderes políticos abraçam a visão de seus respectivos departamentos sobre as coisas e se veem opondo mais um ao outro ao longo de linhas burocráticas do que ideológicas e partidárias (Hart; Rosenthal, 1998, p. 237).

O estudo de Hart e Rosenthal é perspicaz, do ponto de vista desenvolvido aqui, pois destaca o que é considerado a principal contribuição do BP: que existem interesses conflitantes entre indivíduos e organizações intergovernamentais, o que afeta o resultado e o processo de tomada de decisões.

O BP resultou em uma variedade de estudos, alguns dos quais testados em estudos de caso (Beard, 1976; Bergerson, 1980; Halperin; Kanter, 1973; Rhodes, 1994; Mckeon, 2000), questionaram sua lógica interna (Bendor;

Hammond, 1992) ou endossaram parcialmente e propuseram desenvolvimentos adicionais (Rosenthal, 1990; Grindle; Thomas, 1991; Rosenthal *et al.*, 1991; Rosati, 1981; Auerbach *et al.*, 1981; Andeweg, 1993). Este capítulo começou com a discussão sobre o BP, considerado fundamental para explicações do nível doméstico em geral e para as hipóteses auxiliares apresentadas no final. No entanto, este estudo se beneficia ao apresentar outros modelos de tomada de decisão desenvolvidos pela comunidade epistêmica para levantar questões importantes e aprimorar o diálogo crítico sobre a tomada de decisões. Primeiro, adentrar-se em uma discussão que levanta problemas em relação à escolha de variáveis na tomada de decisão. A última seção dialoga com três modelos alternativos de tomada de decisão. Juntas, essas duas seções têm como objetivo aprimorar e problematizar a discussão sobre o BP para desenvolver e sustentar o quadro teórico de análise e as hipóteses geradas a partir do nível doméstico por este estudo em seus casos empíricos.

2.2 Ciência Política: a questão de quem decide

Esta seção pretende ser transitória e busca levantar questões, pois lida com o problema da tomada de decisão em termos mais abstratos. Desde sua instituição como uma disciplina científica distinta, a Ciência Política tem se envolvido com uma questão fundamental: quem decide? Em outros termos, quem governa e quem obedece: "um dos maiores temas da análise política e, como resume, talvez o mais significativo, é determinar quem governa efetivamente a sociedade" (Meyneud, 1961 *apud* Bobbio, 2016, p. 222-223)[33]. Como se a questão de quem governa a sociedade não fosse complexa o suficiente, ao estudar política, é necessário lidar com outras

---

[33] Para bons exemplos, consulte Truman (1971), Dahl (1967), Mills (2000), Olson (1965), Walker (1991). Mcfarland (2004) e Schatshneider (1975). Na Ciência Política, existe uma longa tradição de produção teórica sobre a luta pelo poder no âmbito doméstico, desde as perspectivas pluralistas de Dahl até as elitistas de Mills. A teoria da elite, por exemplo, tem suas raízes no final do século XIX com autores italianos como Gaetano, Mosca e Pareto, que buscavam uma teoria geral positiva das Ciências Sociais. Para uma melhor compreensão da Teoria da Elite na tradição italiana, consulte Bobbio (2016). A teoria de elites de Mills estava focada nos estratos superiores da sociedade dos Estados Unidos, onde ele argumentava que o poder estava concentrado nas elites militares, políticas e econômicas. No entanto, o aspecto mais interessante da teoria de Mills foi sua extensa investigação empírica que revelou as origens dos membros da "Elite do Poder" que tinham laços sociais sólidos que lhes permitiam circular entre posições no setor militar, governo e setor privado, conferindo-lhes uma maior coesão (Mills, 2000). Essa perspectiva foi anteriormente utilizada por Dall'Agnol (2018), para analisar as políticas econômicas e militares de Reagan. No entanto, argumenta-se aqui que a tradição elitista é mais produtiva para a análise da tomada de decisões em termos mais gerais, aplicada para investigar a direção geral da formulação de políticas. Teorias do Complexo Industrial Militar ou do "Triângulo de Ferro" apresentam um argumento semelhante ao proposto por Mills, consulte Dombrowski e Gholz (2006) e Medeiros (2004).

questões fundamentais: i) a diferença de atores governantes entre questões; ii) o processo de decisão; iii) as restrições e o contexto do governo, tanto internos quanto externos à sociedade em questão. O desenvolvimento da pesquisa acadêmica nos séculos XX e XXI mostrou que a escolha de atores, mesmo em pesquisas metodologicamente sólidas, envolve um nível necessário de arbitrariedade por parte do estudante de política.

De uma perspectiva teórica mais geral sobre a tomada de decisões na política como um todo para desenvolvimentos mais recentes focados especificamente disciplinas dedicadas à tomada de decisão em política externa ampliam e complexificam o debate em termos de variáveis, questões, atores e níveis de análise. Diferentes estudos apontam para uma ampla gama de fatores condicionantes possíveis da política externa, tanto no âmbito doméstico quanto internacional. Autores como Wallace (1982), Stein (1991) e Mesquita (2003) atribuem peso à causalidade entre dissuasão, corrida armamentista e alianças, respectivamente, e a formulação de política externa. No âmbito doméstico, enquanto autores como Alex Mintz e Karl de Rouen (2010) destacam quatro variáveis principais: i) interesses econômicos; ii) opinião pública; iii) jogos de dois níveis; iv) ciclos eleitorais, outros autores, como Hudson (2014), enfatizam o papel do líder, burocracias, percepções culturais e identitárias, dinâmicas grupais, atributos nacionais, entre outros. Helen Milner (1994) destaca os interesses dos atores, instituições domésticas e distribuição de informações entre os tomadores de decisão[34].

Em relação às unidades de análise, segundo Mintz e de Rouen (2010), elas podem ser abordadas pela *Foreign Policy Decision-Making* (FPDM) de maneira tríplice: o indivíduo, grupos e coalizões. A seção anterior já tratou, em certo sentido, a primeira unidade de análise, o indivíduo, ao abordar o debate sobre o papel do presidente. No entanto, desenvolvimentos recentes no campo investigam personalidade, cognição e percepções de indivíduos importantes na tomada de decisões em política externa. Há uma forte relação interdisciplinar, portanto, com a psicologia compartimentada e a neurociência. Margaret Hermann (1991), por exemplo, argumenta que indivíduos têm um papel preponderante em situações de crise, como a decisão de declarar guerra[35]. Em uma análise de médio alcance, grupos

---

[34] Diversos outros fatores domésticos que influenciam a política externa foram identificados pela literatura, tais como a luta de classes, o papel das elites, estruturas institucionais, entre outros. Para uma revisão abrangente, consulte Chris Alden e Amnon Aran (2017, p. 63-67).

[35] Para uma revisão sistemática da literatura sobre o papel do indivíduo e da psicologia na Tomada de Decisão em Política Externa (FPDM), consulte Alex Mintz e Karl DeRouen (2010) e Chris Alden e Amnon Aran (2017).

têm se mostrado frutíferos como unidades de investigação. A dinâmica das decisões de grupo pode ser aplicada a instâncias importantes de tomada de decisões em política externa, como o *National Security Council* (NSC). Conceitos importantes, como o *groupthink* (Janis, 1982), que argumenta que a dinâmica interna dos grupos os leva a ser excessivamente autoconfiantes e, consequentemente, a tomar decisões subótimas, foram desenvolvidos por meio dessa lente de análise. Quanto às coalizões, indivíduos não podem decidir sozinhos. É necessária a negociação entre diferentes setores para construir uma coalizão capaz de implementar a política externa. Hagan (2001) introduz o conceito de *minimum winning coalition*, que se refere às necessidades mínimas para manter uma coalizão no poder. A literatura que investiga coalizões, portanto, dialoga com o estudo das elites. Um desenvolvimento teórico relativamente recente nesta unidade de análise, o Advocacy Coalition Framework (ACF), será abordado na seção subsequente. Do ponto de vista deste livro, o estudo de coalizões é mais bem aplicado na tentativa de explicar a estratégia geral de defesa e seu objetivo político, que exigem uma coalizão mais sólida[36]. Nesse sentido, uma lente teórica que tenta explicar a tomada de decisão se correlaciona com questões, visto que muitas têm aspectos específicos e outras são mais gerais e fundamentais.

Além de unidades e níveis de análise, há a temática das questões na tomada de decisões em política externa e defesa. A política externa é constituída por uma ampla variedade de questões, e para cada uma delas, diferentes jogadores se envolvem, como: i) ajuda financeira; ii) ajuda geopolítica; iii) acordos comerciais; iv) sanções; v) intervenções militares, entre outras. Especialmente importante para este livro são os aspectos que envolvem Projetos de Defesa de Grande Porte, como colaboração em P&D e produção e comércio de armas. Argumenta-se aqui que, embora haja uma variedade de atores e questões na tomada de decisões em defesa e política externa, é necessário dar especial atenção ao processo de orçamentação e aquisição, pois é a "arena central" que fornece a mobilização e distribuição de recursos necessários para concretizar qualquer política específica.

Conforme mencionado, esta seção visa a levantar problemas. Estudos teóricos e empíricos desenvolvidos na tentativa de explicar a tomada de decisão em política externa estão longe de modelos consensuais ou mais gerais. Se alguém tentasse construir um modelo que incorporasse níveis de análise, atores relevantes e questões, por exemplo, sob a forma de uma

---

[36] Ver Dall'agnol (2018, 2021).

matriz, ele seria tão extenso e complicado que perderia todo o seu poder explicativo. O exemplo mais recente é o Realismo Neoclássico[37], que mantém a principal variável independente do Neorrealismo (que chamam de estímulos sistêmicos) e uma ampla variedade de variáveis e processos intervenientes para explicar tanto as políticas quanto os resultados internacionais (Figura 2.1). Em seu desenvolvimento mais recente, o Realismo Neoclássico organiza quatro conjuntos de variáveis intervenientes domésticas em seu modelo: i) percepção do líder, ii) cultura estratégica, iii) relações Estado-sociedade e iv) instituições domésticas (Ripsman; Lobell; Taliaferro, 2016).

Figura 2.1 – O modelo de política externa do Realismo Neoclássico

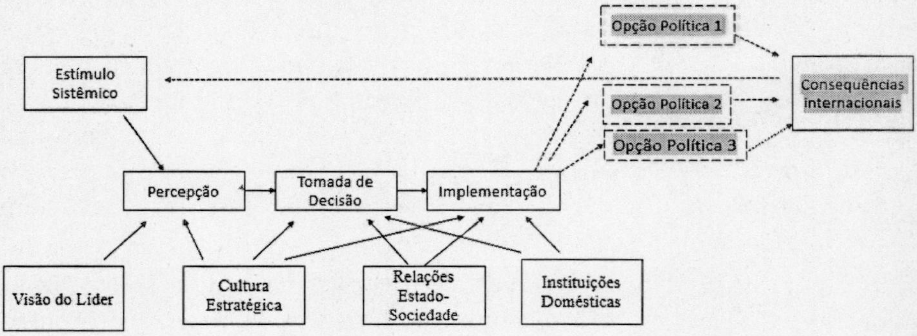

Fonte: Ripsman, Lobell e Talliaferro (2016, p. 81)

O que fica claro a partir do modelo é a crescente dificuldade de construir um quadro para explicar a tomada de decisão. Proposições teóricas ontológicas e epistemológicas irreconciliáveis são reunidas, e os supostos determinantes estão sempre aumentando. Isso está em linha com a crítica de Walt, quando ele argumenta que o Realismo Neoclássico incorpora variáveis domésticas de maneira *ad hoc*, sem relação de hierarquia entre elas (Walt, 2002)[38].

Vai além do escopo deste estudo desenvolver um modelo geral de política externa. No entanto, o que este livro propõe, em relação aos pro-

---

[37] O Realismo Neoclássico foi definido por Giddeon Rose (1998). Para uma melhor compreensão dos estudos associados a essa perspectiva, consulte Brown (1995), Christensen (1996), Schweller (1998), Wohlforth (1993), Zakaria (1998), Duek (2009), Wohlforth (2009) e Sterling-Folcker (1997).
[38] Para outras abordagens críticas ao Realismo Neoclássico, ver Dall'Agnol (2020), Narizny (2017), Vasquez (1997) e Legro e Moravcskik (1999).

blemas delineados nesta seção, é que é possível desenvolver um quadro mais simples para orientar a análise da tomada de decisão. Nesse sentido, foi dada centralidade à Política Burocrática (BP) neste capítulo, uma vez que ela fornece algumas premissas que, em média, têm uma forte capacidade explicativa.

2.3 Outros Modelos de Tomada de Decisão, Procedimentos e Resultados

Os modelos apresentados aqui são relevantes, devido ao seu amplo impacto no debate acadêmico e porque dialogam com as questões analisadas neste livro. São modelos de tomada de decisão que tentam incorporar uma dimensão mais ampla em comparação com a Perspectiva Burocrática. Um diálogo crítico entre essas perspectivas pode ser útil no desenvolvimento das hipóteses propostas neste estudo. Além disso, os modelos apresentados nesta seção são uma tentativa de explicar grandes mudanças de política e, portanto, relacionam-se a projetos inovadores. A mudança envolve riscos e atenção dedicada pelos atores. Nesse sentido, esses modelos dialogam tanto com a tomada de decisão quanto com seus resultados: políticas incrementais ou modificações significativas. Portanto, também estão vinculados à discussão das questões econômicas apresentadas no Capítulo 3 e ao processo orçamentário apresentado no Capítulo 4.

2.3.1 Advocacy Coalition Framework (ACF)

A principal unidade de análise do ACF são as coalizões, que disputam a tomada de decisão e os resultados em vários níveis do governo e por meio de um grande conjunto de questões denominadas subsistemas de políticas. Foi proposto inicialmente por Sabatier e Jenkins-Smith (Sabatier, 1986; Jenkins-Smith, 1990; Sabatier; Jenkins-Smith, 1988). Até 1999, o modelo já havia delineado suas principais proposições. O debate subsequente e as críticas contribuíram para o desenvolvimento adicional dessa perspectiva. No nível micro, indivíduos, especialistas, grupos de interesse, entre outros, buscam influenciar um subsistema (por exemplo, meio ambiente) na tentativa de influenciar políticas. Os atores em uma coalizão percebem um problema de maneira semelhante, denominado crenças fundamentais profundas, que são pressupostos normativos e ontológicos muito gerais sobre valores e política (Sabatier, 2007). Nesse sentido, "as crenças são em grande parte produtos da socialização na infância e, portanto, muito difíceis de mudar [...] e são amplamente abrangentes no subsistema, altamente salientes e têm sido uma grande fonte de clivagem por algum tempo" (Sabatier; Jenkins-Smith, 1999, p. 134)[39]. Além das crenças fundamentais, há crenças secundárias que abordam questões específicas de políticas dentro do subsistema, como diretrizes de participação, regras e aplicações orçamentárias de um programa e assim por diante. Uma coalizão pode ser afetada por fatores externos, como o ambiente socioeconômico e mudanças na opinião pública, por exemplo. Um grau de consenso necessário para uma grande mudança de política interage com restrições exógenas para levar a possíveis resultados políticos. Em resumo:

> O ACF prevê que as crenças e comportamentos das *stakeholders* estão incorporados em redes informais e que a formulação de políticas é estruturada, em parte, pelas redes entre importantes participantes políticos [...] os participantes buscarão aliados com pessoas que compartilham crenças fundamentais de política semelhantes entre legisladores, funcionários da agência, líderes de grupos de interesse, juízes, pesquisadores e intelectuais de vários níveis de governo (Sabatier, 2007, p. 196).

Críticas ao ACF giraram em torno da influência relativa de interesses materiais e seu lugar em relação às crenças fundamentais (Sabatier; Jenkins-Smith, 1993; Parsons 1995; Schlager; Blomquist, 1996; Elliot; Schlaepfer, 2001; Nohrstedt, 2005). Nohrstedt (2005), por exemplo, descobriu que os atores priorizam interesses de curto prazo em relação à coesão partidária e à maximização de votos em vez de crenças fundamentais de políticas. Inicialmente, crenças fundamentais e secundárias eram o centro da análise e da formação de coalizões. O desenvolvimento do modelo levou a pesquisa a incluir variáveis que refletiam uma perspectiva mais materialista.

---

[39] Paralelamente a uma literatura crescente sobre redes de políticas e um reconhecimento crescente da importância das relações interpessoais para explicar o comportamento humano (Howlett, 2002; Granoveter, 1985; Provan; Milward, 1995; Schneider *et al.*, 2003; Thatcher 1998).

Figura 2.2 – Estrutura de Análise do ACF

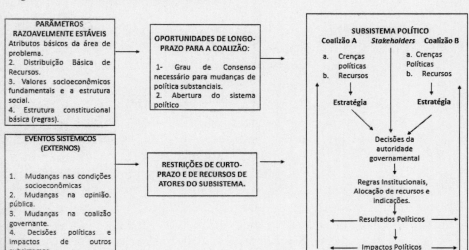

Fonte: Sabatier (2007, p. 202).

Outras mudanças no ACF incluíram a incorporação de variáveis como opinião pública, informação, mobilização de recursos pessoais e financeiros e liderança habilidosa (Mintrom; Vergari, 1996; Muller, 1995). Além disso, choques internos, considerados mudanças significativas dentro do subsistema de políticas, foram adicionados[40].

Este livro não nega que a mobilização pública em torno de um problema faça parte da política e da mudança de políticas. No entanto, a necessidade de incluir na estrutura do ACF a mobilização de recursos e as motivações egoístas dos atores converge com algumas das proposições centrais da BP e o argumento apresentado aqui. Além disso, ao focar nos atores mais experientes, pode-se razoavelmente supor que outras variáveis importantes, como opinião pública e informação, estejam incorporadas na posição do ator e na necessidade de apoio de sua base eleitoral (ou organização), o que afetará sua posição. Não é necessário focar na fonte da motivação humana para explicar a tomada de decisão e seus resultados. O conflito entre diferentes posições revela em grande parte o que está sendo disputado e o que afeta o resultado da política.

---

[40] Para uma revisão sistemática das aplicações do ACF, consulte Pierce *et al.* (2017). Nesse estudo, é analisado o número de vezes que o ACF foi utilizado, abrangendo diferentes questões e países.

2.3.2 A Teoria do Equilíbrio Pontuado

A Teoria do Equilíbrio Pontuado (*Ponctuated-Equilibrium Theory*) dialoga com o Incrementalismo e é especialmente relevante em questões de orçamento e aquisição. Assim, nesta seção, serão apresentados os aspectos gerais da teoria.

De acordo com o Incrementalismo, a formulação de política geralmente é caracterizada por mudanças marginais, estabilidade e transições suaves do passado. No entanto, a Teoria do Equilíbrio Pontuado argumenta que, embora isso seja geralmente verdadeiro, os processos políticos podem resultar em mudanças de grande escala em relação ao passado (Kingdon, 1995; Baumgartner; Jones, 1991, 1993; Dodd, 1994; Kelly, 1994). O Equilíbrio Pontuado incorpora a já mencionada suposição de racionalidade limitada e a análise de instituições políticas para focar na definição de agenda e questões (True; Jones; Braumgartner, 2007). A racionalidade limitada também é uma suposição básica do Incrementalismo, uma vez que destaca que os atores são cognitivamente limitados no processamento de múltiplas agendas e, assim, ao fazer escolhas, geralmente se alinham com o *status quo* já estabelecido (Wildavsky, 1964). No entanto, de acordo com o equilíbrio pontuado, o processamento do que é saliente, tanto para indivíduos quanto no governo, em situações específicas, desviar a atenção principal para uma questão específica (Robinson, 2005, 2006, Mcfarland, 2004). A interação entre instituições políticas, mobilização de interesses e tomada de decisões de racionalidade limitada, de acordo com a teoria, podem levar a uma maior relevância de uma questão específica:

> [...] sob os holofotes da macropolítica, algumas questões ganham destaque, dominam a agenda e resultam em mudanças em um ou mais subsistemas. A explicação para as mesmas instituições políticas produzindo tanto estase quanto oscilações pode ser encontrada nos processos de definição de agenda - especialmente na dinâmica produzida pela racionalidade limitada e pelo processamento serial de informações (True; Jones; Braumgartner, 2007, p. 162).

Segundo Jones (1994, p. 185),

> Quando uma política se desloca para as instituições macropolíticas para processamento serial, geralmente o faz em um ambiente de mudanças nas definições de problemas e maior atenção por parte da mídia e do público em geral.

O que a teoria chama de "Estruturas Monopólio" de tomada de decisão pode responder com feedbacks negativos e, portanto, o Incrementalismo prevalece.

> Mas se as pressões forem suficientes, elas podem levar a uma intervenção maciça por atores políticos e instituições governamentais anteriormente não envolvidos. Geralmente, isso requer uma mudança substancial na imagem de política de apoio (True; Jones; Braumgartner, 2007, p. 159).

Semelhante ao ACF, a Teoria do Equilíbrio Pontuado é baseada na premissa de que é necessário explicar grandes mudanças na política a partir de pressões criadas por atores insatisfeitos com o *status quo* prevalecente. No entanto, o foco do Equilíbrio Pontuado não são crenças compartilhadas, mas, sim, a conjuntura de pressão por meio de informações para gerar atenção e pressão suficientes para atrair a atenção dos tomadores de decisão e pressionar feedbacks positivos que resultam em um resultado de pontuação[41].

Oscilações são observadas com mais clareza no orçamento, uma vez que é a condição material para qualquer política (True; Jones; Braumgartner, 2007). Dado que este livro se concentra em programas inovadores de larga escala, uma pontuação no nível do programa será geralmente observada se o programa for iniciado. Pesquisas de orçamento sob a perspectiva do Equilíbrio Pontuado, portanto, são delineadas no Capítulo 4. No entanto, este estudo sustenta, de acordo com o argumento feito em relação ao ACF, que as pressões exercidas nos tomadores de decisão e as variáveis que tentam determiná-las serão incorporadas nas posições tomadas pelos jogadores seniores. Epistemologicamente, isso simplifica a análise e a torna mais operacional. No entanto, a centralidade da informação delineada pela teoria é um aspecto necessário a ser investigado em análises empíricas, uma vez que os fluxos de informação entre os atores analisados representam uma fonte de poder e aprimoramento material para indivíduos e organizações. A retenção de informações, bem como a disponibilidade de informações para os participantes, impacta as escolhas, pois define os resultados alternativos.

2.3.3 Veto Players

Um último desenvolvimento teórico considerado importante a ser discutido aqui é a Teoria dos veto players, de Tsebelis, uma vez que este livro

---

[41] Para aplicações da teoria em diferentes áreas temáticas, como revisão regulatória de medicamentos, política ambiental, educação, controle de armas de fogo e taxas de hospitais estaduais, consulte, respectivamente: Ceccoli (2003), Reppeto (2006), Busenberg (2004), Wood (2006), Salka (2004), Manna (2006), Mclendon (2003), Mulholland e Shakespeare (2005), Robinson (2004), True e Utter (2002) e Mcdonough (1998).

trata de processos intergovernamentais, especialmente entre tomadores de decisão de alto escalão. De acordo com Tsebelis (2005, p. 442), "veto players são tomadores de decisão individuais ou coletivos cujo acordo é necessário para a mudança do status quo". Uma vez que a mudança, novos resultados de políticas ou, no caso deste estudo, projetos inovadores de defesa em grande escala baseiam-se em acordos prévios, argumenta-se que um certo número de atores importantes é necessário para se implementar novas políticas de grande envergadura.

A teoria de Tsebelis tem a intenção de generalidade e parcimônia no sentido de ser aplicável a todos os arranjos institucionais governamentais (governos parlamentares, presidenciais e autocráticos). Aqui, o foco recai sobre suas hipóteses em relação aos sistemas presidenciais. Importante para o jogo entre veto players é a sequência de movimentos estabelecida pela legislação, se um dos veto players seleciona entre as opções de resultados — controla a agenda (Tsebelis, 2005). Conhecer as preferências dos definidores de agenda pode, segundo Tsebelis, levar à identificação do resultado. Extremamente importante para este estudo é o argumento de Tsebelis sobre o papel do Congresso em sistemas presidenciais:

> Quem é o definidor de agenda em um sistema presidencial? Essa é uma pergunta que deve ser respondida para cada país e, às vezes, a resposta pode variar por área de assunto. No entanto, em geral, em sistemas presidenciais, é o Congresso que faz uma oferta "pegar ou largar" para o presidente. Geralmente, o presidente pode aceitar essa oferta ou vetar o projeto de lei, caso em que alguma maioria qualificada pode anular o veto [...] Estou falando sobre uma função muito precisa do Congresso, que elabora legislação, pode modificá-la a seu bel-prazer e apresentar ao presidente um *fait accompli*, ou seja, fazer com que um projeto de lei saia de um comitê de conferência e depois aprovado por ambas as câmaras (Tsebelis, 2005, p. 456).

No entanto, como argumentado, um líder de comitê, por exemplo, baseia-se em informações para tomar sua posição, bem como incorpora outras variáveis apontadas pela literatura (e.g., opinião pública). Isso confere às organizações (e.g., serviços militares) um poder importante, uma vez que a busca de poder por uma organização depende do monopólio da informação e do papel, bem como da maximização do orçamento. Tsebelis argumenta que em um sistema com muitos veto *players*, como no caso dos Estados Unidos, as burocracias e o judiciário serão mais independentes. No entanto, o papel deles depende se os veto *players* estão ou não em consenso;

a independência deles varia na proporção inversa ao consenso dos veto *players*. Muitos veto *players* criam espaço para que os burocratas joguem contra uns os outros. Consequentemente, em sistemas com muitos veto *players*, os burocratas têm mais liberdade para interpretar a lei. Esse argumento foi trabalhado por Thomas Hammond e Jack Knott (1996), Terry Moe (1993) e Moe e Michael Caldwell (1994). Em relação à possibilidade de mudança, a hipótese de Tsebelis é direta:

> [...] se as preferências dos diferentes veto players cercam o status quo (o status quo está no conjunto de Pareto dos veto players), estejam elas próximas ou distantes, nenhuma mudança ou apenas mudanças incrementais são possíveis (dependendo se os veto players são individuais ou coletivos). Se a preferência de um dos veto players estiver próxima ao status quo, apenas mudanças incrementais são possíveis. Se as preferências de todos os veto players estiverem distantes e na mesma direção em relação ao status quo, então mudanças significativas são possíveis (Tsebelis, 2005, p. 463).

Assim, a sequência de movimentos e o conhecimento dos definidores de agenda somado ao conhecimento das posições dos atores em relação ao status quo podem levar para uma previsão de uma mudança (Tsebelis, 2005).

O que é semelhante entre as três construções teóricas delineadas nesta seção é a necessidade de uma forma de consenso ou coalizão para produzir mudanças significativas. Este livro reconhece que a negligência na discussão ontológica e epistemológica das fontes de motivação humana pode reduzir a riqueza da análise. No entanto, a variável independente tratada aqui é melhor investigada como *proxy*. Isso se desenvolverá no sentido de algumas das proposições delineadas aqui, especialmente a partir da teoria de BP, ao mesmo tempo em que reconhece o iminente conflito entre os objetivos individuais, juntamente com as preferências organizacionais conflitantes e a necessidade de um certo grau de consenso entre os tomadores de decisão de alto escalão para produzir mudanças. Portanto, a última seção é dedicada a delinear o arcabouço analítico da política doméstica para lidar com a questão de projetos de defesa em larga escala, dentro da hipótese principal, algumas hipóteses auxiliares e parâmetros para análise.

2.4 O que esperar?

Podemos argumentar, por exemplo, que os jogadores são orientados pelo aprimoramento de seus interesses materiais e posição, os quais estão relacionados à sua posição no governo. Jogadores seniores variarão de acordo com a questão, uma vez que, por exemplo, diferentes departamentos ou comitês congressistas são divididos por assunto. No entanto, jogadores seniores são rastreáveis, objetivos conflitantes podem ser observados e o resultado deriva das possibilidades criadas por esse cenário. A materialidade e, assim, disputas orçamentárias estão no cerne da implementação de políticas. No caso de projetos de defesa de larga escala, como será demonstrado no Capítulo 4, jogadores seniores incluem certos comitês congressistas. O Departamento de Defesa (DoD) e as diferentes forças também desempenham um papel central. A suposição de interesses conflitantes no quadro BP permite ao estudante de política observar não apenas as posições e negociações entre esses jogadores, mas dentro das respectivas organizações.

Os pilares do BP, deixando de lado idiossincrasias subjetivas ou pessoais já excluídas neste estudo, argumenta-se aqui, abrem a possibilidade para conjuntos mais amplos de comparações, entre diferentes países, sendo aplicável a outras questões, uma vez que possui uma base material e uma diretriz para a escolha específica de atores. Específico para a questão discutida, por exemplo, é a necessidade de uma variável que trate da viabilidade tecnológica e inovação (Capítulo 3).

A revisão da literatura nos permite extrair algumas características do processo em que projetos de defesa em grande escala são desenvolvidos. Esses *insights* importantes não serão testados neste livro, uma vez que cada um deles demanda uma investigação analítica profunda e testes empíricos. No entanto, eles inevitavelmente aparecerão na rastreabilidade do processo dos estudos de caso e na comparação entre eles. Portanto, as proposições advindas da literatura listadas a seguir serão tratadas de maneira *an passant*. No entanto, isso não significa que elas não sejam importantes para o sucesso ou fracasso de projetos de defesa em larga escala e podem oferecer uma complementaridade significativa para a análise apresentada aqui, além de conclusões importantes, bem como temas para pesquisas futuras.

Após revisar os principais quadros de análise política doméstica, compreendendo que possuem precisão explicativa, presume-se que se pode observar: i) Organizações tentarão proteger sua área de expertise e atividade (por meio da monopolização de informações e defesa de papéis designados — por exemplo, voar dentro da Força Aérea) para poderem usar essa carta nas negociações orçamentárias; ii) Os atores estão, em média, maximizando o orçamento, e o conflito é mais destacado durante o processo de orçamento; iii) A posição dos jogadores pode ser tratada como incorporando outras variáveis que a literatura considera importantes sem contradizer a suposição de que eles são, em geral, orientados por metas materiais e posicionais de autointeresse (opinião pública, preocupações eleitorais, eleitorado e empregos e grupos de interesse); iv) A retenção de informações e fontes é importante para entender a substância do conflito político; assim, a alavancagem de informações é também uma fonte de vantagem nas negociações.

Após revisar e debater as principais construções teóricas e empíricas relacionadas à política doméstica, definição de agenda e implementação, introduz-se agora a relação entre a perspectiva doméstica de análise e os projetos de defesa de grande escala. A variável independente inferida aqui (a força do consenso entre o Congresso e o Executivo) e a variável dependente (sucesso ou fracasso de projetos inovadores de defesa de grande escala), levando em consideração a postura teórica desenvolvida neste livro, resultam na principal hipótese deste capítulo:

Hipótese principal: *o sucesso de um projeto de grande escala, definido como o cumprimento relativo dos propósitos iniciais do projeto, será fortemente influenciado e correlacionado positivamente com o grau de consenso entre o Congresso e o Executivo. Alto sucesso de um projeto de defesa de grande escala é compreendido aqui como um cenário em que a produção atinge pleno desenvolvimento e escala de produção. O fracasso é compreendido aqui como um baixo alcance em comparação com os objetivos iniciais do projeto e, em última instância, no limite, o cancelamento do projeto.*

A hipótese principal e o debate apresentado por este capítulo, no que diz respeito à política doméstica, exigem a investigação de hipóteses auxiliares adicionais:

a. O grau de consenso, no entanto, depende do lado Executivo: para alcançar um resultado que comprometa os indivíduos e organizações interessados dentro e entre os serviços e dentro e entre o Gabinete do Secretário de Defesa (OSD) e o Gabinete de Orçamento e Gestão (OMB). Isso implica a necessidade de um sólido equilíbrio civil-militar, que é válido também para a relação entre o Congresso e os militares.

b. O papel do Congresso é crucial e seu grau interno de consenso depende de um compromisso entre os indivíduos e organizações interessados dentro e entre os principais comitês do tema (Comitê de Serviços Armados da Câmara e do Senado – HASC/SASC, Comitês Orçamentários da Câmara e do Senado – HBC/SBC e os Comitês de Alocação da Câmara e do Senado – HAC/SAC). Além disso, é necessário construir consenso no plenário para aprovar os projetos de lei e diretrizes emitidos pelos comitês.

c. A divisão entre o Senado e a Câmara sobre esse assunto precisa ser negociada.

Embora a análise escolhida aqui seja principalmente qualitativa, a força do consenso requer alguns parâmetros de orientação analítica. Utilizando-os para comparação, o *process-tracing* pode demonstrar a relevância de alguns elementos-chave: i) discordâncias entre os tomadores de decisão de alto escalão, tentativas de usar poderes de veto e negociações intensas observadas durante o processo, brevemente delineadas na hipótese principal (mais detalhadas no próximo capítulo), sinalizarão um consenso mais baixo; ii) interesses paroquiais (incluindo rivalidade entre as forças) interferirão negativamente no processo de construção de consenso; iii) divisões importantes entre as preferências civis e militares (por exemplo, austeridade fiscal versus opções de expansão orçamentária) interferirão na disputa pelo consenso em relação aos projetos; iv) oposição partidária entre os tomadores de decisão de alto escalão pode reduzir a força do consenso necessário para o sucesso de projetos de grande escala; v) a diferença entre as expectativas orçamentárias e os novos desafios do projeto desde o início e, ao longo do processo, têm uma relação direta com a construção de consenso.

Este capítulo teve como objetivo desenvolver um arcabouço de análise, estritamente a partir de uma perspectiva doméstica, para somar à abordagem da ameaça externa (Capítulo 1). Embora disputas domésticas afetem quase intuitivamente a política externa e questões de defesa, como demonstrado aqui, não é fácil entender como e quais atores desempenham papéis decisivos. Os desenvolvimentos teóricos no campo apontam para inúmeras variáveis independentes e intervenientes que podem afetar os resultados da política externa. Nesse sentido, este livro desenvolve um quadro que se baseia em algumas premissas, especialmente do ponto de vista da teoria do processo decisório (BP), e argumenta em direção ao desenvolvimento de hipóteses que permitam investigar o sucesso ou fracasso de projetos de defesa de grande escala. Sugere-se que os principais argumentos e a estrutura do modelo podem ser aplicados a outras questões e países. No entanto, existem contingências específicas que precisam ser desenvolvidas no futuro. No caso de projetos de defesa, a viabilidade tecnológica, a inovação e as dinâmicas socioeconômicas são cruciais para a explicação proposta neste estudo. O próximo capítulo aborda essas questões.

CAPÍTULO 3

INOVAÇÃO E MOBILIZAÇÃO DE RECURSOS

A guerra é uma questão não tanto de armas quanto de despesas, por meio das quais armas podem ser postas a serviço.

(Tucídides, História I)

Quais são as bases necessárias para a inovação e mobilização essencial para o sucesso de projetos de defesa de grande escala? O tema deste livro exige lidar com um debate econômico, a saber, as condições materiais para o sucesso de projetos de defesa de grande escala. Isso difere de outras questões relacionadas à política externa ou defesa. Nesse sentido, este capítulo é orientado pela temática específica abordada e visa a apresentar uma hipótese voltada para a viabilidade econômica/tecnológica de projetos de defesa de grande escala, formalmente delineada na última seção. Portanto, é mais específico para este livro em comparação com as variáveis tratadas nos dois capítulos anteriores, a saber, o nível de ameaça e o consenso entre e dentro do Executivo e do Congresso, que, argumenta-se, podem ser desenvolvidos teoricamente para serem aplicados a outras questões de política externa e defesa.

Projetos de defesa de grande escala exigem uma mobilização material massiva, que envolve numerosos atores e processos. Como esses empreendimentos são construídos por meio de diferentes formas de produção e alocação de recursos escassos, eles também são objeto de estudo da economia de defesa. Incentivos para empresas e governo, características específicas de mercado, a base industrial e logística de defesa, esforços de aquisição e P&D são todos temas que afetam o alicerce da questão. Esses tópicos são abordados nas duas seções subsequentes.

Os esforços são introduzidos em um cenário contingente e as posições dos atores serão observadas em um contexto socioeconômico e de ameaça externa específicos, em um debate que gira em torno dos principais pontos de eficiência de custos e sucesso efetivo, orientado por considerações estratégicas. No entanto, no cerne do processo, há a simples questão de risco, já que é inerente à inovação, as empresas e outros atores precisam estar dispostos a lidar com a incerteza. Não há como determinar *ex-ante* se um projeto é viável, em termos de viabilidade tecnológica. Os atores terão que se coordenarem ao longo do processo, tentando reduzir a incerteza e os riscos. Aqui, argumenta-se que os riscos podem ser observados ao longo do período do projeto e revisões na curva de demanda (em custos, quantidade de armas adquiridas e cronograma) são uma estimativa aproximada da viabilidade de um projeto em alcançar seus objetivos iniciais. O capítulo é desenvolvido com base nesse argumento. As revisões na curva de demanda podem gerar uma medida *proxy* de viabilidade tecnológica e, portanto, é a principal variável apresentada aqui. A viabilidade tecnológica é uma condição para o sucesso de projetos de defesa em grande escala. Outras conclusões e premissas, derivadas de um debate teórico mais aprofundado e da construção de um quadro de análise, são introduzidas no final do capítulo e derivam do debate teórico apresentado aqui, buscando orientar a investigação empírica, combinadas com a hipótese principal.

3.1 A Base Industrial de Defesa e o caso dos Estados Unidos

O desenvolvimento da produção de defesa provém de duas fontes principais: a coordenação e organização sistemáticas dos Estados e o desenvolvimento das relações econômicas no setor civil. Historicamente, os Estados se organizaram para enfrentar os desafios da guerra (Tilly, 1990; Gourevitch, 1978; Elias, 1993; Hintz, 1975). Desde meados do século XVIII, a Revolução Industrial possibilitou a produção em larga escala por empresas privadas e, portanto, uma maior participação desse formato de organização no setor de defesa. A produção moderna de defesa é uma rede de muitas instituições, tanto privadas quanto públicas, com interesses por vezes conflitantes, como: produtividade privada versus pública; internacionalização versus preocupações nacionais; armas versus mantimentos; custos e benefícios de pesquisa e desenvolvimento (P&D); *spin-off* versus *spin-in*, entre outros. Essas questões giram em torno do que a literatura aborda como Base Industrial de Defesa (DIB, na sigla em inglês).

Nos Estados Unidos, a consolidação de uma indústria de armamentos permanente e de vastas proporções ocorreu com o advento da Guerra da Coreia e o início da Guerra Fria na época da revolução termonuclear. Em

1950, o Conselho de Segurança Nacional 68 (NSC-68) foi implementado, recomendando uma "rápida construção da força política, econômica e militar dos EUA" (Watts, 2008, p. 12) para enfrentar o crescente poder soviético. Logo depois, um comitê *ad hoc* do NSC produziu o NSC-68/1, que planejou uma duplicação nos gastos com defesa de 1951 a 1953. Novas tecnologias, como submarinos nucleares, porta-aviões de grande porte, mísseis balísticos, satélites e aeronaves a jato de alto desempenho, tornaram a indústria de defesa dos EUA, na década de 1950, o maior setor industrial da economia americana e extremamente popular no mercado de ações (Scherer; Peck, 1962; Isaacson; Thomas, 1968). Nessa época, como pode ser visto no gráfico a seguir (Figura 4.1), o orçamento de defesa cresceu substancialmente. O orçamento de defesa tem um peso significativo no sucesso ou fracasso de projetos de defesa inovadores e, portanto, o Capítulo 4 será dedicado exclusivamente à sua análise.

Figura 3.1 – Orçamento do DoD por Categoria (2009 $bilhões)

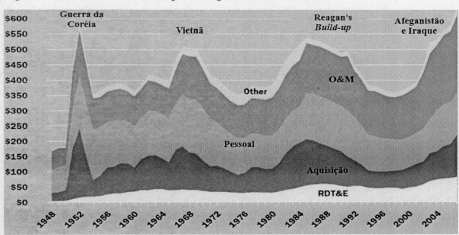

Fonte: Watts (2008, p. 8). Data: *Office of the Under Secretary of Defense* (Comptroller), *National Defense Budget Estimates* for FY 2009, March 2008, p. 62-67

As flutuações orçamentárias podem ser afetadas por ameaças externas, questões burocráticas e econômicas, entre outras. Essas variáveis também impactam a Base Industrial de Defesa (DIB). Com a consolidação da DIB dos Estados Unidos, o Departamento de Defesa (DoD) cresceu substancialmente em tamanho, o que transformou o sistema de aquisição, adicionando ao processo decisório uma série de novas burocracias e indivíduos. As forças, as burocracias e os contratados são todos atores que buscam maximizar o orçamento, o que leva a problemas de eficiência, discutidos com mais detalhes na terceira seção deste capítulo. Para entender melhor as questões econômicas e políticas que cercam a DIB, é pertinente, neste momento, conceituá-la.

O conceito de BID não é direto. Os estudiosos geralmente o entendem como as empresas que fornecem equipamentos e materiais de defesa com objetivos estratégicos para o ministério da defesa. Esses produtos podem ser sistemas de armas letais de grande ou pequeno porte, produtos não letais, mas estratégicos (por exemplo, veículos, combustível, infraestrutura) e outros produtos consumidos pelas forças armadas (por exemplo, alimentos e vestuário) (Dunne, 1995). Dada essa ampla abrangência e complexa interconectividade entre diferentes ramos da produção, muitas vezes é difícil definir e mapear a BID. Além disso, as empresas podem ser contratantes principais ou subcontratadas para grandes projetos de defesa, podem ter uma orientação mais civil ou militar e podem se envolver no comércio internacional. Essas questões, entre outras, levaram autores a restringir o conceito de BID apenas às empresas envolvidas diretamente no desenvolvimento e produção de bens e serviços específicos para o engajamento militar (Andrade, 2016; Sipri, 2020).

Alguns autores, como Amarante (2012), adotam uma abordagem mais ampla do conceito[42]. O autor argumenta que, como a guerra se tornou mais tecnologicamente complexa, uma análise da BID deve incluir o que está "abaixo da superfície" da produção de recursos de defesa ou o que ele chama de "Iceberg científico-tecnológico". O conceito de Iceberg inclui não apenas o produto militar, mas os elementos logísticos, de produção, concepção e P&D que cercam o BID. Essa visão holística do BID implica a necessidade de incluir uma ampla variedade de atores na análise, como universidades, empresas de engenharia, empresas industriais, empresas de serviços, instalações de ensino técnico, entre outros.

Como foi argumentado no Capítulo 1 do presente estudo, o conceito de estratégia de Clausewitz como o "engajamento com o propósito de guerra" é mais frutífero para a análise aqui, pois é mais preciso e empiricamente operacional do que o conceito de grande estratégia. Paralelamente, este livro incorpora uma noção de BID que inclui a concepção, desenvolvimento e produção de equipamentos militares mobilizados especificamente para fins

---

[42] Um conceito interessante de BID é apresentado pelo Ministério da Defesa do Brasil como "o conjunto de empresas, estatais ou privadas, bem como as organizações civis e militares que participam da P&D, produção, distribuição e manutenção de produtos estratégicos de defesa" (Brasil, 2005, s/p).

militares. Da mesma forma que a grande estratégia, a visão mais holística da BID estará inevitavelmente presente na análise descritiva de projetos de defesa em grande escala, embora não seja escrutinada aqui. Para analisar o BID de forma mais restritiva, é importante introduzir os tipos de produtos e os atores que estão incorporados a essa definição.

Walker *et al.* (1998) e Schofield (1993) sugerem uma taxonomia que lista produtos militares de maneira hierárquica, indo desde sistemas mais complexos orientados para a defesa até os materiais básicos necessários para a produção de equipamentos de defesa: (i) Estratégias e conceitos militares (planejamento de alto nível); (ii) Sistemas Integrados de armamentos e informação (e.g, sistemas de alerta precoce); (iii) Plataformas de armas principais e sistemas de comunicação (por exemplo, aeronaves, navios de guerra etc.); (iv) Peças completas de armas e comunicações (e.g., torpedos); (v) Subsistemas (e.g., giroscópios); (vi) Subconjuntos (e.g., miras, espoletas); (vii) Componentes (por exemplo, circuitos integrados); (viii) Materiais (e.g., semicondutores[43]). A adoção dessa hierarquia fornece a este estudo a identificação dos principais atores que constituem o BID necessário para fins de engajamento militar específico. Como este livro investiga projetos de defesa em grande escala, o foco será nos itens (i) a (iv).

O item (i) implica a necessidade de incluir como principais atores os altos oficiais do Departamento de Defesa (DoD) e os níveis mais altos do Poder Executivo. Empreiteiras de defesa primárias integram uma variedade de subsistemas para entregar um produto final. Como será discutido a seguir, esse processo geralmente envolve um pequeno número de grandes empresas com capacidade de P&D e que podem assumir altos riscos. Os itens (ii), (iii) e (iv), assim, podem ser analisados levando em consideração grandes empresas de defesa e aqueles principais atores políticos que participam do processo decisório[44]. Outros tipos de produtos serão discutidos apenas se forem essenciais para o projeto em questão, como o enriquecimento de urânio para o desenvolvimento de forças nucleares, por exemplo. No entanto, uma vez que os projetos analisados aqui são principalmente altamente inovadores, tanto a ciência aplicada quanto a básica são decisivas. Portanto, universidades, instalações de pesquisa governamentais e *think tanks* serão considerados na investigação empírica, embora apenas na medida em que estejam diretamente ligados aos objetivos militares do projeto.

---

[43] Para uma discussão acerca dessa taxonomia, ver Dune (1995).

[44] A elaboração do orçamento, como será discutido no próximo capítulo, é um processo crucial para explicar decisões relacionadas a projetos de defesa em grande escala. Portanto, comissões-chave do Congresso, a Casa Branca e o Departamento de Defesa (DoD) são atores importantes.

3.1.1 A BID como setor específico

O mercado de defesa possui características específicas, e esta investigação precisa levar em consideração essas idiossincrasias. A característica mais proeminente e crucial do mercado de defesa é o Estado como único comprador. O papel monopsônico dos governos determina o lado da demanda do mercado e afeta as principais características do lado da oferta. As empresas de defesa se desenvolveram historicamente de maneira particular e quanto mais alto avançam na hierarquia do mercado, mais específica se torna a natureza dos bens de capital, habilidades laborais e organização da produção no setor (Hooper; Buck, 1991). Algumas das especificidades incluem: ênfase no desempenho de armamentos de alta tecnologia, em vez de custo (Kaldor, 1991); relações estreitas entre contratantes, executivos de compras e militares (Dunne, 1995); altos custos de P&D que podem ser financiados pelo governo; regras e regulamentações elaboradas sobre contratos (Scherer, 1964). De acordo com Dunne (1995, p. 408), "a estrutura do mercado implica tanto barreiras à entrada quanto barreiras à saída, o que levou, até recentemente, a BID a mostrar uma notável estabilidade em termos de composição de principais contratantes".

Diferentemente das primeiras décadas após a Segunda Guerra Mundial, quando a BID dos EUA estava se consolidando e a competição no mercado de defesa estava prosperando, o lado da oferta do setor tornou-se cada vez mais caracterizado por poucos possíveis fornecedores (Figura 3.2). O desenvolvimento do BID dos EUA favoreceu essa característica, devido a alguns fatores, como: i) Projetos de larga escala tornaram-se o principal tipo de contrato, elevando os custos de entrada para novas empresas e tornando alguns projetos de longo prazo uma "obrigação de vencer" para os concorrentes; ii) Desde a década de 1960, o governo dos EUA incorporou outras prioridades ao orçamento, tornando a indústria de defesa menos atraente; iii) Os mercados civis tornaram-se mais atraentes em termos de lucro[45]; iv) Regulações rigorosas e requisitos altamente específicos e tecnicamente avançados dificultaram a entrada na indústria; v) O ciclo de gastos com defesa, comumente relacionado a ameaças externas (Figura 3.1). Essas questões estão correlacionadas com incentivos e problemas de aquisição, discutidos mais detalhadamente na terceira seção do presente capítulo. A tendência oligopolística do mercado de defesa aumentou significativamente na década de 1990, quando uma queda acentuada nos gastos com defesa,

---

[45] Ver Watts (2008).

após o colapso da URSS (União Soviética), coincidiu com a decisão da administração Clinton e seu *bottom-up review*, de austeridade[46].

Figura 3.2 – Principais Fornecedores de Defesa (1993-2007)

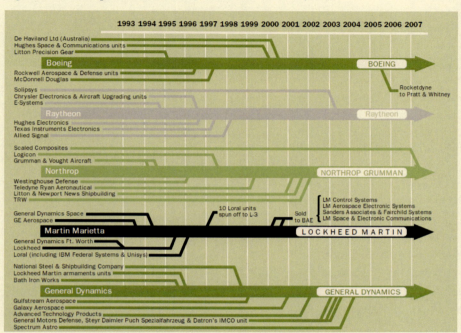

Fonte: Watts (2008, p. 32)

Na produção de aeronaves de combate, diversas empresas, incluindo grandes empresas como North American e Rockwell International, foram absorvidas pela Boeing e Lockheed Martin, formando, assim, um duopólio no lado da oferta. A Northrop Grumman, após o cancelamento do programa de bombardeiros furtivos B-2, durante a presidência de George H. W. Bush, teve um grande revés. No entanto, a empresa tornou-se uma grande contratante de Veículos Aéreos Não Tripulados (VANTs) (Watts, 2008). A mesma tendência foi observada na indústria de veículos blindados, onde a General Dynamics ganhou quase todos os contratos importantes. Poucos concorrentes no lado da oferta podem levar a ineficiência econômica, bem como a um poder de barganha exagerado para os contratantes, característi-

---

[46] Ver Watts (2008).

cas que se espera que apareçam em projetos de grande escala mais recentes (Watts, 2008; Dombrowski; Gholz, 2006).

O caráter monopsônico da demanda no mercado de defesa levanta questões sobre eficiência econômica. Os estudiosos de Economia de Defesa precisam se envolver no estudo do processo de aquisição, orçamento, legislação, P&D e incentivos econômicos, por vezes adaptando *insights* teóricos da economia e interagindo com outras disciplinas como Políticas Públicas e Ciência Política, por exemplo. Além da discussão sobre questões de paz e guerra, o assunto mais controverso em relação à indústria de defesa é sua eficiência econômica. O governo moderno evoluiu para fornecer benefícios sociais e os gastos militares têm sido alvo de críticas, pois apresentam o dilema de armas versus mantimentos, uma vez que há custos de oportunidade para gastos em outros setores civis (Brzoska, 1995). Uma vez que os gastos com defesa são uma medida de insumo, a primeira questão a ser levantada é: como medir seus benefícios? A produção dos gastos militares é geralmente vista como um bem público, mensurado na forma de segurança, dissuasão ou força. Além de questões importantes de dados, esses benefícios não podem simplesmente ser medidos por uma soma relativa de mão de obra e equipamentos, já que a guerra depende de uma série de fatores não pecuniários, como treinamento, motivação e liderança (Wiberg, 1984; Goertz; Diehl, 1986)[47]. Não existe um modelo direto para medir a "demanda ótima de despesas com defesa", uma vez que sua produção é controversa e existem questões teóricas sobre as restrições políticas que distorcem o comportamento do mercado.

A literatura não é consensual sobre os impactos econômicos dos gastos militares[48]. Alguns autores defendem que o investimento militar governamental tem efeitos positivos na economia, como o fornecimento de empregos altamente qualificados, planejamento industrial, efeitos colaterais tecnológicos e até mesmo a solução de crises de subconsumo ou superacumulação (Cypher, 1986; Deger; Sen, 1995; Diamond, 2006; Mowery, 2010; Mcdonough, 2010). Por outro lado, existem estudos que observam efeitos crescentes de apropriação, desvio e dependência de caminho (David; Hall, 2000). Além disso, críticos observaram que a BID "desviou recursos, tanto investimentos quanto capital humano, reduziu o desenvolvimento tecnológico civil e teve efeitos de externalidade sobre outras empresas. Isso reduziu a eficiência industrial e a competitividade internacional" (Dunne, 1995, p. 423).

---

[47] Diferentes países, assim como diferentes estudiosos e instituições, utilizam diferentes indicadores para medir o "ônus da defesa" Consulte Ringsmose (2010). As medidas comuns são a porcentagem dos gastos com defesa em relação ao PIB (Produto Interno Bruto) ou aos gastos do governo.

[48] Para uma boa revisão da literatura, ver Ram (1995).

Em grandes potências, como os Estados Unidos, a BID deve incorporar ou até mesmo produzir os avanços tecnológicos mais recentes e inovadores. Historicamente, a BID tem Estado no centro de importantes inovações. No entanto, desde a década de 1980, os economistas observaram que a inovação tem sido caracterizada por um efeito de apropriação em direção ao setor de defesa, ou seja, a tecnologia fluiu do setor comercial/civil para o BID. Além disso, o setor privado superou o governo em investimento em P&D[49]. Além disso, os gastos com Operação e Manutenção (O&M) e pessoal cresceram em percentual como parte dos gastos com defesa, exercendo pressão descendente nas aquisições, a principal fonte de receita para a BID[50]. Tudo isso, como consequência, diminuiu a atratividade de fazer parte da indústria de defesa. A capacidade do governo de controlar e acessar tecnologia diminuiu, e o setor privado passou a ser uma escolha crescente para os melhores engenheiros e pesquisadores (Watts, 2008). Como resultado, questões de eficiência têm ganhado importância crescente para o BID. As questões de aquisição e incentivos do mercado de defesa são cruciais para avaliar e melhorar sua eficiência.

3.2 Eficiência, incentivos e aquisição

Teoricamente, o uso mais eficiente de equipamentos se assemelharia a um problema de otimização no qual o mercado se ajustaria em um ambiente de empresas competitivas em busca de lucro. A função de custo, nesse caso, faria com que as empresas substituíssem componentes caros por outros mais baratos. No entanto, esses incentivos estão ausentes nas empresas militares, uma vez que a falta de concorrência e a natureza dos contratos de emprego não exercem pressões fortes para minimizar os custos (Sandler; Hartley, 1995). Na aquisição militar, pode-se argumentar que existem incentivos que funcionam de maneira oposta, ou seja, evitar a substituição, uma vez que "cada força buscará proteger seu orçamento e manter seus tradicionais direitos de propriedade monopolista (ou seja, sobre o ar, a terra e o mar), reduzindo assim as oportunidades de substituição eficiente entre as forças armadas" (Hartley, 1995, p. 483).[51]

---

[49] Ver Leske (2018), Stowsky (2014) e Watts (2008).

[50] Ver Watts (2008).

[51] Hartley (1995, p. 483) identifica um aspecto menos intuitivo do incentivo à substituição ao argumentar que, em relação à localização de bases, além das questões de circunscrição: "bases em locais atraentes conferem benefícios não militares (por exemplo, proximidade a instalações culturais e de lazer na capital de uma nação; as oportunidades de usar áreas de treinamento para atividades de lazer)".

Objetivos conflitantes dentro e entre o Executivo, Legislativo e setor privado afetarão substancialmente questões de planejamento, organizacionais e de incentivos. O orçamento de defesa é um caso canônico desse tipo de disputa devido às suas proporções massivas. Como argumentado no Capítulo 2 e será explorado mais detalhadamente no capítulo subsequente, dedicado ao processo de orçamentação *per se*, a tomada de decisão e os incentivos serão descentralizados, distorcendo possíveis considerações puras de custo ou desempenho. As forças escolhem suas armas e possíveis alternativas enquanto o Congresso e o escritório do secretário de Defesa supervisionam o processo. No entanto, como argumenta Rogerson (1995), dado que é difícil medir objetivamente o desempenho militar, o Congresso terá um forte incentivo para não delegar tomada de decisão e, portanto, trabalhará no sentido de controlar e gerenciar o processo[52].

Em relação às relações econômicas entre os principais atores, alguns modelos foram desenvolvidos por analistas. Como o Congresso apropria a quantia para cada departamento do governo federal dos EUA, alguns *insights* foram obtidos ao modelar as relações entre o Congresso e o Departamento de Defesa (DoD). Seguindo a suposição de que os burocratas tentarão maximizar seu orçamento exercendo um poder de monopólio como o único fornecedor possível de um produto, o resultado é que, no caso da Defesa, o DoD exerce poder controlando as decisões do programa nas primeiras fases de seu desenvolvimento (Niskanen, 1971; Rogerson, 1995). Como os programas são apropriados anualmente, os burocratas podem tomar decisões técnicas complexas que afetarão as questões de custos e benefícios marginais que o Congresso enfrentará nos próximos anos fiscais. Além disso, os militares podem induzir o Congresso a escolher tecnologias de maior qualidade e em quantidades maiores, apresentando opções com baixa redução no custo marginal, mas que exigem produção em larga escala (Rogerson, 1991). No entanto, se as empresas de defesa forem incluídas no modelo, pode-se observar uma fonte de poder que o Congresso detém, pois controlam os acordos contratuais entre os serviços militares e os contratados (Laffont; Tirole, 1991; Marshall; Meurer; Richard, 1991, 1994).

O processo de aquisição, as questões e os incentivos tanto para o lado da demanda quanto para o lado da oferta do mercado estão intimamente inter-relacionados, embora essas questões tenham mudado substancialmente devido às contingências históricas da BID. Uma indústria de defesa específica

---

[52] Para uma abordagem diferente, ver Posen (1984).

pode levar em consideração uma abordagem puramente objetiva, focando "apenas em critérios de defesa, ou seja, custos, desempenho, entrega e os riscos associados às várias propostas concorrentes, ignorando quaisquer benefícios industriais e econômicos mais amplos" (Hartley, 1995, p. 472). No entanto, no processo de aquisição real, a decisão do governo pode ser influenciada por considerações de circunscrição, emprego, reeleição e crescimento econômico. O ponto principal é que o governo está autorizado a alterar, reduzir ou cancelar um projeto durante seu desenvolvimento. Em última análise, a compra de equipamentos de defesa é feita em um cenário de alta incerteza, especialmente porque essas escolhas difíceis precisam ser feitas, dependendo do sistema, ao longo de horizontes temporais de até 40 anos. Uma análise de custo-benefício deve levar em consideração equipamentos concorrentes em termos de seus custos ao longo do ciclo de vida — manutenção e operação — de toda a frota. Além disso, implicações estratégicas e características militares do equipamento, antes de suas alternativas e até mesmo alternativas no mercado internacional, fazem parte da análise de custos e disputas políticas na aquisição (Rogerson, 1995). Os cronogramas de entrega são uma fonte significativa de incerteza em relação à projeção de custos e às relações entre empresas e governo, como será evidente na avaliação histórica do orçamento e nos grandes projetos de defesa aqui discutidos.

As decisões tomadas nesse cenário incerto afetarão os incentivos e comportamentos dos atores, uma vez que informações limitadas e instituições econômicas desempenham papel decisivo no processo de aquisição. "Enormes incertezas permeiam o processo e contratos de longo prazo completos são geralmente impossíveis de redigir e difíceis de serem aplicados" (Rogerson, 1995, p. 311)[53]. Como discutido no Capítulo 2, o governo é uma instituição complexa e hierárquica e questões de incentivo dentro de sua estrutura — entre seus principais atores e agências — também afetam as interações no mercado de defesa. Em relação à incerteza, Peck e Scherer (1962) argumentam que existem incertezas internas ao projeto em questão, que estão presentes devido às incógnitas tecnológicas, especialmente na fase de design de um novo projeto, e incertezas devido a externalidades, como variações nas ameaças externas, a disponibilidade de armas substitutas ou mudanças na disposição política de adquirir armas específicas. Como consequência, "o DoD geralmente não acha viável ou desejável assinar contratos de produção de longo prazo com preço fixo" (Rogerson, 1995, p. 313), uma

---

[53] Para modelos formais do problema de aquisição com agentes únicos e múltiplos, consulte Rogerson (1995).

vez que as características da arma podem mudar substancialmente ao longo das fases de design, desenvolvimento, produção e entrega.

 Devido a esses desafios, contratos de produção são assinados anualmente. A competição geralmente é acirrada durante a fase de design, na qual um único vencedor é escolhido com base no desempenho projetado, custos e questões de manutenção do design. O contrato é mais comumente concedido a uma única empresa devido às economias de escala. Projetos de grande escala geralmente não têm substitutos próximos e, portanto, a competição é limitada, vencer um contrato importante pode significar uma grande parcela do possível mercado de uma empresa. Os efeitos da falta de concorrência e o papel monopolístico desempenhado pela empresa vencedora geralmente são contrabalançados pela legislação, que determina que o preço levará em consideração custos contábeis históricos e projetados, que são meticulosamente auditados. Um termo de "lucro" também é adicionado para compensar as empresas pelos custos de capital e de suportar riscos (Rogerson, 1992, 1995; Meyerson, 1967). Espera-se que os contratantes forneçam projeções de custos atuais, precisas e completas ao negociar contratos anuais de produção com o DoD, de acordo com a Thruth in Negotiations Act (TINA). Como apontado por Kovacic (1991), o TINA funciona como uma espécie de contrato de reembolso de custos, pois sua aplicação se assemelha mais a um contrato baseado em custos do que a um verdadeiro contrato de preço fixo[54]. Especialmente propenso a riscos, incertezas e, portanto, conferindo maior importância ao problema de incentivos, está a aquisição de P&D.

 Os esforços de P&D estão no centro da competição entre países pela inovação. Como resultado, por exemplo, nos EUA, os gastos com P&D cresceram em proporção ao gasto militar total. A consolidação do DIB no início da Guerra Fria foi acompanhada por um aumento do governo no foco em P&D. De 1948 a 1960, o P&D cresceu a uma taxa média anual de 18%. O P&D também cresceu em relação às aquisições em geral. No mesmo período, as aquisições aumentaram a uma taxa média de 8,3%[55]. O P&D representa uma parte significativa das aquisições, "[...] ao longo do período de 1948 a 2007, o financiamento total de P&D foi cerca de 42% dos gastos cumulativos do DoD em aquisições" (Watts, 2008, p. 11). Isso revela que, enquanto o DoD prioriza fortemente a inovação, muitos projetos nunca se concretizam na produção de

---

[54] Para obter mais detalhes, consulte Rogerson, (1995).
[55] Dados disponíveis em Watts (2008, p. 11).

novos equipamentos. Como resultado, sólidos incentivos devem ser dados às empresas militares para compensar os riscos dos gastos com P&D.

Historicamente, o governo dos EUA investiu em P&D por meio de três canais principais: i) realização de P&D em laboratórios governamentais; ii) contratos diretos com empresas privadas e outras instituições (por exemplo, universidades); iii) concessão de grandes contratos por meio de um método de aquisição conhecido como "aquisição por design e competição técnica". Desde a Segunda Guerra Mundial, o investimento em P&D pelo governo aumentou rapidamente em valor real, especialmente por meio de contratos diretos. No entanto, induzir empresas patrocinando competições de design em despesas de P&D direcionadas a projetos estratégicos continua a representar uma quantidade substancial do investimento em P&D do país. No método "aquisição por design", o governo revela sua demanda por inovações tecnológicas e as empresas competem pelo contrato de aquisição desenvolvendo seus próprios projetos para o projeto com seus próprios recursos e, assim, o governo induz a P&D privada (Lichtenberg, 1995).

No design de uma nova arma, há altos riscos devido a desconhecidos tecnológicos, desafios burocráticos e políticos e possíveis mudanças nas ameaças externas. Portanto, os incentivos para a P&D são feitos em um cenário incerto e, consequentemente, têm questões determinantes de preço, como já argumentado anteriormente (Peck; Scherer, 1962; Rogerson, 1995)[56]. Além disso, as empresas se preocupam que nunca recuperarão seus gastos (que geralmente são muito específicos para um projeto específico e, portanto, requerem investimento em capital físico e profissionais que não podem ser facilmente usados em projetos diferentes). Como resultado, o governo precisa conceder diferentes formas de garantias às empresas investidoras para promover o incentivo à inovação. Primeiro, o governo, ao contrário dos consumidores comerciais típicos, compra o valor do investimento em P&D, bem como o produto final. Além disso, após vencer a competição, a empresa receberá contratos não competitivos *"follow-on"*, que representam a maior parte da receita da empresa[57]. Com essas compensações, as empresas

---

[56] Lichtenberg (1995, p. 435) destaca que "no ano fiscal de 1984, por exemplo, o valor dos contratos *"follow-on"* não competitivos após a competição de design foi 2,72 vezes maior do que o valor dos contratos competitivos associados a essas competições".

[57] Nesse sentido, as competições de design se assemelham ao que a literatura econômica define como um "concurso". Em um concurso, a compensação individual (neste caso, se ele é premiado com o contrato) é determinada por sua posição relativa em relação aos outros concorrentes, em vez de sua produção individual (produto marginal) (Nalebuff, Stiglitz, 1985; Lichtenberg, 1995). Nesse tipo de esquema de compensação, esses autores argumentam que os agentes são induzidos a abandonar sua característica natural de aversão ao risco.

geralmente acabam apresentando propostas abaixo dos custos previstos nos contratos competitivos iniciais[58].

Em relação ao resultado dos incentivos do governo para induzir a quantidade de P&D privado, Lichtenberg (1988, 1995) desenvolveu um estudo econométrico analisando a resposta da P&D privada à aquisição governamental em geral e competições de design em particular. Analisando dados entre 1979 e 1984, o autor concluiu que ligeiramente mais da metade do aumento induzido na P&D privada foi resultado do aumento na aquisição governamental. Lichtenberg também estimou que um aumento de US$ 1 na aquisição competitiva induz um aumento de 54 centavos nos gastos com P&D privada, enquanto contratos não competitivos têm impacto negativo na P&D privada. Os resultados sugerem que todo estímulo à P&D privada vem da aquisição competitiva. Lichtenberg (1995) demonstra que as empresas, como mencionado anteriormente, investem em P&D privada esperando futuros contratos não competitivos de aquisição. Após a competição, de acordo com Lichtenberg (1995, p. 437), "os perdedores da competição reduzem os gastos porque o prêmio não está mais em jogo; o vencedor reduz os gastos porque o governo está agora disposto a patrocinar diretamente a P&D por meio de contratos". A literatura argumenta ainda que contratos não competitivos podem aumentar a margem de lucro das empresas em comparação com os lucros no mercado comercial, uma vez que as empresas contratantes podem transferir custos gerais e de pensões de suas operações comerciais para o governo (Lichtenberg, 1992; Rogerson, 1992; Thomas; Tung, 1992).

Outra questão importante relacionada à eficiência de custos da produção militar é a otimização do investimento de capital e instalações de produção. Isso afeta tanto o lado da demanda quanto o lado da oferta do mercado de defesa, uma vez que ambos sofrem com o fechamento de instalações e perda de empregos, por exemplo. A solução mais óbvia para esse problema seria a realocação de recursos na forma de conversão da produção de equipamentos militares para bens e serviços civis. Problemas do lado da oferta incluem a natureza altamente específica dos produtos de defesa, que dificilmente podem ser transpostos para bens civis. Alguns exemplos são tecnologias *stealth* e de blindagem e instalações que constroem submarinos nucleares e mísseis intercontinentais (Hartley, 1995; Dummas, 1977, 1986). Da mesma forma, a P&D militar se concentra em requisitos militares

---

[58] Para uma análise mais sistemática dos efeitos do P&D, ver: Scherer (1984), Schmookler (1966) e Terleckyj (1974, 1980).

altamente especializados e estratégias de sigilo, priorizando o desempenho em relação aos custos e, como consequência, é menos comercializável no setor civil (Hartley, 1995; Nadal, 1994; NU, 1993).

Além disso, o lado monopsônico da demanda torna as empresas de defesa vulneráveis às decisões e compras do governo, dificultando a conversão, uma vez que a natureza dessas empresas geralmente tem um traço de "campeã nacional", dependendo de subsídios e medidas protecionistas. Nos Estados Unidos, após a Segunda Guerra Mundial, as empresas mobilizadas para o esforço de defesa retornaram aos seus setores econômicos originais. No entanto, com a consolidação da BID, a conversão para o setor civil se tornou mais difícil. Além dos motivos mencionados anteriormente, a dependência dos requisitos do Departamento de Defesa (DoD) consolidou, ao longo das décadas, uma forma altamente específica de negócio no setor de defesa, uma vez que as empresas já comprometeram seus investimentos em instalações de produção, *know-how* técnico e estratégias de gestão em conformidade com as demandas do DoD. Questões de conversão afetam economias de mercado tanto quanto as planejadas centralmente ou em transição, embora de maneiras diferentes. Na década de 1990, a conversão era uma grande preocupação nas economias em transição da antiga União Soviética, uma vez que grande parte de suas fábricas industriais eram direcionadas para a produção de equipamentos de defesa[59]. De acordo com as Nações Unidas (1993), uma distinção adicional deve ser feita entre nações desenvolvidas e em desenvolvimento, devido aos impactos sociais de diferentes decisões sobre o assunto.

Avanços legislativos nos Estados Unidos têm tentado mitigar os problemas de eficiência, incentivos e aquisição delineados acima. Um dos pontos de virada regulatórios mais importantes foi implementado pelo Secretário de Defesa Robert McNamara, que ocupou o cargo de 1961 a 1968. McNamara nomeou Charles Hitch como controlador para o Gabinete do Secretário de Defesa (OSD), a fim de implementar o Sistema de Planejamento, Programação, Orçamento (PPBS) no ciclo orçamentário anual do Pentágono[60]. O executivo começou a analisar a relação custo-eficácia para escolher entre programas de armas. Além disso, as empresas tornaram-se obrigadas a fornecer ao governo informações detalhadas sobre custos de suas atividades:

---

[59] Hartley (1995, p. 485) dá um exemplo da Ucrânia. De acordo com o autor, no passado, "700 firmas industriais somando 18% da produção industrial e gerando 1.2 milhões de empregos, dependentes das encomendas do Estado. Em 1994, não havia mais demanda!".

[60] O PPBS de McNamara, devido à sua importância, será mais explorado no próximo capítulo.

> [...] o governo federal e o Congresso impuseram padrões, especificações e regulamentações às indústrias de defesa que aumentaram a divergência entre os comportamentos das empresas que realizam trabalhos relacionados à defesa e aquelas capazes de empregar práticas comerciais padrão", resultando na segregação inadvertida, mas crescente, das operações de defesa e comerciais (Watts, 2008, p. 23).

Desenvolvimentos importantes recentes ocorreram no início deste século, incluindo a Diretiva 5000.1 do Departamento de Defesa (DoD), o Sistema de Aquisição de Defesa e a Instrução 5000.2 do DoD. Essas iniciativas foram uma tentativa de melhorar e atualizar o PPBS, que foi renomeado como Planejamento, Programação, Orçamento e Execução (PPBE), a fim de enfatizar a fase de execução como prioridade. Além disso, sob o secretário de Defesa Donald Rumsfeld, foi introduzido o Sistema de Integração e Desenvolvimento de Capacidades Conjuntas (JCIDS), que redefiniu os requisitos de aquisição e critérios de avaliação para programas de defesa (DoD, 2020). Esses desenvolvimentos legislativos serão explorados com mais detalhes no próximo capítulo, pois estão no centro das questões orçamentárias.

3.3 Inovação: preceitos teóricos

Conforme discutido no Capítulo 1, a competição internacional instiga os Estados a inovarem militarmente. A inovação é, portanto, tão importante quanto as questões de aquisição, produção e distribuição na economia da defesa. Contratar inovações acentua ainda mais os problemas delineados neste capítulo, pois a incerteza é ainda maior nesse tipo de investimento. Historicamente, a produção de defesa sempre operou na vanguarda da inovação de alta tecnologia para enfrentar os desafios correntes. No entanto, desde a década de 1980, como já mencionado, tem havido uma tendência de o setor comercial superar o avanço tecnológico da defesa, tornando a discussão sobre inovação e possíveis incentivos para promovê-la no setor de defesa ainda mais importante.

As demandas e desafios para o esforço de defesa dos EUA incluem o desenvolvimento de maneiras de lidar com sucesso com a guerra na selva, combate urbano, guerrilha e outras missões envolvendo guerra irregular e manutenção da paz. Isso resultou em um grande número de baixas ao longo do último século, a maioria delas nas forças terrestres[61] (Scales, 2003). Desde

---

[61] Esses desafios também levantaram a questão dos limites da tecnologia em superar a chamada "Fricção Clausewitziana". Para uma boa análise desse problema, consulte Watts (2004).

2001, associada a esses novos desafios, houve uma crescente demanda do DoD para acompanhar conceitos de guerra, como a *Network Centric Warfare, Effort Based Operations and Cyberwar*. Além disso, áreas como sistemas antiterrorismo, sistemas contraminas, bem como serviços administrativos terceirizados e suporte logístico no campo de batalha têm ganhado importância (Watts, 2008).

Este livro investiga as razões subjacentes ao sucesso ou fracasso de projetos de defesa de larga escala, principalmente inovadores. A investigação da inovação implica desvendar disputas domésticas e questões de ameaças externas. Existem diferentes variáveis que podem prejudicar os esforços em P&D e os incentivos do governo para a aquisição de bens inovadores. Um fato simples e quase intuitivo é que a tecnologia tem seus limites. A viabilidade tecnológica é certamente um determinante para o sucesso ou fracasso de projetos de larga escala. No entanto, P&D, aquisição, incentivos e outras questões levantadas neste capítulo tornam especialmente difícil isolar essa variável[62]. O debate acerca do funcionamento da inovação e os desenvolvimentos teóricos nessa área podem esclarecer esse assunto.

De acordo com Fagerberg (2004), a inovação é a implementação de uma invenção. Portanto, a concepção, uma resposta inovadora a uma ameaça em andamento, por exemplo, deve ser operacionalizada, juntamente com o conhecimento necessário, recursos, habilidades e outras invenções e inovações necessárias para comercializar o produto final, a fim de ser considerada uma inovação. Aqui, adota-se essa ideia, à medida que investiga projetos de defesa de larga escala, considerando a materialização ou sucesso da inovação apenas no caso da realização dos objetivos delineados na concepção desses projetos. Especialmente importante na análise econômica de defesa é o que a literatura identifica como a "natureza sistêmica da inovação" (Fagerberg, 2004, p. 13), na qual os elementos da inovação reforçam ou enfraquecem o sistema, à medida que interagem. A inovação é, portanto, inerentemente um esforço coletivo, pois diferentes atores interagem e estão interconectados.

---

[62] Embora o desempenho geral das tecnologias militares e sistemas de armas dos Estados Unidos tenha sido excelente, a indústria falhou, em mais de uma ocasião, em fornecer sistemas com as capacidades prometidas, ou só o fez após atrasos significativos, custos aumentados, ou ambos. Exemplos recentes de grandes falhas de programas decorrentes de estouros de custos, atrasos no cronograma ou desempenho inadequado incluem: i) o encerramento do National Reconnaissance Office (NRO), ii) O programa Future Imagery Architecture, iii) O encerramento do Army-Navy Aerial Common Sensor e iv) o abandono do programa Deepwater da Guarda Costeira para produzir os primeiros cortadores da guarda costeira em mais de três décadas (Watts, 2008, p. 49).

Dado que a defesa geralmente é organizada em nível nacional, é necessário observar as interconexões entre atores privados e públicos em uma visão sistêmica. Cristopher Freeman (1987, p. 1) introduz o conceito de sistema nacional de inovação (SNI) como "a rede de instituições nos setores público e privado cujas atividades e interações iniciam, importam, modificam e difundem novas tecnologias". Essa abordagem de pesquisa foi introduzida no contexto da crescente competição tecnológica como resultado do crescimento das economias asiáticas, nas décadas de 1970 e 1980, e resultou em uma série de estudos comparativos e quantitativos para entender os fatores que levaram ao sucesso da inovação em diferentes países[63]. Reppy (2000) argumenta que a abordagem do SNI é um avanço significativo nos estudos de inovação, que tradicionalmente eram limitados à análise no nível da empresa[64]. No entanto, essa abordagem teórica, por ser mais abrangente, inevitavelmente traz o problema de seu grande número de fatores e variáveis, tornando difícil apontar o peso relativo deles em um possível elo causal (Reppy, 2000).

Ademais, pesquisas vêm destacando que as diferenças entre os setores precisam ser levadas em consideração. Pavitt (1984) demonstrou, por meio do desenvolvimento de uma taxonomia de setores industriais, quais transferiam tecnologia para outros setores, contribuindo com uma avaliação empírica para decisões de investimento com o propósito de inovação. Outro modelo conceitual que pode ser frutífero para discutir a inovação na defesa é o Modelo Triple-Helix, apresentado por Ranga e Etzkowitz (2013). O progresso da ciência e sua relação estrita com a inovação levaram os autores a dar maior peso às universidades[65] e à pesquisa científica básica e aplicada para discutir a inovação[66]. Os autores identificam uma tríade entre

---

[63] Veja, por exemplo, Fagerberg e Srholec (2018) e Fagerberg, Srholec e Verspagen (2009).

[64] Reppy (2000, p. 2) afirma que: "Enquanto a teoria econômica convencional localiza a inovação na empresa, retratada como uma máquina otimizadora operando em piloto automático, e busca construir modelos gerais de difusão de tecnologia entre as empresas, a abordagem do NSI proporciona espaço para o papel da política governamental, instituições legais, instituições educacionais e de treinamento, e até mesmo normas e regimes. Processos interativos e circuitos de retroalimentação são enfatizados; não há espaço aqui para modelos lineares de inovação. O sucesso ou o fracasso na inovação pode ser afetado por qualquer um dos elementos constituintes do sistema, e fraquezas em uma área podem ser compensadas por força em outra".

[65] O investimento em ciência básica e aplicada é particularmente importante para analisar a inovação na defesa dos Estados Unidos no período pós-Guerra Fria, dada a crescente quantidade de gastos em pesquisa e desenvolvimento nesse período.

[66] Conforme Ranga e Etzkovitz (2013, p. 238): "A tese da Hélice Tríplice é que o potencial de inovação e desenvolvimento econômico em uma sociedade do conhecimento reside em um papel mais proeminente para a universidade e na hibridização de elementos da universidade, indústria e governo para gerar novos formatos institucionais e sociais para a produção, transferência e aplicação do conhecimento".

universidades, governo e indústria e desenvolvem seu modelo de maneira sistemática, com suporte empírico sólido.

Mowery (2010) destaca que a característica de um único comprador na indústria de defesa é uma força determinante para explicar a inovação e a pesquisa e desenvolvimento (P&D) no setor. Dombrowski e Gholz (2006) argumentam que esse fator torna grande parte da literatura dedicada à inovação não aplicável à indústria de defesa. Uma característica específica do setor é a fonte de investimento em P&D, que vem do orçamento de defesa na forma de contratos concedidos para projetos de inovação dedicados a sistemas ou equipamentos específicos, previamente solicitados pelos militares. Essa forma de contrato diminui o risco do investimento em P&D, uma vez que as empresas não precisam gerar uma "taxa normal de investimento". No entanto, ela reduz os incentivos para o investimento privado em inovação na defesa, já que as empresas optarão por gastar dinheiro do governo em vez de seus próprios recursos (Dombrowski; Gholz, 2006).

Outra questão importante na inovação em defesa é sua natureza intrinsecamente política. Segundo Dombrowski e Gholz (2006), considerações políticas são mais importantes do que cálculos econômicos típicos na definição da estratégia de investimento da empresa ao lidar com P&D na área de defesa. De acordo com os autores, empresas de defesa precisam de um grande conhecimento político para estabelecer relações sólidas com o governo. Além disso, o sucesso no setor de defesa requer que as empresas tenham um conhecimento sólido de táticas militares, operações e doutrina, a fim de discutir projetos de inovação com seu comprador. Esses requisitos geralmente criam uma barreira de entrada para novos participantes no lado da demanda, pois envolvem a necessidade de uma rede sólida de relacionamentos, *expertise* militar e uma compreensão elevada do processo de tomada de decisão do governo.

Para explicar o sucesso ou fracasso de grandes projetos de defesa, os desenvolvimentos teóricos mencionados na literatura de inovação podem fornecer insights interessantes. No entanto, conforme argumentado aqui, é preciso considerar seus limites. A grande quantidade de fatores relevantes e idiossincrasias em nível nacional[67], regional e setorial limita a possibilidade

---

[67] Estudos de caso nacionais são bons exemplos da operacionalidade de uma perspectiva de Sistema Nacional de Inovação (NSI) aplicada ao setor de defesa. Sertafi (2000) demonstra que, no caso da França, há uma maior participação do Estado e de empresas orientadas pelo governo no processo de inovação. No caso da Inglaterra, analisado por James (2000), houve um papel crescente desempenhado por empresas privadas, tanto nacionais quanto estrangeiras. Na mesma perspectiva, Vekstein (1999) conduziu um estudo em Israel e concluiu que preocupações com segurança impediram *spin-ins* de investimentos em P&D de defesa para o setor civil.

de um modelo mais geral para analisar a inovação. Assim, parâmetros e atores relevantes para explicar o sucesso ou fracasso da inovação militar precisam, até certo ponto, ser escolhidos em um cenário *ex ante* arbitrário. Além da fronteira estabelecida aqui que privilegia os altos níveis de tomada de decisão e atores estritamente ligados à produção de meios militares, a análise do sucesso da inovação precisa ser conduzida por meio de variáveis *proxy*, dada sua natureza sistêmica e complexa. Isso foi feito no Capítulo 2, em relação à política doméstica, e será necessário no presente capítulo, para possibilitar a formulação de hipóteses causais e analisar os projetos de maneira comparativa e sistemática, com parâmetros bem estabelecidos.

3.3.1 A Questão da Propriedade Intelectual

Diretamente relacionados à inovação estão os mecanismos de proteção dos produtos. Os meios de proteger a propriedade intelectual no mercado de defesa diferem dos canais legais usuais de PI, como patentes, marcas registradas[68] e direitos autorais, pois questões de segurança são levadas em consideração. Assim, métodos não institucionais de proteção de PI são relevantes para a discussão de inovação e DIB. Entre esses métodos estão: sigilo, prazo de liderança, contratos de confidencialidade e complexidade. As inovações de defesa são caracterizadas por uma combinação de todas essas estratégias. Empresas e o Estado assinam acordos confidencialidade, e a competição, tanto nos mercados quanto na política internacional, pode gerar uma corrida pelo prazo de liderança e complexidade. O sigilo é a estratégia mais importante de PI para a inovação na defesa. Nesse caso, ninguém tem acesso ao conteúdo da inovação[69].

Existem aspectos positivos e negativos no uso do sigilo como estratégia de PI. As vantagens incluem custos reduzidos com questões legais, aprimoramento adicional de P&D antes da comercialização da inovação e um tempo indefinido de proteção de PI. As principais desvantagens são a possibilidade inerente de vazamento e a falta de proteção contra engenharia reversa (Bos; Broekhizen; Faria, 2015). Especificamente, no caso da defesa, há uma questão política e meritocrática conflitante. Como os Estados são os compradores finais e a segurança é considerada um bem público, alegam que deveriam ter direitos exclusivos de PI. No entanto, em Estados onde há

---

[68] Para uma análise de diferentes meios de proteção de propriedade intelectual, consulte May (2006) e Swan (2009).

[69] Lichtenberg (1995) e Sertafi (1995) demonstraram empiricamente uma baixa taxa de registro de patentes na indústria de defesa dos Estados Unidos e da França, respectivamente.

grande participação do setor privado no setor de defesa, como é o caso dos EUA, questões de incentivo e remuneração tornaram-se relevantes. Renaud Bellais e Renelle Guichard (2006) argumentam que a falta de um quadro regulatório adequado de PI na indústria de defesa prejudica seriamente os vazamentos tecnológicos:

> [...] as leis e práticas atuais de propriedade intelectual não se encaixam na transferência de tecnologia de P&D de defesa financiado pelo governo, baseado em sigilo, para a indústria civil financiada privadamente, baseada em patentes (Bellais; Guichard, 2006, p. 285)[70].

No caso dos EUA, houve avanços significativos na legislação de PI na indústria de defesa, embora permaneça ambígua em muitos aspectos. A Constituição dos EUA afirma que o Congresso é responsável por promover os direitos de propriedade. Até a década de 1980, o Departamento de Defesa (DoD) tinha um controle mais amplo sobre os direitos de propriedade relacionados à defesa. Devido à pressão da indústria privada, a Lei de Reforma de Aquisições de Defesa de 1984 estabeleceu que uma seção de PI deve ser incluída nos contratos de aquisição de defesa[71]. Como mencionado, após vencer o contrato, a empresa desfruta de um poder de monopólio sobre o bem em questão e, assim, tem uma grande alavancagem nas negociações. Conflitos entre empresas e governo surgem especialmente nos casos relacionados a sistemas de dados, software e manutenção de equipamentos de defesa, pois a legislação é ambígua nessas questões[72].

Os direitos internacionais de PI evoluíram institucionalmente desde o tratado fundador da Organização Mundial da Propriedade Intelectual (OMPI), em 1967, uma organização intergovernamental que faz parte do sistema da ONU, desde 1976. A OMPI é responsável, entre outras coisas, por supervisionar tratados internacionais de direito de propriedade, incluindo os acordos sobre aspectos do *Trade-Related Aspects of Intellectual Property Rights* (TRIPS). Além disso, a OMPI fornece assistência técnica aos seus membros

---

[70] Além disso, os autores fazem sugestões no sentido de estabelecer limites para o sigilo e promover uma maior cooperação entre a indústria civil e militar: "[...] quatro recomendações para o estabelecimento de um arcabouço legal que permitiria a criação de um mercado efetivo para tecnologias de defesa: revelar informações adequadas sobre inovações e tecnologia; determinar o perímetro adequado para patentes ou outros meios de proteção da propriedade intelectual; reduzir a incerteza sobre os termos contratuais entre o Estado e seus parceiros industriais; e criar mecanismos para facilitar o desenvolvimento de aplicações civis" (Bellais; Guichard, 2006, p. 285).

[71] Sobre a Reforma da Lei de Aquisições de Defesa de 1984, ver Van Atta *et al.* (2007, p. 7).

[72] Ver Van Atta *et al.* (2007).

e registra patentes e marcas internacionais. Questões da indústria de defesa, relacionadas à transferência de tecnologia e à inovação, são na maioria das vezes regulamentadas por acordos bilaterais ou dentro de alianças. Nesses casos, uma série de compensações e preocupações, incluindo eficiência econômica, compartilhamento de ônus e problemas de segurança, estão presentes.

3.4 Internacionalização *versus* nacionalização: questões de segurança e eficiência

Alguns dos mesmos *trade-offs* presentes nos debates sobre propriedade intelectual (PI) em relação à defesa estão incorporados na questão crucial dos mercados nacionais versus internacionais do ponto de vista dos tomadores de decisão. Essa discussão é especialmente importante para projetos de defesa de larga escala, uma vez que seus altos custos e dificuldades tecnológicas podem ser superados por meio da colaboração internacional entre parceiros ou dentro de alianças formais. Além disso, as oscilações nos gastos com defesa, na aquisição e seus incentivos, afetam as estratégias das empresas e sua tendência a buscar mercados internacionais. Nos Estados Unidos, a abrangência da indústria de defesa torna isso especialmente verdadeiro. De 1970 a 1976, no início da *détente*, por exemplo, as vendas externas nas 25 principais empresas de defesa dos EUA "aumentaram de menos de 4% das receitas para mais de 20%" (Watts, 2008, p. 23).

A escolha entre protecionismo ou liberalização é uma questão que existe desde o nascimento da economia política e abrange todos os setores econômicos, embora questões de segurança surjam ao discutir a possível cooperação no mercado de defesa ou a liberalização do comércio, mesmo entre aliados.

Uma perspectiva econômica mais ortodoxa dentro da literatura aponta para a promoção da vantagem comparativa que resultaria da especialização internacional em mercados de defesa mais abertos, o que diminuiria os custos da indústria. Em relação à balança de pagamentos, enquanto defensores do protecionismo enfatizam o problema do déficit, adeptos de uma perspectiva mais pró-mercado argumentam que a divisão internacional do trabalho aumentaria o bem-estar, economizando recursos e, em última análise, criando empregos por meio de uma alocação subsequente de recursos para setores mais produtivos da economia (Hartley, 1995). Além disso, a cooperação econômica entre Estados no mercado de defesa, argumenta-se, poderia diminuir o risco de programas caros de P&D, ao mesmo tempo em que evita a duplicação, além de aprimorar os benefícios da produção em escala.

Defensores de uma perspectiva mais nacionalista econômica sustentam que proteger a Base Industrial de Defesa (DIB), por meio de subsídios e barreiras à entrada, como já mencionado, criaria empregos, promoveria avanços científicos importantes, geraria alta tecnologia, contribuiria para a balança de pagamentos e geraria *spin-offs* para a economia civil[73]. Os *spin-offs* versus efeito de desvio é especialmente importante para justificar altos gastos militares, além de questões de segurança. Enquanto defensores do argumento de que os gastos com defesa geram externalidades negativas, desviando recursos de programas geradores de tecnologia para o mercado civil[74] (ou mesmo investindo em saúde, educação, entre outros), alguns autores argumentam que a competição na defesa aprimoraria a inovação:

> Para muitos observadores, a explicação óbvia para a dominação dos EUA nos mercados de alta tecnologia no período pós-Segunda Guerra Mundial foi a subsidiação cruzada de sua tecnologia civil por investimentos em P&D militar. Design de aeronaves, tecnologia espacial, energia nuclear e eletrônicos de Estado sólido são exemplos de áreas que se beneficiaram de gastos militares em larga escala, seja para P&D, aquisição ou ambos (Reppy, 2000, p. 9).

De qualquer forma, os argumentos da discussão mencionada podem ser identificados com dois extremos: a escolha de um país de abrir completamente o mercado de defesa ou de adquirir todo o equipamento e tecnologia domesticamente. Entre eles, várias possibilidades surgem. A colaboração na indústria de defesa não será naturalmente alcançada entre concorrentes e, assim, o debate gira em torno de alianças e parcerias. Dentro da Organização do Tratado do Atlântico Norte (OTAN), por exemplo, um caso de uma aliança relativamente sólida e duradoura, propostas de uma área de livre comércio entre todos os seus membros, um subconjunto de seus membros ou regiões específicas são comumente discutidas (Hartley, 1995). Opções mais radicais, como um escritório de aquisições centralizado "compras de equipamento comum oferecem as maiores economias de custo, mas, politicamente, é a mais difícil de implementar" (Hartley, 1995, p. 468). Além disso, existem diferentes possibilidades de decidir quais equipamentos podem

---

[73] Para uma boa avaliação do comércio internacional de defesa e seus impactos nas economias nacionais, ver Fontanel (1995).

[74] O Ministério do Comércio Internacional e Indústria do Japão (MITI) foi um exemplo de investimento direto em tecnologia civil.

ser liberalizados. Equipamentos estratégicos, como sistemas nucleares, podem ser excluídos da área de livre comércio, por exemplo. Em relação a projetos de defesa de larga escala, especialistas como Moravcsik (1990) e Hartley e Sandler (1990) afirmam que a colaboração pode ser alcançada apenas por meio do *just retour* ou da competição. "Escolhas são necessárias sobre o tipo de equipamento a ser adquirido, o papel da competição e a extensão do mercado no processo de seleção, a escolha do contratante e o tipo de contrato" (Hartley, 1995, p. 468).

Independentemente dos argumentos mencionados, que são principalmente proposições normativas, os Estados — especialmente grandes potências que enfrentam um cenário de intensa competição internacional, como os Estados Unidos — geralmente preferem a produção interna de equipamentos de defesa. Além das principais questões de ameaças externa, a questão de possíveis colaborações, mesmo entre parceiros sólidos, pode ser explicada por variáveis domésticas. Os tomadores de decisão de alto nível serão confrontados com interesses burocráticos e de contratantes. Especialmente em projetos de defesa de larga escala, como foi extensivamente argumentado no capítulo anterior, burocracias e grupos de interesse defenderão o monopólio de informação e tecnologia, maximização do orçamento, prestígio, entre outros. Os políticos estarão preocupados com seus eleitores, uma vez que as empresas de defesa geram um grande número de empregos e receitas. Como resultado:

> [...] as forças armadas, burocracias, empreiteiros e cientistas de cada nação parceira insistirão em impor seus requisitos, ideias e aspirações técnicas. A negociação é inevitável. No início do programa, as forças armadas de cada nação parceira insistirão em seus requisitos operacionais; as empresas competirão pela liderança do projeto; e os cientistas de cada país exigirão estar envolvidos nos avanços técnicos mais empolgantes" (Hartley, 1995, p. 475).

Este capítulo até agora tentou abordar as principais questões relacionadas à produção de meios militares. Para fazer isso, o conceito de DIB foi introduzido, juntamente com suas principais características no caso dos EUA. Observou-se que eficiência, questões de aquisição e incentivos impõem desafios a BID, e *trade-offs* se apresentam, especialmente no caso de projetos inovadores de larga escala. Tecnologia sensível, competição interestadual, incerteza em relação ao futuro do projeto, interesses paroquiais e burocráticos são algumas das características que complicam ainda mais a tomada de decisão. O alcance de projetos em larga escala aumenta sua importância política e econômica, pois se tornam pilares da estratégia de mobilização e alocação de recursos e seu sucesso ou fracasso tem um grande peso no futuro do país. Todos os problemas econômicos apresentados até agora podem afetar, de uma forma ou de outra, os esforços de inovação. Neste ponto, o presente estudo sustentará hipóteses que abordam o sucesso ou fracasso de projetos em larga escala do ponto de vista econômico e tecnológico.

3.5 O que afeta esforços inovadores de larga escala?

Custos e cronograma estão no cerne do sucesso e fracasso de projetos em grande escala. As questões econômicas e políticas abordadas neste capítulo, como eficiência, impactos negativos e positivos dos gastos com defesa, nacionalização ou internacionalização do DIB, incentivos à inovação e a aquisições, entre outros, devem ser considerados pelos tomadores de decisão ao lidar com decisões futuras relacionadas a esforços tecnológicos e alocação de recursos no setor de defesa. Em um mercado monopsônico, as decisões do comprador único serão expressas nas variações da curva de demanda. A resposta do governo, revelada por mudanças na demanda, define ultimamente o presente e o futuro do programa. Diferentes variáveis afetam a demanda governamental, que pode ser revelada pela elasticidade da demanda em relação a projetos ao longo das diferentes fases de seu desenvolvimento e entrega.

Junto com o desenvolvimento de um projeto em grande escala, novas informações são disponibilizadas para os tomadores de decisão. Mudanças no caráter ou nível de ameaças externas, questões técnicas do projeto, incluindo sua viabilidade tecnológica, e possíveis substitutos disponíveis podem afetar as decisões no Capitólio (Congresso dos EUA) e no Departamento de Defesa (DoD), em relação às revisões da demanda. Ao longo desse processo, interesses burocráticos e paroquiais também pressionarão por revisões na curva de demanda[75]. O governo pode alterar os requisitos, a quantidade e, em última instância, cancelar um projeto em grande escala.

O sucesso de um programa, entendido como o cumprimento de seus objetivos iniciais, será representado na elasticidade da demanda do governo em relação às suas aquisições, por meio das sucessivas revisões da

---

[75] Scherer (1964, p. 54-53) sugere que até mesmo sistemas que não possuem substitutos técnicos ou operacionais óbvios são "ameaçados" por sistemas rivais na competição burocrática por apoio orçamentário. No início da década de 1960, por exemplo, de acordo com Watts (2008), os mísseis Polaris (ofensivos) e os programas de defesa antimísseis Nike Zeus eram considerados como substitutos, na prática, por altos funcionários do Departamento de Defesa (DoD).

curva de demanda (identificadas no cronograma de apropriação). Este livro argumenta que a viabilidade tecnológica é determinante e, portanto, não pode ser deixada de fora de uma explicação sobre o sucesso ou fracasso de um projeto de defesa em grande escala. Uma variável *proxy* para medir a viabilidade tecnológica, que é difícil de ser isolada em um cenário *ex ante*, pode ser observada ao analisar as revisões da curva de demanda ao longo do desenvolvimento do projeto. As revisões da curva de demanda incorporam o aspecto da viabilidade tecnológica do projeto. Juntamente com as variáveis políticas domésticas e ameaças externas, observar a viabilidade tecnológica pode proporcionar uma explicação sólida para o resultado de projetos de defesa em grande escala. No entanto, isso não significa que outros fatores importantes, alguns dos quais já foram discutidos aqui, não possam afetar a elasticidade da demanda. No entanto, como já foi argumentado, devido à natureza sistêmica complexa da inovação, um grau de arbitrariedade na escolha de variáveis a serem testadas é inevitável.

3.6 O que esperar?

Não é objetivo deste livro esgotar todas as hipóteses apresentadas pelas questões da economia da defesa relacionadas a projetos de defesa de larga escala, aquisição, colaboração internacional, eficiência e eficácia, uma vez que, como foi demonstrado, os estudos desses temas estão longe de ser consensuais na disciplina de Economia de Defesa e seria improdutivo tentar testar todas as principais ideias que a literatura oferece. No entanto, algumas premissas delineadas aqui devem ser observadas empiricamente nos estudos comparativos de projetos de grande escala.

Em relação aos parâmetros de sucesso, embora as posições dos participantes também sejam motivadas pela otimização de custos, a busca pela eficiência econômica estará subordinada à estratégia e à eficácia (entendida como o engajamento de meios militares). Quanto às características do DIB dos EUA, tanto no lado da oferta quanto no lado da demanda, espera-se que os gastos com defesa sejam ineficientes em termos da teoria econômica, dado que o risco subjacente da inovação em defesa e a priorização da segurança exigirem garantias para atores que impactam negativamente a competição e a conversão. Em referência ao Capítulo 2 e aos conflitos burocráticos e interagências discutidos, é esperada a disputa entre os atores e o paroquialismo, que reduzirá a eficiência econômica em questões de aquisição, distribuição de recursos e, por fim, em todos os aspectos tecnológicos. Finalmente, uma vez que a inovação é sistêmica e inerentemente incerta, para ter sucesso, os atores terão que coordenar esforços para compartilhar o ônus das etapas iniciais, como P&D e acordos contratuais.

O avanço tecnológico em um ambiente competitivo entre Estados pode favorecer o nacionalismo econômico em defesa, especialmente em relação a componentes críticos da fronteira inovadora. Defensores do nacionalismo econômico tentarão aumentar seu poder de barganha argumentando em termos de preocupações com a segurança. Consequentemente, pode-se esperar cooperação entre aliados, mas a liberalização econômica internacional na área de defesa estará subordinada a preocupações estratégicas nacionais.

Apesar das importantes inferências e conclusões delineadas neste capítulo em relação à Economia de Defesa, uma condição *sine qua non* para o sucesso ou fracasso de projetos de defesa de grande escala[76] é sua viabilidade tecnológica. Enquanto existem *trade-offs* em quase todas as questões econômicas discutidas, a mera possibilidade de produção ou, em outras palavras, o imperativo material continua sendo o aspecto crucial para projetos inovadores em grande escala. À medida que os recursos são dedicados à pesquisa e ao desenvolvimento do sistema, informações sobre o verdadeiro custo de aquisição do sistema são geradas e o grau de incerteza tecnológica é reduzido. Para testar a relação entre a variável inovadora de viabilidade tecnológica e a variável dependente (sucesso ou fracasso de projetos de defesa inovadores de grande escala), a principal hipótese deste capítulo é:

Hipótese principal: para medir de maneira aproximada a viabilidade tecnológica, assume-se que, ao longo do projeto, entre t1 e t2, por exemplo, a variação da demanda entre o custo inicial projetado do projeto e o custo real de aquisição, e a diferença entre o cronograma projetado e o cronograma real fornece, entre outros, uma aproximação da viabilidade tecnológica do projeto. Assim, revisões de cronograma e custo devem ser analisadas como uma variável de *proxy* para determinar a viabilidade tecnológica de um projeto. A viabilidade tecnológica deve ser analisada por meio da investigação empírica do desenvolvimento do projeto. Juntamente com modificações de custo e cronograma, a persistente contestação dos desafios técnicos apresentados por especialistas e atores interessados no projeto também são indicadores

---

[76] Definido anteriormente nesta obra como o cumprimento relativo dos propósitos iniciais do projeto, um alto grau de sucesso de um projeto de defesa em larga escala é compreendido aqui como um cenário em que a produção atinge seu objetivo inicial. O fracasso é entendido como um baixo alcance em comparação com os objetivos iniciais do projeto e, no limite, a cancelamento do projeto.

da viabilidade tecnológica do projeto. Argumenta-se que o rastreamento desses indicadores pode fornecer uma avaliação aproximada — uma vez que não há uma medição precisa disponível — da questão da viabilidade tecnológica. Nesse sentido, os projetos são analisados desde a conceituação até o desenvolvimento, teste e aquisição do produto inovador resultante do projeto ou seu abandono durante o processo. *Ex ante*, um projeto inovador envolve riscos de viabilidade tecnológica. Ao longo de seu desenvolvimento, pode se mostrar viável ou desafios persistentes e dúvidas em torno do projeto o enfraqueçam. No limite, demonstra-se ser totalmente viável ou inviável. Como isso afeta o projeto, no entanto, argumenta-se aqui, é que, mesmo que no final, ele se prove tecnologicamente viável, a viabilidade tecnológica durante o desenvolvimento impacta o resultado ao ponto de ser cancelado ou modificado significativamente em relação aos seus objetivos iniciais.

As conclusões delineadas nesta seção servirão como guia para a investigação empírica e serão testadas, principalmente por meio de uma reconstrução histórica observável, concentrando-se especialmente nos indicadores que fornecem uma variável *proxy* de viabilidade tecnológica. O próximo capítulo se concentrará no processo. O processo orçamentário e aquisição revelarão os problemas delineados neste e nos dois capítulos anteriores, pois na "arena" do orçamento, ameaça externa, disputas domésticas, questões tecnológicas e de eficácia aparecerão na forma de interesses conflitantes e argumentos pelos jogadores. Compreender o processo, portanto, é essencial para a análise.

CAPÍTULO 4

O CERNE DA DISPUTA: ORÇAMENTO

> *As vitórias e derrotas, os compromissos e as negociações, os domínios de concordância e as esferas de conflito em relação ao papel do governo nacional em nossa sociedade se manifestam no orçamento. No sentido mais integral, o orçamento repousa no cerne do processo político.*
>
> (Wildavsky, 1964, p. 5)

Visando construir um framework teórico para análise da política de defesa, argumenta-se, neste livro, que se pode operar e derivar variáveis e hipóteses a partir da estrutura, dos atores, dos processos e dos temas. O Capítulo 1 abordou a estrutura do Sistema Internacional e a variável da ameaça externa. O Capítulo 2 sustentou hipóteses ao analisar os principais atores na tomada de decisão em defesa. Quanto ao Capítulo 3, a estrutura econômica de uma nação em um determinado período — e em termos mais abstratos e generalizáveis — foi estudada. As questões relacionadas à economia da defesa são complexas e envolvem *trade-offs* e debates contínuos. No entanto, dada a natureza sistêmica da inovação e a variedade de atores envolvidos nos processos econômicos subjacentes a projetos de grande porte de defesa, foi sugerida uma variável *proxy*, juntamente com uma hipótese principal e auxiliar, a fim de desenvolver o referencial teórico, que será confrontado com o objeto empírico.

Além dos processos econômicos mais gerais e em relação à questão de projetos de grande porte em defesa, um processo mais específico e essencial se apresenta — o orçamento. No orçamento, a estrutura e os principais atores aparecem de uma maneira em que seu papel pode ser inferido. Além disso, *trade-offs* econômicos, considerações estratégicas e táticas podem ser observadas de maneira mais objetiva nos argumentos e no processo de tomada de decisão.

Não há política sem mobilização e alocação de recursos. Alcançar objetivos políticos por meio da política de segurança nacional sem um orçamento correspondente é meramente retórica política (Adams; Williams,

2010). Segundo Adams e Williams (2010, p. 222), "Analistas da formulação de políticas de segurança nacional raramente adentram na política do processo orçamentário". Para analisar a política orçamentária, seus muitos atores e a interação entre eles, o processo formal e suas regulamentações são imperativos para entender a estratégia nacional, especialmente quando as decisões não parecem "racionais".

Além de revisar a importância de alguns atores, como foi feito no Capítulo 2, o objetivo deste capítulo é apresentar o processo de tomada de decisão de maneira organizada e esquemática. Para alcançar esse objetivo, a legislação, o papel do Congresso e das comissões e a estrutura de tomada de decisões do Departamento de Defesa serão delineados. É importante destacar que este capítulo é principalmente descritivo e conta quase exclusivamente com a literatura existente, que já se dedicou a organizar o processo de elaboração do orçamento em si. Portanto, este é um capítulo transitório entre as discussões teóricas realizadas nos capítulos anteriores e a análise de casos comparativos subsequente. O objetivo aqui é fornecer uma conexão entre estrutura, atores, processo e questão. Isso tornará mais claro rastrear os projetos de grande porte analisados neste livro, especialmente em relação ao seu ciclo de vida, etapas importantes e documentos a serem observados ao estudar os casos empíricos.

4.1 O orçamento e algumas questões teóricas

Nos Estados Unidos, o planejamento e análise orçamentária derivam dos estudos de políticas públicas. Em termos simples, a política pública é o canal por meio do qual o governo age, e o orçamento é a função do governo que mobiliza recursos e os aloca para realizar os efeitos dessas ações. Argumenta-se aqui que explicar o processo que está no cerne de projetos de defesa de larga escala, aliado a algumas definições de políticas públicas, uma análise mais ampla do governo federal dos Estados Unidos e do processo específico de elaboração do orçamento de defesa é uma transição teórica/empírica útil para analisar os estudos de caso de maneira comparativa. No entanto, o caráter descritivo das políticas públicas e legislação, se alguém visa explicar a tomada de decisões, deve ser aliado a teorias como o referencial apresentado nos Capítulos 2 e 3. As questões econômicas levantadas no capítulo anterior subjazem todas as discussões orçamentárias também.

Nas décadas de 1970 e 1980, acadêmicos desenvolveram o modelo de estágios para explicar e avaliar políticas públicas (Jones, 1970; Anderson,

1975; Brewer; De Leon, 1983). O modelo de estágios consiste em cinco etapas de políticas públicas: i) definição de agenda, ii) formulação, iii) legitimação, iv) implementação e v) avaliação[77]. Quanto à definição de agenda e à formulação, a informação e a priorização de certas questões sociais são os fatores-chave. Os atores e processos capazes de definir a agenda podem ser vistos por uma abordagem elitista, um viés mais pluralista (que envolveria maior participação da sociedade e da mídia, por exemplo) ou um ponto de vista centrado no governo, no qual burocracias e políticas centradas no Estado têm posição privilegiada para agir independente de grupos de pressão. A formulação também pode ser mais aberta ou mais fechada dentro do governo, embora as alternativas políticas muitas vezes envolvam amplos debates na sociedade, pois precisam demonstrar eficiência e eficácia em relação a considerações orçamentárias e morais importantes. A legitimação deriva da divisão de poder intrínseca às sociedades democráticas, onde regras e verificações entre os três poderes afetarão as políticas públicas e suas possíveis restrições. A implementação diz respeito à política real *versus* o modelo projetado, com fatores como o horizonte temporal ou o fluxo de informações entre os vários atores envolvidos na implementação podendo alterar substancialmente os resultados da política pretendida (Peters, 2013). Finalmente, a avaliação analisa a eficácia e eficiência da política, o que pode ser complicado, uma vez que as questões sociais são multivariáveis e a causalidade é difícil de identificar.

Outros modelos relacionados à política pública em geral e, por consequência, à elaboração do orçamento são: i) Incrementalismo; ii) limitações racionais; iii) Equilíbrio Pontuado; iv) Modelo da Coalizão de Advocacia; v) modelo de Trafegar Por Aí; e vi) Institucionalismo[78].

No entanto, especialmente importante para a discussão do orçamento de defesa é o Incrementalismo. Proposto por Aeron Wildavsky (1964), o Incrementalismo defende que em nações ricas com economias estáveis e receitas governamentais, o orçamento atual é um pequeno valor maior ou menor que o ano anterior. Estudos empíricos sustentam a hipótese. Jones e Baumgartner (1993) argumentam que a análise de Wildavsky prevalece na maioria das vezes, mas é interrompida por eventos externos ou internos dramáticos. No caso da defesa, as guerras são o exemplo intuitivo dessa hipótese. Importante para este livro é a hipótese de Demarest (2017), que sustenta que o Incrementalismo não se aplica no caso de componentes

---

[77] Para uma análise detalhada do modelo, ver Candreva (2017).
[78] Ver Candreva (2017), Hayes (2015), Demarest (2017), Simon (1965), Baumgartner e Jones (1993), Sabatier e Jenkins-Smith (1993) e Miner (2006).

orçamentários individuais ou, mais especificamente, em seu estudo, programas de defesa individuais:

> Contrariamente às expectativas, os resultados orçamentários são frequentemente voláteis e imprevisíveis no nível do programa individual. Comitês autorizadores e apropriadores do Congresso modificam significativamente o pedido de financiamento do Exército para uma grande proporção de programas. Os resultados orçamentários no nível do programa não podem ser atribuídos a um único fator explicativo, mas são resultado de uma combinação das características técnicas do programa, ações tomadas pela indústria de defesa e considerações políticas tradicionais. A capacidade do Exército de gerenciar o financiamento do programa e influenciar esses poderosos fatores ao interagir com membros do Congresso e funcionários de comissões profissionais está relacionada à qualidade de sua interação [...] resultados orçamentários confiáveis podem ser mais prováveis quando o Exército solicita ajustes incrementais no financiamento de programas existentes" (Demarest, 2017, p. 2). [...] O financiamento do programa é marcadamente não incremental e não está confinado a um subconjunto específico ou consistente de programas. O financiamento de programas individuais flutua consideravelmente à medida que batalhas políticas e programáticas são vencidas e perdidas, contrariamente ao retrato convencional de um orçamento imutável (Demarest, 2017, p. 12).

Dada a importância da teoria de Demarest para projetos de defesa de larga escala, o diálogo com suas premissas é indispensável nos capítulos subsequentes, dedicados aos casos empíricos comparativos. A hipótese de Demarest tem uma forte ligação com a Teoria do Equilíbrio Pontuado, discutida no Capítulo 2. Os autores que trabalham nesse referencial tentaram produzir um modelo de elaboração orçamentária nacional (Jones; Baumgartber; True, 1995, 1996, 1998, 2000; True, 1995, 2000; Jones; Sulkin; Larsen, 2003; Jones; Baumgartner, 2005). O trabalho de Demarest e tanto a ACF quanto a Teoria do Equilíbrio Pontuado partem do Incrementalismo, reconhecendo seus méritos na explicação da inércia e solidez empírica na maioria das vezes, embora tentem explicar mudanças significativas refletidas no orçamento. Para Jones e Braumgartner (2011), o modelo *agente-based* para a formulação de políticas e o *shift model of decision-making*[79] produzem juntos um padrão de oscilações e equilíbrios nos processos orçamentários.

---

[79] Ver Braumgartner (2011).

Outros autores já investigaram extensivamente o assunto[80]. De acordo com John Padgett (1980, 1981), há "a ocorrência ocasional de mudanças muito radicais" (Padgett, 1980, p. 366). Thurmaier (1995) sugeriu que os tomadores de decisão mudam de cálculos econômicos para políticos após serem abastecidos com novas informações e, assim, ocorrem oscilações no orçamento. Jones e Braumgartner (2011, p. 168-169) argumentam que:

> Porque esperamos que a dinâmica da tomada de decisões orçamentárias ocorra em todos os níveis, nós hipotetizamos invariância de escala. Ou seja, esperamos que a distribuição subjacente e não normal das mudanças anuais seja evidente em todos os níveis de agregação (programa, função, subfunção e agência [...] Ou seja, esperamos que subfunções sejam mais leptocúrticas do que funções, e funções sejam mais leptocúrticas do que agregações mais altas.

Isso é consistente com as primeiras descobertas na literatura:

> [...] embora seja basicamente incremental, o processo orçamentário responde às necessidades da economia e da sociedade, mas apenas depois que pressão suficiente se acumulou para causar mudanças abruptas precipitadas por esses eventos (Davis; Dempster; Wildavsky, 1964, p. 427).

A Teoria do Equilíbrio Pontuado também reconhece que

> [...] ainda assim, a política do subsistema e a regularidade burocrática das apresentações orçamentárias anuais constituem forças endógenas que favorecem a continuidade do mesmo desenho de decisão (Jones; Baumgartner, 2011).

No entanto, o maior nível de variação no nível do projeto e o gráfico esperado leptocúrtico, se a teoria se sustentar, serão evidentes nos capítulos subsequentes, conferindo à Teoria do Equilíbrio Pontuado uma grande importância para a investigação proposta aqui.

---

[80] Ver Ostrom (1978), Kamlet e Mowery (1987), Kiewiet e Mccubbins (1999), Su, Kamlet e Mowery (1993), Kiel e Elliott (1992), Mandelbrot (1963), Padgett (1980), Midlarsky (1988), Bak e Chen (1991) e Peters (1991). Para investigações sobre pontuações orçamentárias aplicadas a outros países, consulte para o Reino Unido, Dinamarca, Alemanha, França e Bélgica, respectivamente: i) John e Margetts (2003) e Soroka, Wlezien e Mclean (2006); ii) Breunig (2006) e Mortensen (2005); iii) Breunig (2006); iv) Baumgartner, François e Foucault (2006); e v) Walgrave, Verone e Dumont (2005).

Embora haja diferentes proposições e pressupostos ontológicos das fontes de oscilações orçamentárias, a literatura citada tenta explicar sua ocorrência. Os autores baseiam seus desenvolvimentos no conceito de racionalidade limitada de Simon para explicar a prevalência do Incrementalismo e, em alguns casos, a atenção dada a necessidades específicas que exigem mudanças radicais. Este livro, ao tentar explicar projetos inovadores em grande escala, adere aos estudos que sugerem que o orçamento pontua em todos os níveis (por exemplo, projeto, subfunção). Jones e Braumgartner (2011) afirmam que o orçamento é um processo estocástico e é extremamente difícil especificar uma ligação causal precisa entre todas as variáveis que produzem mudanças no orçamento. No entanto, isso não é o caso com quase todos os assuntos políticos? O orçamento geral histórico da defesa se correlaciona fortemente com ameaças externas e a distribuição de poder, fornecendo evidências sólidas pela literatura apresentada no Capítulo 1, que argumentou que os Estados mobilizam e constroem capacidades de acordo com ameaças externas. Embora o orçamento geral da defesa possa ser explicado em grande parte pelas ameaças externas, o modelo sugerido aqui, de acordo com Demarest (2017), é que fatores políticos domésticos e a estrutura de desenvolvimento econômico-tecnológico (estrutura desenvolvida nos dois capítulos anteriores) podem explicar as flutuações orçamentárias em programas de defesa de larga escala de maneira precisa.

Neste capítulo, será delineado um processo detalhado em relação ao orçamento, com ênfase em aspectos organizacionais e processos envolvendo seus principais atores. No entanto, alguns conceitos simples são úteis neste momento para esclarecer o processo do orçamento federal dos Estados Unidos.

A legislação obrigatória não requer apropriação ou autorização anual, e alguns exemplos incluem Medicare, Seguro Social e Juros da Dívida nacional. Quanto aos gastos discricionários, o montante é revisado e requer revisão anual. Candreva (2017) destaca que os programas obrigatórios cresceram em relação aos gastos discricionários. No ano fiscal (FY) de 2017, por exemplo, os gastos obrigatórios representaram 70% do total do orçamento federal. Para que os orçamentos estejam em um nível razoável de estabilidade ou ocorra um excedente, o governo deve contar principalmente com receitas na forma de impostos individuais e corporativos, títulos do tesouro emitidos, notas, títulos, entre outros, que idealmente seriam maiores do que os gastos do governo — de acordo com Candreva (2017), houve apenas 4 pouquíssimos orçamentos superavitários nas últimas décadas.

Como será detalhado posteriormente, o Congresso aprova dois projetos de lei (leis de autorização e apropriação) a cada ano fiscal. O comitê de apropriação é subdividido em 12 subcomitês, cada um dedicado a uma conta importante do orçamento. No entanto, no caso da defesa, por exemplo, essa estrutura do comitê pode ser decomposta, para fins de análise, em títulos de apropriação. O orçamento de defesa é apropriado em seis títulos: i) pessoal militar; ii) operação e manutenção (O&M); iii) aquisição; iv) P&D, v) construção militar e habitação familiar; e vi) outros. Alguns aspectos da legislação e do processo de elaboração do orçamento serão delineados posteriormente para uma melhor colocação de projetos de defesa de larga escala no processo geral de apropriação.

4.2 Processo e legislação orçamentários

Constitucionalmente, o legislativo é responsável pelas decisões relacionadas a impostos e gastos. O executivo, por sua vez, tem autoridade de veto sobre projetos de lei de apropriação, os quais só podem ser anulados por uma maioria de dois terços no Congresso. No entanto, historicamente, a legislação evoluiu em questões orçamentárias.

Quadro 4.1 – Legislação orçamentária

Budget and Accounting Act of 1921 (P.L 67-13) estabeleceu o quadro para o moderno processo orçamentário do Poder Executivo. Ela consolidou o poder orçamentário no escritório executivo do presidente, realizando o seguinte:
- Criando um sistema orçamentário nacional
- Criando o Bureau do Orçamento (atualmente o Escritório de Administração e Orçamento)
- Exigindo que o Presidente envie anualmente ao Congresso um orçamento consolidado para o governo federal

Para equilibrar o aumento do poder executivo, o Congresso também criou um órgão central de auditoria alinhado organizacionalmente com o legislativo: o General Accounting Office (GAO), agora conhecido como Government Accountability Office.

Congressional Budget and Impoundment Control Act of 1974 governa o papel do Congresso no processo orçamentário dos EUA. Essa legislação concedeu mais poder orçamentário ao Congresso, realizando o seguinte:
- Criando o Escritório de Orçamento do Congresso
- Criando Comitês Orçamentários em cada casa
- Criando os processos de Resolução Orçamentária e Conciliação Orçamentária
- Adicionando tempo para ação congressual ao deslocar o ano fiscal em três meses
- Removendo o poder presidencial de bloqueio e substituindo-o por um mecanismo no qual o presidente pode solicitar a revogação de dotações

Balanced Budget and Emergency Deficit Control Act de 1985 (Gramm-Rudman-Hollings I), **Balanced Budget and Emergency Deficit Control Reaffirmation Act de 1987** (Gramm-Rudman-Hollings II), **Budget Enforcement Act de 1990, Balanced Budget Act of 1997, Deficit Reduction Act de 2005, Budget Control Act de 2011, Bipartisan Budget Acts de 2013 e 2015-** todas essas foram medidas que buscaram minimizar os déficits orçamentários por meio de uma variedade de mecanismos, como limites de gastos, rescisões automáticas, sequestro, disposições de pagamento conforme o andamento, etc...

Fonte: Candreva (2017, p. 94)

Até a presente data, o processo orçamentário federal é regulamentado pela legislação mencionada anteriormente. Antes de adentrar nas especificidades do processo de tomada de decisão do orçamento de defesa e seus atores, é pertinente para este estudo analisar o processo orçamentário federal de forma mais geral. O orçamento nos Estados Unidos é dividido em quatro fases: i) formulação; ii) promulgação legislativa; iii) execução orçamentária executiva; e iv) relatórios, auditorias e avaliações[81].

Primeiramente, o Poder Executivo formula o orçamento em colaboração com o Escritório de Administração e Orçamento (OMB) por meio de sua Circular A-11 (Preparação, Apresentação e Execução do Orçamento) e os diferentes departamentos que compõem o executivo, com o objetivo de alinhá-los às prioridades do governo, políticas fiscais e monetárias e em conformidade com a A-11. Geralmente, esse processo, assim como os outros, ocorre simultaneamente e antecede o ano fiscal em vigor, dada a complexidade e as controvérsias que podem surgir. Disputas são resolvidas pelo presidente, que apresenta seu orçamento na primeira segunda-feira de fevereiro de cada ano. Não é por acaso que o famoso *"State of the Nation Adress"* geralmente é proferido algumas semanas antes.

Em segundo lugar, o Congresso pode aceitar e aprovar, rejeitar a proposta como um todo ou modificar partes dela. O Congresso conta com agências de apoio, como o Congress Budget Office (CBO) e a Biblioteca do Congresso, que fornecem relatórios sobre os programas e seus impactos, bem como a situação econômica em geral, fornecendo aos comitês informações importantes. O Escritório de Prestação de Contas do Governo (GAO) prepara avaliações de programas, dando recomendações para melhorias. Em relação ao orçamento, o Congresso atua por meio de três comitês: i) Comitês de Orçamento da Câmara e do Senado, ii) Comitês de Autorização e iii) Comitês de Apropriação. Os Comitês da Câmara e do Senado realizam audiências, examinam as consequências econômicas, debatem e votam o orçamento em plenário. Por exemplo, os House and Senate Armed Service Commitees (HASC e SASC) oferecem perspectivas e estimativas sobre as propostas de defesa do orçamento (Candreva, 2017). O trabalho dos comitês de orçamento, no entanto, não tem status de lei. Quanto aos Comitês de Autorização, eles são responsáveis por supervisionar e controlar o poder executivo, com jurisdição concedida de acordo com a categoria. A HASC e SASC têm jurisdição sobre "o orçamento da Defesa Nacional em geral, incluindo atividades nucleares do DoD e do Departamento de Energia (DoE) e o sistema de serviço seletivo" (Adams; Williams, 2010, p. 202). Os comitês de autorização aprovam dotações para os programas na lei, incluindo programas individuais; eles permitem que existam (Candreva, 2017).

---

[81] Para uma análise mais detalhada, ver Candreva (2017) e Adams e Williams (2010).

> Todos os principais programas de aquisição e suas quantidades específicas são autorizados, assim como níveis de força, aumentos salariais e benefícios, a criação, modificação ou dissolução de estruturas de comando, o (des) estabelecimento de bases militares, os limites de autoridade entre agências parceiras (por exemplo, DoD, Departamento de Segurança Interna, Agência Central de Inteligência) e mais (Candreva, 2017, p. 103).

Os comitês de autorização produzem projetos de lei, que, após a votação de ambas as câmaras, vão para a Casa Branca para assinatura, tornando-se lei. Fundamental para o processo orçamentário na promulgação legislativa é a fase de apropriação realizada pelo Comitê de Apropriação do Senado (SAC) e o Comitê de Apropriação da Câmara (HAC). Esses comitês são divididos em 12 subcomitês e são responsáveis por elaborar os projetos de lei de apropriação discricionária. A Defesa tem seu próprio subcomitê, embora outros subcomitês, como Homeland Security e Military Construction, Veteran Affairs and Related Agencies, assim como aqueles relacionados à energia e operações estrangeiras, inevitavelmente afetem a tomada de decisões e planos de defesa. O presidente do Comitê de Apropriações possui ampla autoridade para alocar recursos entre os subcomitês, que elaborarão cada um projeto de lei e o apresentarão ao comitê como um todo. Após a aprovação em ambas as casas, de preferência antes de 1º de outubro, início do ano fiscal, o projeto de lei vai para o presidente ser assinado.

Normalmente, os projetos de lei de apropriação não são aprovados a tempo para o início do próximo ano fiscal. Além disso, os projetos de lei de autorização se sobrepõem ao período de tempo ideal para o processo orçamentário do Congresso (Saturno; Tollestrup, 2016). Nesse caso, para que o governo continue funcionando, o Congresso autoriza dotações temporárias ou resoluções contínuas (CRs). Como as CRs têm um prazo previamente determinado, mesmo que outras possam ser emitidas, os departamentos têm que planejar seus orçamentos adequadamente. Importante para a discussão apresentada aqui é que nenhum programa novo pode ser iniciado sob uma CR, e programas que estavam programados para encerrar são obrigados a continuar. Em projetos de defesa, isso é uma grande limitação, devido ao desejo frequente de novos contratos ou de passar programas para a próxima fase (Candreva, 2017). Quanto à terceira fase mencionada anteriormente — execução orçamentária executiva —, o Congresso supervisiona o orçamento para garantir que os projetos de lei promulgados sejam integralmente cumpridos. Nesse sentido, o Congresso pode "retirar" de um departamento, por exemplo, fundos de aquisições na defesa podem ser retidos aguardando seu avanço para a próxima fase (e.g., *milestone* de produção), de acordo com o escrutínio do Congresso.

Figura 4.2 – O Processo orçamentário (ano fiscal)

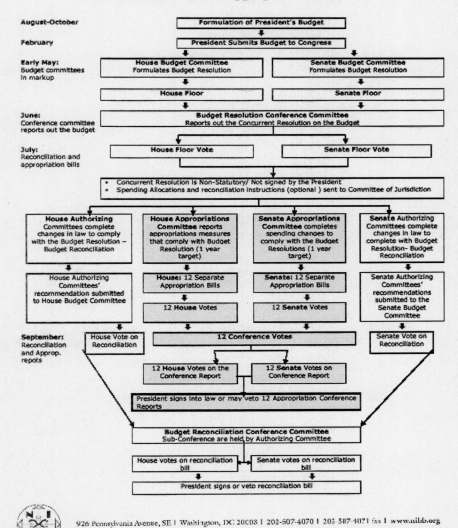

Fonte: NHIB (2018)

Normalmente, no caso de operações militares de contingência, elas são financiadas pela quantia já apropriada. Em casos extraordinários, o DoD pode apresentar uma solicitação de apropriação suplementar ao Congresso. Como mencionado, a quarta fase do processo orçamentário federal — Relatórios, Auditorias e Avaliação — também trata do Congresso garantindo que suas leis sejam fielmente executadas. Nesse sentido, o GAO, como agência central de auditoria do governo federal, supervisiona o recebimento e a aplicação de fundos públicos. Além disso, o OMB avalia o desempenho, as práticas de aquisição, a gestão financeira, a tecnologia da informação, entre outros. A auditoria é dividida entre auditoria financeira, auditoria de desempenho e auditoria de conformidade (Candreva, 2017). No tópico seguinte, serão destacadas as especificidades dos atores envolvidos no orçamento de defesa.

É importante ressaltar que o DoD tem uma estrutura para dialogar com o Congresso ao longo do ano fiscal. No caso do Exército, por exemplo, uma Chief, Legislative, Liason (OCLL), chefiada por um general de duas estrelas e uma equipe substancial, mantém interação constante com o HASC e o SASC, além de discussões sobre autorizações de programas de aquisição do Exército (Demarest, 2017). Outros atores importantes, como o OMB, o CBO e a equipe do Secretário de Defesa, também interagem com o Congresso, como será demonstrado na próxima seção.

4.3 O papel do DoD na Tomada de Decisão

O DoD é, de longe, o maior Departamento do governo federal dos EUA. Até 2010, já contava com 1,4 milhão de pessoal em serviço ativo, 850.000 membros pagos da Guarda Nacional e Reserva e 700.000 funcionários civis (Adams; Williams, 2010). Em decorrência de sua complexidade, sua organização interna e processos de planejamento precisam ser meticulosos. Para garantir o controle civil sobre o militar, o secretário de Defesa Robert McNamara introduziu o Sistema de Planejamento, Programação e Orçamento (PPBS) durante a década de 1960.

Basicamente, o sistema PPBS tinha como objetivo fornecer direção política civil para a alocação de recursos militares e, por consequência, para a estratégia. Na fase de planejamento, os serviços desenvolvem os programas e os submetem para revisão feita pelo Secretário de Defesa (OSD). O OSD programa as direções de defesa, ajustando possíveis problemas, a fim de sintonizá-las com o pedido de orçamento ao Congresso. Na Lei Goldwater-Nichols de 1986, o PPBS foi modificado, introduzindo mais voz ao *Joint*

Chief of Staff (JCS). Em 2003, foi renomeado para processo de Planejamento, Programação, Orçamento e Execução (PPBE). Além disso, a Quadrienal Defense Review (QDR) foi obrigada a ser enviada ao Congresso no início de cada mandato presidencial a partir de 1996[82].

Componentes do DoD, como os serviços armados e agências, participam do PPBE. Eles elaboram rascunhos de suas preferências para o desenvolvimento da Memorando de Objetivos do Programa (POM), que é um plano de 5 ou 6 anos. Os componentes também elaboram propostas de Budget Estimate Submissions (BES) — um plano de orçamento de dois anos.

Figura 4.3 – Organograma de funcionamento do DoD

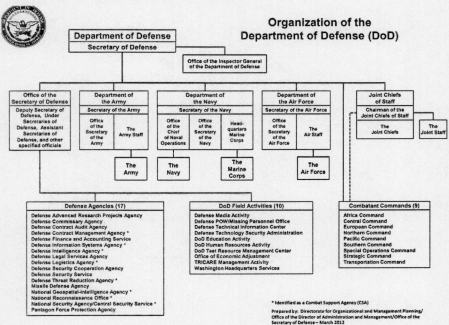

Fonte: DoD (2020)

O Joint Chief of Staff (JCS), assim como os *Combatant Commands*, desempenham um papel crucial no PPBE. O presidente do JCS desenvolve a *National Security Strategy* e a Recomendação de Programa do Presidente (CPR), acessa os POMs por meio da *Chairman Assessment Program* (CPA).

---

[82] Os fatos históricos delineados nesse parágrafo foram baseados em Adams e Williams (2010).

Os Combatent Commands (COCOMs) emitem *Integrated Priority Lists* (IPLs) a cada ano e trabalham com os serviços para integrar seus requisitos orçamentários operacionais. No entanto, os serviços e seus comandantes estão sujeitos a uma rigorosa supervisão civil pelo Escritório do Secretário de Defesa (OSD) e o Escritório de Administração e Orçamento (OMB) durante cada fase do PPBE.

De acordo com Adams e Williams (2010), três subsecretários do OSD desempenham um papel decisivo no processo PPBE: i) subsecretário de Defesa para Política (USD(P)); ii) diretor de Análise e Avaliação de Programas (D(PA&E)) e o controlador do DoD (USD (C)).

Figura 4.4 – Organograma de Funcionamento do OSD

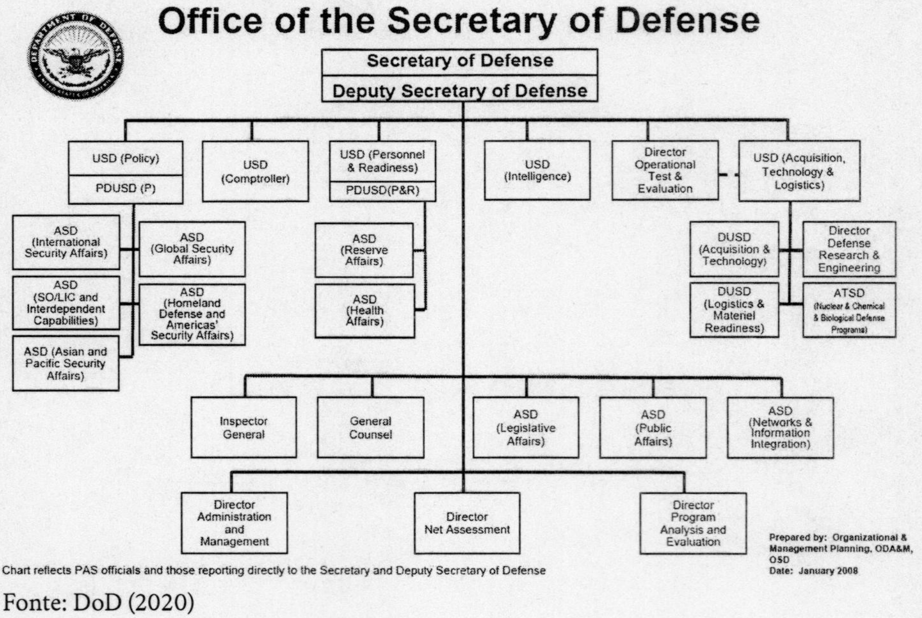

Office of the Secretary of Defense

| USD (Policy) | USD (Comptroller) | USD (Personnel & Readiness) | USD (Intelligence) | Director Operational Test & Evaluation | USD (Acquisition, Technology & Logistics) |

Fonte: DoD (2020)

O USD(P) desempenha o papel de começar a planejar alinhando os requisitos estratégicos com os recursos disponíveis. O PA&E prepara orientações fiscais para alocar recursos entre as diferentes agências e departamentos militares, bem como gerencia o planejamento para a Joint Programming Guidance (JPG). Seu departamento reúne o banco de dados necessário para o Future Years Defense Program ou FYDP e conduz análises de custo-benefício em relação às compensações e alternativas aos planos, programas e orçamentos de serviço. No PA&E, há um grupo especializado no desenvolvimento de estimativas dos custos futuros de sistemas e programas individuais de defesa — Cost Analysis Improvement Group (CAIG) (Adams; Williams, 2010). Quanto ao papel do controlador, ele está centrado na fase de elaboração do orçamento do PPBE e no esforço de responsabilidade fiscal para a execução. O controlador aconselha o secretário de Defesa em questões orçamentárias e fiscais. Além disso, outros subsecretários, como o subsecretário de Defesa para Aquisição, Tecnologia e Logística (USD (AT&L)), aparecerão como intervenientes no momento em que este livro analisa projetos de defesa em larga escala.

O próprio processo de planejamento de defesa começa na Casa Branca, pois a estratégia serve a objetivos políticos. A Casa Branca desenvolve a Estratégia de Segurança Nacional (NSS) dentro do Conselho de Segurança Nacional (NSC). Em seguida, o DoD desenvolve a Estratégia de Defesa Nacional, que é assinada pelo secretário. Com base nessas diretrizes gerais, o escritório do USD (P) trabalha com o SLRG e os COCOMs para elaborar a Orientação de Planejamento Estratégico (SPG), que é mais detalhada e deve representar os objetivos possíveis dadas os recursos disponíveis. Posteriormente, o OMB desenvolve as orientações fiscais para o DoD, que deve acomodar a SPG com as orientações do OMB para desenvolver a Orientação de Programação Conjunta (JPG) — que instrui e fornece métricas e metas para capacidades e programas (Adams; Williams, 2010).

Revisar o programa antes de emitir o projeto para o presidente requer a interação de múltiplos atores. Os componentes enviam seus POMs e BESs para o controlador e o PA&E, que revisam orçamentos e programas. O presidente do JCS pode fornecer avaliações e levantar questões para debate. Nessa etapa, o OMB também pode participar. Finalmente, o OSD submete o programa ao presidente. Independentemente do poder presidencial, é necessário destacar que a Casa Branca também precisa lidar com a coordenação entre agências e interesses burocráticos dentro de sua própria estrutura, por exemplo, no NSC e com o OMB. Conforme afirmado por Adams e Williams (2010, p. 162):

> Para o Presidente, o orçamento é sua ferramenta mais importante para moldar a agenda política e implementar objetivos políticos. O planejamento orçamentário e a execução de programas estão no centro do relacionamento entre a Casa Branca e as agências do Poder Executivo. O orçamento geral-

mente é o foco de desacordos e negociações políticas com o Congresso. Portanto, as ferramentas e processos de planejamento orçamentário na Casa Branca são um ingrediente crucial do orçamento de segurança nacional.

4.4 Orçamento é política

O fim da estratégia é seu objetivo político. Uma boa estratégia deve conter interesses paroquiais no sentido de que, em um Estado democrático, alcance um equilíbrio entre grupos de interesse, relações militares-civis e assim por diante. O processo e os arranjos organizacionais/institucionais delineados neste capítulo são uma forma complexa e esquemática da maneira dos EUA de tentar alcançar esse equilíbrio, especialmente desde as iniciativas do Secretário McNamara na década de 1960.

No capítulo anterior, foram revisadas as principais questões econômicas relacionadas à mobilização e à distribuição de recursos de defesa. Conforme demostrado, os economistas tentaram desenvolver modelos que alcançariam um "nível ótimo de gastos com defesa" quantificável. Ou seja, em termos de política pública, gastos que resultariam em resultados eficientes e eficazes. Abordagens tanto keynesianas quanto neoclássicas foram desenvolvidas, mas os autores ainda enfatizam a natureza política dos gastos militares e tentam incorporar essas variáveis na análise (Smith, 1995). Dudley e Montmarquette (1981), por exemplo, estudam o impacto da demanda por gastos militares do eleitor mediano. Argumenta-se aqui que a opinião pública deve ser levada em consideração enquanto o governo justifica e avalia os níveis de gastos com defesa.

A racionalidade é uma parte importante do desenvolvimento das ciências econômicas e de outras disciplinas e é discutida no que diz respeito ao orçamento. Conforme argumentado no Capítulo 2, os governos não podem ser vistos como atores racionais unificados. Em vez disso, operam em um ambiente conflituoso, com interesses burocráticos, rivalidade intraforças, *lobby* e outras variáveis afetando suas escolhas. Alguns autores dão peso à luta de classes e incorporam os interesses de classe na determinação da política de defesa, desenvolvendo modelos marxistas para lidar com a questão (Smith, 1977, 1978; Griffin; Wallace; Devine, 1982). Mesmo que se assuma a racionalidade instrumental, a capacidade de processamento de informações teria que ser levada em consideração, tornando estratégias ótimas condicionadas por um tomador de decisão questionavelmente informado. Este capítulo mostra que, com a variedade e quantidade de atores envolvidos, um fluxo ótimo de informações ao longo do processo seria, no mínimo, questionável. De acordo com Smith (1995, p. 76):

> Embora seja plausível afirmar que a racionalidade, a burocracia ou as pressões políticas impõem restrições que reduzem a liberdade de escolha dos governos na definição de seus gastos militares e, assim, proporcionam estrutura e previsibilidade nas escolhas, é menos plausível afirmar que essas restrições são constantes. Mas variações nas restrições produzirão instabilidade estrutural e perda de previsibilidade.

O resultado é que a disputa pelo orçamento e, no ponto central deste livro, projetos de defesa de larga escala, está sujeita a contingências históricas e idiossincrasias. Portanto, o rastreamento empírico detalhado do processo (destacado nas seções acima) é essencial. O processo também fornece pistas importantes sobre quais documentos devem ser enfatizados, por exemplo, os POMs. Uma análise adequada, portanto, incorpora muitas das variáveis importantes tratadas neste estudo, como mudanças domésticas, processos de tomada de decisão burocrática e ameaças estrangeiras. Ressalta-se que Candreva (2017) analisa as tendências gerais no orçamento de defesa, enquanto este estudo se concentra em projetos específicos de grande escala. Certamente, há um diálogo entre ambas as avaliações, embora haja fatores que as diferenciam — com os quais esta pesquisa se envolverá nos capítulos seguintes.

Conforme afirmado por Adams e Williams (2010, p. 221): "Sem recursos, a política de segurança nacional é em grande parte retórica. A política é moldada e implementada por meio do processo orçamentário". Uma *National Security Strategy* ou as intenções do presidente precisam passar por um processo complexo para serem traduzidas objetivamente em seus respectivos objetivos, se e quando isso acontecer. Este capítulo mostrou o papel significativo desempenhado pelos altos funcionários de política, que são uma das formas do presidente direcionar a política de defesa, por meio de nomeações. No entanto, é difícil alcançar consenso ao lidar com outros atores importantes. O Congresso desempenha um papel crucial e decisivo na alocação de recursos, auditoria e avaliação da política de defesa. O Congresso detém o "poder da bolsa". As burocracias envolvidas, especialmente as forças militares, raramente reduzirão voluntariamente suas missões ou diminuirão seu orçamento e prestígio. Isso dá uma importância especial às relações civis-militares são de extrema importância. A indústria, questões de eleitorado e opinião pública também têm grande importância e, como argumentado no Capítulo 2, embora não de maneira totalmente representativa, podem ser representadas, como uma *proxy*, no processo decisório do Congresso, bem como incorporadas nas considerações da Casa Branca e do Departamento de Defesa (DoD) ao decidir. Em termos de programas específicos, há uma interação constante entre os atores:

> Cada programa tem um gerente, normalmente um coronel ou tenente-coronel para a maioria dos principais programas de aquisição de defesa. O gerente do programa compreende todos os aspectos do programa e trabalha em estreita colaboração com as empresas contratadas para fabricar o sistema. Os gerentes de programa geralmente estão localizados perto da instalação de produção de seu programa [...] *Department of the Army System Coordinators*, ou DASCs, representam diretamente o gerente do programa dentro do Pentágono. Decisões importantes de aquisição e orçamento são tomadas em Washington, DC, que podem afetar um gerente de programa localizado em Huntsville, Alabama. O DASC do programa participa de reuniões críticas e representa os interesses do programa (Demarest, 2017, p. 60).

4.5 Da teoria e processo à materialidade

Projetos de defesa de grande porte têm especificidades que os tornam incomumente complexos quando comparados a programas regulares e ajustados incrementalmente: i) como são planejados a longo prazo, as incertezas do ambiente (tanto domésticas quanto internacionais) são maiores, ii) como geralmente são altamente inovadores, consequentemente, os desafios tecnológicos adicionam mais incerteza a esses projetos, iii) as grandes quantidades de recursos envolvidas intensificam os conflitos políticos e econômicos entre os atores envolvidos.

No DoD, os programas são divididos por categorias, chamadas de Categorias de Aquisição do DoD (ACAT), baseadas principalmente em preços. Os programas ACAT I são classificados como programas principais de aquisição de defesa ou que exigem equipamentos sofisticados ou tecnologia da informação avançada (Demarest, 2017). Além disso, existem quatro etapas seguidas pelo DoD para desenvolver programas: Decisão de Desenvolvimento de Material, *Milestones* A, B e C. Essas quatro etapas correspondem a: i) competição entre empresas para o design do projeto, ii) P&D e verificações de viabilidade, iii) fase inicial de desenvolvimento e iv) produção inicial a uma baixa taxa. Finalmente:

> Após obter aprovação do Escritório do Secretário de Defesa e do Congresso, o programa entra na fase de produção e implantação em plena escala do ciclo de vida da aquisição, e o sistema é entregue aos soldados [...] O processo como um todo leva em média de oito a 12 anos, desde o dia em que um requisito é identificado até o dia em que o soldado empunha uma capacidade correspondente no campo de batalha (Demarest, 2017, p. 41).

Levando em consideração os desenvolvimentos teóricos e discussões dos três capítulos anteriores, a metodologia e os objetivos delineados na Introdução, este trabalho volta-se agora para o *process-tracing* detalhado e análise dos projetos de grande porte escolhidos, testando o *framework* construído por meio da comparação, principalmente derivado das hipóteses apresentadas nos Capítulos 1, 2 e 3.

PARTE II
APOSTA ALTA E RISCO ALTO: UMA ANÁLISE DE PROGRAMAS DE ALTO CUSTO, LONGO PRAZO E LARGA-ESCALA

A ideia de restringir o legislative, em termos de prover para a segurança nacional, é um daqueles refinamentos que devem seu zelo mais à paixão do que à razão.

(Alexander Hamilton)

A política é quase tão excitante quanto a guerra, e quase tão perigosa.

Na guerra você pode ser morto uma vez, mas na política várias.

(Winston Churchill)

CAPÍTULO 5

MERGULHO PROFUNDO: O SUBMARINO DE PROPULSÃO NUCLEAR

> *Ao final de 1957, a tecnologia de reator de água pressurizada desenvolvida pelo Almirante Rickover e pela organização que ele criou estava sendo aplicada em submarinos, navios de superfície e energia civil. A propulsão nuclear estava revolucionando as operações subaquáticas, mas como isso afetaria as operações de superfície e a vida civil, onde a aplicação era mais lenta, ainda estava por ser visto. O Almirante Rickover, que liderara o esforço desde o início, continuava a exercer uma liderança vigorosa e pessoal. Na luta para estender a aplicação da nova tecnologia, ele frequentemente estava no palco nacional, lidando com oficiais militares graduados e autoridades do establishment de defesa, assim como líderes do Congresso.*
>
> (Duncan, 1990, p. 1)

Os capítulos anteriores tinham como objetivo desenvolver um arcabouço teórico para explicar o sucesso ou fracasso de projetos de grande escala em comparação com seus objetivos iniciais. Esse arcabouço foi construído mediante a análise dos impactos potenciais do sistema internacional, da política doméstica, da viabilidade tecnológica e do contexto econômico em relação a esses projetos. Hipóteses e variáveis foram desenvolvidas e apresentadas ao final de cada capítulo, com exceção do Capítulo 4, que se concentrou no desenvolvimento legislativo e político do processo necessário para mobilizar recursos para esses projetos.

Metodologicamente, o arcabouço é testado por meio do método histórico-comparativo de dois projetos no espectro bem-sucedido e dois no espectro malsucedido. Rastrear o desenvolvimento desses projetos tem o potencial de observar e isolar os fatos e processos mais importantes que impactam o sucesso ou o fracasso. Nesse sentido, os estudos de caso têm como objetivo testar o arcabouço teórico e as hipóteses apresentadas nos capítulos anteriores.

Este capítulo analisa o processo de desenvolvimento de submarinos de propulsão nuclear, especialmente o seu primeiro — o USS Nautilus — desde sua concepção, passando por seu desenvolvimento até seus principais resultados. A primeira seção é dedicada ao estudo das primeiras concepções e perspectivas dos submarinos de propulsão nuclear e reatores nucleares, que foram concebidos devido ao sucesso dos desenvolvimentos no campo nuclear do Projeto Manhattan. Desafios tecnológicos e conceitos básicos são delineados, assim como a participação inicial de atores importantes. Além disso, os submarinos de propulsão nuclear são comparados aos submarinos diesel-elétricos para demonstrar as vantagens que resultariam de um projeto bem-sucedido. Na próxima seção, o capítulo se concentra no desenvolvimento do submarino em si, ao longo dos anos, e em seu resultado bem-sucedido, destacando o processo, questões de ameaça externa e os atores envolvidos. A terceira seção investiga alguns resultados e questões — como o uso civil e a proliferação — que seguiram o desenvolvimento dos reatores nucleares. Dado que a ameaça externa e a política doméstica estavam impulsionando ainda mais a inovação, alguns resultados e desenvolvimentos militares também são destacados. A seção final conclui o estudo de caso à luz do arcabouço teórico desenvolvido aqui. Hipóteses e os resultados esperados do modelo proposto são comparados com o caso analisado neste capítulo.

5.1 Concepção, motivações e potencial

O primeiro submarino movido a energia nuclear — o USS Nautilus — foi o resultado da revolução na física quântica que deu origem ao Projeto Manhattan e à revolução da energia atômica. Portanto, antes de apresentar o projeto do submarino em si, é apropriado fazer uma breve visão geral do contexto e dos eventos anteriores à sua construção.

A primeira metade do século XX, especialmente nas décadas de 1920 e 1930, testemunhou uma revolução nos campos da física e da química, possibilitando a entrada do mundo na era atômica. Ernest Rutherford investigou o átomo e sua possível estrutura, com um primeiro modelo sólido apresentado por Niels Bohr (Rhodes, 2012). A partir da investigação experimental de Chadwick sobre o nêutron em 1932 e da teoria de Leo Szilard de que um elemento poderia ser dividido por nêutrons para gerar uma reação em cadeia até a descoberta da radiação de energia por Pierre e Marie Curie, os primeiros passos foram dados. A revolução científica incluiu o trabalho de Enrico Fermi e sua equipe ao bombardear nêutrons em elementos para gerar radioatividades artificiais, e a descoberta de Otto Hahn e a subsequente demonstração de Herbert Anderson da fissão nuclear (Rhodes, 2012).

Com a ascensão do partido nazista na Alemanha e o êxodo de cientistas que se seguiu, grande parte dessa pesquisa foi transferida para os Estados Unidos, onde Robert Oppenheimer e Ernest O. Lawrance estavam construindo o caminho para uma escola americana de física (Rhodes, 2012). Na época, os cientistas estavam preocupados com a possibilidade de os alemães estarem desenvolvendo um processo de reação em cadeia que culminaria em uma bomba atômica. Albert Einstein, já um cientista famoso e popular na época, enviou uma carta ao presidente Franklin Roosevelt, alertando-o sobre esse perigo. Isso foi o nascimento do Projeto Manhattan, que finalmente seria bem-sucedido em levar ao primeiro teste de explosão atômica do mundo em Los Alamos, Novo México.

O sucesso do Projeto Manhattan demonstrou os benefícios da mobilização em massa de recursos e cientistas para superar dificuldades tecnológicas e construir capacidades nacionais. Atores como o Congresso, empresas e órgãos como a Comissão de Energia Atômica (CEA) logo seriam mobilizados para estudar e investir em outros usos da energia atômica, tanto civis quanto militares. Isso resultou em décadas de uma série de mobilizações e questões relacionadas à energia atômica. Política burocrática, questões de viabilidade tecnológica, considerações de riscos econômicos e o cenário estrutural internacional entraram em jogo, afetando os eventos que se seguiram. As ações e relacionamentos entre esses atores e questões são tratados em mais detalhes nas duas seções subsequentes. Nesta seção, após uma breve apresentação do "cenário de preparação" que deu origem ao projeto, o estudo se concentra nos fundamentos dos geradores de energia atômica, na concepção de seu uso em submarinos e nas possíveis vantagens que isso acarretaria.

Assim que os aliados avançavam em direção à vitória, uma nova ameaça estava se formando com o surgimento da União Soviética (URSS) como uma grande potência. Na Marinha, os oficiais estavam preocupados com o fato de a União Soviética ter construído a maior força de submarinos do mundo e continuar construindo mais nos anos seguintes (Clancy; Gresham, 1993). Além disso, a perda do monopólio sobre armas atômicas em 1949 e o início da Guerra da Coreia em junho de 1951 instigaram as elites dos Estados

Unidos a desenvolver ainda mais suas capacidades. Projetos de pesquisa e desenvolvimento envolvem incerteza e riscos, e os resultados são imprevisíveis *ex ante*. No entanto, a ameaça externa estimula o esforço de mobilização. Nos anos seguintes à Segunda Guerra Mundial, a Marinha dos EUA se viu com uma frota envelhecida de submarinos a diesel mal equipados para lidar com as novas regras de um novo tipo de guerra, a Guerra Fria. Esse novo embate com a União Soviética enfatizava a espionagem sobre o confronto e a guerra eletrônica sobre os disparos de torpedos. No sigilo e na furtividade, o submarino se tornou um pilar de vigilância e um ativo valioso em uma possível confrontação com a ameaça soviética (Military, 2021).

Assim que os resultados do Projeto Manhattan começaram a se revelar bem-sucedidos, os oficiais da Marinha começaram a sugerir a possibilidade de alcançar uma reação em cadeia controlada ou uma reação em cadeia de caráter explosivo a ser usada por navios e submarinos (Navy, 1960). Quando a guerra terminou, o Laboratório de Pesquisa Naval (NRL), sob a direção do Almirante Bowen, estava ansioso para desenvolver possibilidades de usar energia nuclear para propulsão naval. No entanto, o acesso às informações do Distrito de Manhattan se mostrou difícil, porque eles não tinham autorização para acessar o projeto, o que violaria a diretiva presidencial de agosto de 1945 (Navy, 1960). Líderes militares graduados da Marinha enviaram uma carta ao secretário de Guerra Patterson, que afirmou que a Marinha deveria participar de projetos de pesquisa e desenvolvimento que pudessem levar ao uso de energia nuclear em navios. A colaboração entre cientistas do Distrito de Manhattan e pesquisadores e pessoal da Marinha poderia começar oficialmente e os esforços para o uso de energia atômica na propulsão naval, por consequência (Navy, 1960). Outros acordos interdepartamentais tiveram que ser feitos e, naturalmente, alguns conflitos surgiram nos anos seguintes. No entanto, não houve disputas sérias dentro do Executivo nos primeiros anos. Esforços sérios de negociação e habilidades de liderança foram observados no desenvolvimento de submarinos e navios.

O Congresso logo entrou em cena. O Ato McMahon, nomeado em homenagem ao senador McMahon, que elaborou o projeto conhecido como "Lei Atômica de 1946 (Lei Pública 79-585)", foi aprovado. O projeto transferiu o programa de desenvolvimento de energia atômica dos Estados Unidos do Distrito de Manhattan para um órgão civil, a Atomic Energy Commission (AEC). A Comissão tinha várias responsabilidades, como fomentar a pesquisa e desenvolvimento privados, controlar a divulgação de informações sobre tecnologia nuclear e gerenciar a produção, propriedade e material fissível. A propriedade privada do material foi inicialmente proibida, embora a comissão pudesse autorizar seu empréstimo para uso em instalações apropriadas (Allen, 1977). Além disso, a participação do Congresso no programa de energia atômica foi conduzida pela criação do Comitê Conjunto de Energia Atômica (JCAE), que garantiria uma supervisão próxima e influência do Congresso nos programas seguintes (Allen, 1977; Duncan, 1990). Ao transferir as principais responsabilidades para a AEC, a condução e a confiança nos eventos que se seguiram mostraram um alto consenso entre o Congresso e o Executivo.

Em relação aos desafios científicos, técnicos e teóricos do desenvolvimento de um reator nuclear para propulsão, alguns aspectos são relevantes para este estudo. O fenômeno básico que faz um reator nuclear gerar calor (energia) é a fissão. A fissão consiste em dividir o núcleo de um átomo em duas partes, liberando cerca de 200 milhões de elétron-volts e gerando mais nêutrons (Allen, 1977; Crockcroft, 1956). Os novos nêutrons continuam dividindo outros núcleos, o que, por sua vez, produz outros nêutrons e assim por diante. Isso é o que acontece quando um material fissível específico é montado em uma configuração específica de massa suficiente (Allen, 1977). Isso é chamado de reação em cadeia. Enrico Fermi foi o primeiro a realizar uma reação em cadeia autossustentável, e os cientistas do Projeto Manhattan foram responsáveis pelo início da era atômica.

A massa suficiente mencionada também é chamada de "massa crítica", e um possível reator nuclear "atinge a criticidade" ou "se torna crítico" quando essa massa é obtida. O desafio de desenvolver um reator nuclear, tanto para usos civis quanto militares — incluindo em navios navais —, é controlar a reação em cadeia, regulando a taxa dos nêutrons produzidos (Allen, 1977; Crockcroft, 1955; Britannica, 2021). Os principais materiais fissíveis utilizados são urânio-235, plutônio-239 e urânio-233. Um reator nuclear precisa basicamente de materiais fissíveis como combustível, um refrigerante e um moderador. O material fissível é cercado por um moderador, cujo objetivo é reduzir a energia dos nêutrons para que interajam melhor com o material fissível. O calor passa para um sistema de resfriamento, geralmente um circuito de água, para evitar que ele ferva e para manter uma vedação suficiente, para que não possa contaminar o restante da usina de energia (Brittanica, 2021; Cockcroft, 1956). Um reator nuclear fornece o calor que alimenta uma turbina a vapor e impulsiona uma hélice. Os resultados são impressionantes. A fissão de um grama de urânio libera tanto calor quanto a combustão de 2 toneladas de óleo (Cockcroft, 1956).

Basicamente, reatores podem ser projetados usando diferentes combinações de materiais para combustível, refrigerante e moderador. Os anos que se seguiram à intenção de produzir esses reatores para impulsionar navios ou submarinos, aviões ou eletricidade para uso civil seriam de intensa pesquisa em torno de diferentes combinações de engenharia nesse sentido. Isso contaria com a participação da AEC, das Forças Armadas e de grandes empresas que demonstraram interesse e receberam autorização para utilizar laboratórios apropriados para engenharia e operação de diferentes protótipos ou reatores inéditos e para construir e testar combinações de combustível, moderador e refrigerante em instalações de teste e reatores experimentais (Allen, 1977).

Inicialmente, a Marinha não tinha certeza se era tecnicamente viável ou possível lançar um programa de pesquisa e desenvolvimento em propulsão nuclear. Outros projetos considerados prioritários, urgentes para a Marinha, teriam que transferir, em termos de mobilização de pessoal e recursos, precedência para o programa de propulsão nuclear. No entanto, como já foi mencionado, líderes graduados logo se envolveram no programa, como o NRL, que enfatizaram que "submarinos na superfície ou parcialmente submersos poderiam ser facilmente detectados com os radares existentes e que a necessidade de operações submersas prolongadas era imperativa" (Marinha, 1960). Desde o início, ele se destacou como um negociador hábil e líder foi então capitão Rickover, defendendo firmemente sua crença e articulando-se com vários departamentos e líderes em prol do projeto de propulsão. Ele se tornaria uma das figuras principais no projeto de propulsão e no subsequente desenvolvimento das aplicações de energia nuclear nos anos vindouros.

Rickover, um engenheiro naval treinado, acreditava que a água poderia ser utilizada circulando pelo reator, passando pelo seu núcleo até um gerador de vapor. Esse gerador de vapor transferia seu calor para um sistema secundário, e a água era convertida em vapor para acionar uma turbina. No sistema primário, a água era mantida sob pressão para evitar a fervura. A radioatividade tornou imperativo que dois circuitos independentes fossem necessários (Duncan, 1990). Em termos teóricos, essa ideia não era original de Rickover, mas ele acreditava que poderia ser desenvolvida com sucesso. Como líder, atuando dentro da AEC e da Marinha, ele dedicou um esforço tremendo para desenvolver tal reator. Órgãos interessados chegaram a um consenso sobre a importância e agiram em conjunto rumo ao desenvolvimento do projeto.

Na fase de desenvolvimento da Marinha com propulsão nuclear, que será abordada na próxima seção, surgiram outras questões técnicas. Até aqui, foram abordados os fundamentos do desafio de alcançar o objetivo da propulsão nuclear e sua concepção, juntamente com as interações dos principais atores e a descrição de uma crescente ameaça externa no cenário internacional. Neste momento, o estudo volta-se para as vantagens de uma marinha nuclear e, mais especificamente, submarinos nucleares. Isso demonstrará a importância do projeto em termos de inovação e estratégia, bem como a revolução nuclear que se seguiu.

A principal questão em relação a projetos de defesa de grande escala é: por que arriscar o desenvolvimento de uma inovação tecnológica incerta, utilizando grandes quantias de dinheiro dos contribuintes? Por que as instituições se mobilizam e dão prioridade a certos projetos, cujo sucesso é *ex ante* impossível de determinar? Como mencionado anteriormente, a ameaça externa estava se intensificando, o desenvolvimento da tecnologia de energia atômica parecia promissor e as instituições estavam ansiosas para construir as capacidades materiais que poderiam proporcionar uma vantagem econômica e estratégica enorme aos Estados Unidos. A inovação era, portanto, obrigatória, como foi argumentado no Capítulo 1. As diferenças entre os submarinos movidos a diesel da época e os futuros submarinos movidos a energia nuclear ou outras utilizações de geradores nucleares eram consideráveis. As elites nacionais, incluindo empresas privadas, percebiam os benefícios como promissores.

Submarinos pré-nucleares tinham que se aproximar do alvo na superfície para evitar o esgotamento da bateria, submergindo apenas perto do alvo, tornando-os fáceis de serem reconhecidos pelo inimigo. Além disso, eles utilizavam baixa velocidade (cerca de dois ou três nós), novamente para evitar o desperdício da bateria. Em velocidade máxima, geralmente utilizada para evadir um contra-ataque, a bateria, em sua carga completa, durava apenas cerca de duas horas (Britannica, 2021). O resultado da necessidade de conservar a bateria era que os submarinos diesel-elétricos não podiam enfrentar navios de guerra rápidos na superfície, como porta-aviões, devido à baixa velocidade e ao silêncio que precisavam ao se aproximar dos alvos. Submarinos nucleares eram altamente superiores, especialmente em relação à velocidade, à profundidade e ao tempo submerso. Isso era resultado da geração de energia.

A velocidade requer potência. Submarinos nucleares aumentariam a velocidade em grande quantidade. O primeiro submarino nuclear, o USS Nautilus, atingiu uma velocidade submersa de mais de 20 nós. Isso conferiu aos submarinos o poder de evitar navios na superfície. Desenvolvimentos tecnológicos adicionais resultaram na classe Skipjack, comissionada em 1959 e capaz de atingir uma velocidade máxima de 30 nós (Brittanica, 2021). A velocidade sustentada também pode ser útil para implantar submarinos em estações de patrulha distantes. Os suprimentos de combustível dos submarinos nucleares são teoricamente ilimitados, embora, devido à capacidade de armazenamento, eles pudessem inicialmente permanecer no mar por cerca de dois ou três meses, atingindo rapidamente a área de patrulha, tornando-os altamente superiores em termos táticos. De acordo com Crockroft (1956, p. 464), "A característica militar mais importante do submarino nuclear é que uma única carga de combustível dura por muito tempo". A primeira carga do protótipo terrestre do Nautilus durou 24 anos, embora provavelmente não estivesse sempre em plena potência.

Os sonares ativos, na década de 1950, podiam detectar submarinos por meio de ondas sonoras que ricocheteavam em seus cascos (Brittanica, 2021; Crockroft, 1956). Submarinos nucleares iniciais eram suscetíveis à detecção, devido ao ruído produzido por suas máquinas; as bombas necessárias para circular o refrigerante não podiam ser desligadas sem derreter o núcleo do reator. Mais tarde, o silenciamento tornou-se prioritário. As bombas dos reatores de água pressurizada foram redesenhadas para serem mais silenciosas, e os cascos foram revestidos com material absorvente de som. Uma grande vantagem dos submarinos nucleares era a profundidade. Submarinos de mergulho profundo poderiam combinar velocidade para uma melhor evasão e fazer melhor uso do seu próprio sonar. Submarinos anteriores podiam determinar a faixa e a direção do alvo, mas não sua profundidade. Novos sonares poderiam distinguir alvos em diferentes profundidades. Em alta velocidade, o risco de descer abaixo de uma profundidade operacional segura foi reduzido e o movimento descendente poderia ser corrigido. Esses desenvolvimentos foram fortes motivações para investir em submarinos nucleares. Ao longo das décadas, outros países desenvolveram Marinhas nucleares, um tópico que será abordado na última seção deste capítulo. No entanto, a maioria das Marinhas ainda conta com submarinos movidos a diesel-elétrico, devido ao custo, questões de proliferação nuclear ou barreiras tecnológicas. Nesse sentido, pesquisas foram conduzidas para combinar submarinos movidos a diesel-elétrico com células de combustível no fornecimento de energia para os submarinos (Piper; Rajakaruna, 2010).

Dadas as perspectivas de desenvolver um submarino movido a energia nuclear e os desenvolvimentos institucionais até agora, em julho de 1951, o

Congresso autorizou a construção do primeiro submarino movido à energia nuclear do mundo (Nautilus, 2021). O Congresso estava disposto a assumir os riscos econômicos e políticos mencionados anteriormente neste livro, devido à importância estratégica e à viabilidade tecnológica promissora do projeto. O agora Almirante Rickover convenceu a Marinha e outros órgãos da urgência da propulsão nuclear e foi designado diretor *Nuclear Power Branch* do *Navy's Bureau of Ships*, em meados de 1948. A Comissão de Energia Atômica (AEC), a criação da Divisão de Desenvolvimento de Reatores, dirigida pelo físico nuclear e engenheiro Lawrence Hafstad, trabalharia em estreita colaboração com a Marinha e seria coordenada sob o Setor de Energia Nuclear da Marinha sob a supervisão de Rickover (Allen, 1977). Rickover estabeleceu um plano ambicioso para projetar e construir um reator nuclear confiável que impulsionaria um submarino em uma demonstração em escala real de que submarinos nucleares funcionavam até janeiro de 1955. O cronograma era muito apertado, em torno de cinco anos. E, como já foi mencionado, a Marinha estava preocupada que esse projeto interferiria em outras prioridades. Habilidades burocráticas e de liderança eram necessárias. Diferentes atores participariam dessa tarefa hercúlea, que estava tomando forma na mente de Rickover em 1947, quando ele já havia estabelecido a meta de colocar o projeto de propulsão de submarinos em escala real em operação. Até agora, as motivações, concepções iniciais e incentivos para a construção de um submarino nuclear e para utilizar energia nuclear para outros fins foram delineados. A próxima seção aborda mais detalhadamente o desenvolvimento desses projetos e os resultados, destacando os aspectos políticos, técnicos e econômicos desse caso.

5.2 O desenvolvimento do Nautilus e além

Ao desenvolvimento do reator nuclear a ser utilizado em submarinos e na frota naval em geral seguiram-se décadas de programas e resultados. Aqui, em primeiro lugar, este livro se concentra no sucesso das inovações nos programas de submarinos nucleares e reatores nucleares para submarinos, o que resultaria nos mencionados desdobramentos com várias consequências para a defesa e uso de energia civil nos Estados Unidos. Os primeiros passos foram firmemente liderados por Rickover, que desempenhou o papel de líder na concepção, design e nos vínculos políticos necessários.

O cronograma e os esforços de Rickover foram bem-sucedidos. Em 1954, o USS Nautilus, o primeiro submarino nuclear, foi comissionado, com uma única usina que poderia ser suficiente para operações em superfície e submersas. Dois protótipos foram desenvolvidos durante o processo, o Nautilus e o Seawolf, o primeiro utilizando água pressurizada e o segundo um esquema de metal líquido. Com a autorização do Congresso, o Nautilus recebeu apoio do presidente Harry S. Truman no Electric Boat Shipyard, em Connecticut, em junho de 1952. Em 17 de janeiro de 1955, o primeiro comandante do Nautilus, comandante Eugene P. Wilkison, declarou "Estamos Movimento com Energia Nuclear". Nos anos seguintes, o Nautilus "quebrou todos os recordes de velocidade e distância submersa" (Nautilus, 2021, p. 1).

O processo de desenvolvimento, embora altamente bem-sucedido, não foi fácil. A equipe que liderava o projeto teve que superar desafios técnicos e políticos. O Congresso, como mencionado anteriormente, definiu as regras iniciais e transferiu para o Poder Executivo o desenvolvimento completo, sem grandes disputas sobre risco econômico ou custo, enfatizando, no entanto, uma diretriz firme de que quaisquer considerações deveriam ser subordinadas à estratégia de segurança nacional. Entre 1947 e 1953, a AEC visava desenvolver propulsão para aeronaves também. No entanto, o Instituto de Tecnologia de Massachusetts (MIT) avaliou que o desenvolvimento de um reator com relação potência-peso suficiente para aeronaves só seria viável em 15 anos. Embora o projeto tenha recebido recursos substanciais de pesquisa e desenvolvimento ao longo da década de 1950, foi cancelado em 1961, devido à falta de avanço na viabilidade tecnológica.

No que diz respeito ao submarino nuclear, no entanto, algumas dificuldades técnicas também devem ser examinadas. Sob a influência da radiação, a água se decompõe e se torna quimicamente reativa. O combustível de urânio precisa resistir à corrosão da água. Portanto, um material resistente à corrosão e que não propague a reação em cadeia deve ser revestido no combustível (Cockcroft, 1956). Durante o processo de desenvolvimento, o metal escolhido foi o Zircalloy, uma liga de zircônio. O núcleo reativo também deve ter um sistema de controle para desligar a reação em cadeia. Isso é feito por hastes de controle que se movem para dentro e para fora do núcleo, absorvendo nêutrons. Materiais, como o háfnio associado ao zircônio, seriam escolhidos como hastes de controle (Cockcroft, 1956). No entanto, se a água aquecer e a densidade cair, a reação em cadeia se desliga sozinha. Nesse caso, a retirada das hastes de controle deve manter a reação em cadeia. Essas questões técnicas foram, no entanto, resolvidas por esforços de pesquisa e desenvolvimento e apoio político.

Após abril de 1948, a AEC deu status formal e prioritário ao desenvolvimento de um reator resfriado a água para propulsão de submarinos (Navy, 1960). Isso demonstrava confiança no projeto. Desde o início, gigantes industriais estavam envolvidos no projeto — Westinghouse, General Electric (GE), Backcock and Wilcox e Allis-Chalmers. Após a Segunda Guerra Mundial, a GE assumiu a administração das usinas de produção de plutônio de Hanford, com a assistência da AEC, que construiu o Laboratório de Energia Atômica Knolls. Portanto, a GE era, aparentemente, a escolha mais óbvia para conduzir o projeto do submarino nuclear, pois possuía uma instalação inovadora e voltada para a pesquisa. No entanto, a AEC relutou inicialmente em transferir o projeto para a GE, uma vez que o plutônio para armas era percebido como a mais alta prioridade de segurança nacional e, portanto, a GE não deveria ser "distraída" por outros projetos (Allen, 1977).

No entanto, como a GE tinha experiência com sódio como meio de transferência de calor, a empresa concordou em projetar e construir um protótipo terrestre do reator intermediário de submarino (SIR). Todavia, Rickover tinha a convicção de que o reator de submarino deveria ser um reator térmico usando nêutrons lentos (Allen, 1977). Rickover acreditava que a física demonstrava que um design de Reator de Água Pressurizada (PWR) seria preciso. Como o projeto de reator de potência intermediária refrigerado a sódio da GE teve uma falha precoce, Rickover elaborou e obteve permissão para um programa para um programa de desenvolvimento simultâneo, sobrepondo etapas geralmente exigidas pela Marinha e, consequentemente, superando possíveis impedimentos políticos (Allen, 1977).

A Westinghouse parecia uma alternativa promissora. O Bureau de Navy's Bureau of Ships executou um contrato com a empresa para designs detalhados de um protótipo terrestre para um reator de propulsão de submarino. A concepção estava de acordo com as ideias de Rickover, uma vez que a empresa já havia conduzido estudos de engenharia sobre as propriedades da água pressurizada e transferência de calor, o que se alinhava com a preferência de Rickover por reatores térmicos (Allen, 1977). O projeto foi nomeado Projeto Wizard e tinha como objetivo projetar e desenvolver um sistema de conversão de energia para uma embarcação naval, utilizando água pressurizada como meio de transferência de calor.

Como resultado, na década de 1950, dois reatores estavam sendo desenvolvidos simultaneamente e competitivamente para propulsão de submarinos em dois laboratórios industriais: o laboratório Knolls da GE e o laboratório Bettis da Westinghouse em Pittsburgh (Allen, 1977). Ambas as empresas consideravam atrativas as perspectivas de desenvolvimento desses reatores. Isso demonstra que, em termos de cálculos de risco econômico, como foi abordado no Capítulo 3, houve concordância entre os atores.

Rickover apostou alto ao promover o conceito de reator de água pressurizada. A primeira etapa, chamada de "Mark I", foi comprovadamente bem-sucedida. O reator atingiu criticidade em março de 1953 e completou um teste durante os dois meses seguintes. "O reator operou perfeitamente" (Allen, 1977, p. 17). O sucesso operacional demonstrou que o design do reator de água pressurizada estava à frente de outros conceitos que a AEC estava explorando. O curto período desde a concepção até o teste bem-sucedido foi um claro sinal de viabilidade tecnológica e viabilidade econômica do projeto. A GE não foi tão bem-sucedida na implementação do "Mark I" no laboratório Knolls. O reator de água pressurizada tornou-se operacional como uma usina de energia submarina e gerou eletricidade em seu projeto de demonstração. Este seria o Nautilus, o primeiro submarino de propulsão nuclear do mundo.

> O Nautilus foi lançado em 21 de janeiro de 1954 pela Sra. Dwight D. Eisenhower em Groton, Connecticut. Após ajustes adicionais e extensos testes, o submarino partiu para seu cruzeiro de teste em 10 de maio de 1955. Ao longo dos próximos anos, ela passou por vários tipos de testes e ensaios, e participou do desenvolvimento de novas táticas de guerra antissubmarino (ASW) da Marinha dos EUA - que tiveram que ser adaptadas às capacidades avançadas do Nautilus (Naval History, 2024 p. 1).

O projeto da GE prosseguiu, concentrando-se em um reator intermediário de potência. Anos depois, o projeto tornou-se o Submarine Intermediate Reactor, que finalmente projetou e construiu um sistema de propulsão para o segundo submarino movido a energia nuclear: o Seawolf. No entanto, problemas como vazamentos no reator do Seawolf levaram ao abandono de seu esquema de metal líquido. Os submarinos e reatores futuros seriam desenvolvidos com preferência pelos reatores de água pressurizada.

Figura 5.1 – O Nautilus

A cerimônia de batizado do USS Nautilus (SSN 571), Jan. 21, 1954. O Nautilus foi o primeiro submarino de propulsão nuclear. (Photo: U.S. Navy).
Fonte: Military (2021)

Figura 5.2 – O Seawolf

O USS *Seawolf* na costa Key West, Fla., 1958. *U.S. Navy Photograph.*
Fonte: Brittanica (2021)

O USS Nautilus provou ser um programa altamente bem-sucedido. Nos anos seguintes à sua comissão, alcançou muitos marcos sem precedentes. Dada a ascensão da ameaça soviética, especialmente devido à realização em 1957 do lançamento do primeiro satélite artificial do mundo, o Sputnik I, um trânsito bem-sucedido sobre o Polo Norte (dado os óbvios benefícios geopolíticos para a Guerra Fria) poderia ser uma resposta sólida. O Nautilus foi designado para essa missão. A "Operação Sunshine" foi então lançada, como a tentativa de um trânsito totalmente submerso sobre o Polo Norte (Naval History, 2021). Na sua primeira tentativa, o Nautilus foi bloqueado por gelo à deriva no Mar de Chukchi ártico. A segunda tentativa, partindo de Pearl Harbor em 23 de julho de 1958, foi bem-sucedida. Em agosto de 1958, o Nautilus havia alcançado o Polo Norte — 90 graus norte. Emergindo na Groenlândia, o comandante encarregado, William R. Anderson, e os 116 homens a bordo foram pessoalmente parabenizados pelo presidente Eisenhower e agraciados com a Presidential Unit Citation (Naval History, 2021; Nautilus, 2021).

Em 1959, o Nautilus foi para o Portsmouth Naval Shipyard, em Maine, para uma revisão completa e substituição de seu segundo núcleo de combustível. Em 1960, o Nautilus partiu para treinamento e implantou no Mar Mediterrâneo, tornando-se o primeiro submarino propulsionado por energia nuclear atribuído à Sexta Frota dos EUA. Em 1966, o Nautilus entrou nos livros de recordes ao registrar 300.000 milhas navegadas. O Nautilus continuou a participar de uma variedade de programas de testes de desenvolvimento enquanto trabalhava ao lado dos submarinos modernos que a sucederam por 12 anos (Nautilus, 2021). O Nautilus demonstrou para a Marinha a importância de construir uma frota nuclear. Em 1956, o USS Skipjack foi lançado com um casco tipo dirigível e uma única hélice. Uma nova classe, a Thresher, entrou em serviço no início dos anos 1960. Muitas seguiriam, como será descrito na seção subsequente (Military, 2021). O Nautilus foi finalmente desativado em 3 de março de 1980, após uma carreira de 25 anos e mais de meio milhão de milhas navegadas (Nautilus, 2021).

A importância desses fatos foi sem precedentes. O Nautilus deu à luz a Revolução da Marinha Nuclear. Com forte apoio do Congresso, uma relação próxima entre a AEC e a Marinha, e um esforço forte em P&D e inovação, isso se tornou possível. Os anos seguintes seriam de desenvolvimento contínuo da Marinha Nuclear, aplicando a propulsão nuclear e a possibilidade de implantar armas nucleares em navios de superfície e submarinos. Rickover, como líder, continuou a ser um ator crucial na articulação dos órgãos e outros atores políticos para esse desenvolvimento. À medida que a competição da Guerra Fria se intensificava ainda mais, esse projeto bem-sucedido era indispensável. O próximo tópico é dedicado a alguns resultados do programa nuclear da Marinha que se seguiram, o desenvolvimento de *Submarine Launched Ballistic Missiles* (SLBM's), a adoção da tecnologia por outras Marinhas, preocupações sobre vazamento de tecnologia e proliferação nuclear. Além disso, a aplicação de reatores nucleares para gerar eletricidade para usos civis foi um claro subproduto do projeto e foi vislumbrada desde cedo pela AEC e por empresas interessadas em explorar essas possibilidades. Esse tópico também será tratado. A última seção deste capítulo relacionará o referencial teórico e suas premissas e hipóteses ao projeto de submarino propulsionado por energia nuclear.

5.3 O desfecho

As possíveis aplicações civis e as questões de não proliferação relacionadas à energia atômica e ao desenvolvimento de reações nucleares controladas por meio de geradores foram os resultados mais diretos do programa nuclear. No entanto, o uso civil da energia atômica e as questões de não proliferação são tópicos distintos de estudo e não se encaixam nos propósitos e escopo deste livro. Todavia, alguns desenvolvimentos iniciais relacionados a esses temas serão destacados. Ambos os tópicos estão, é claro, interligados, uma vez que a tecnologia para uso civil é basicamente a mesma que seria necessária — além do fornecimento de embarcações — para outros países aderirem ao status de energia nuclear. Isso é, acima de tudo, uma questão de segurança nacional e ameaça externa, que persiste até os dias atuais.

Como discutido no Capítulo 3, as questões de conversão podem ser desafiadoras em termos de custo, disputas políticas e riscos relacionados à lucratividade de mercados potenciais. No entanto, o *dual-use* (civil e militar) parecia ser uma opção encorajadora, uma vez que a geração de eletricidade com reatores nucleares poderia representar uma transformação econômica estrutural na base de produção. Implementar a inovação, no entanto, era um desafio. Este estudo enfatiza algumas concepções iniciais. No entanto, durante as décadas seguintes e especialmente com a implementação do processo orçamentário descrito no Capítulo 4, sob a liderança do secretário McNamara, o uso civil de energia nuclear se tornaria uma questão crucial.

Apesar da AEC e o Congresso derem prioridade à segurança nacional, o uso civil da energia nuclear estava entre suas preocupações desde cedo, especialmente se provasse ser economicamente competitivo. A AEC começou a examinar as aplicações civis da energia atômica em 1947, embora várias questões técnicas e de segurança precisassem de atenção. Durante a guerra, questões de segurança foram resolvidas ao colocar materiais fissíveis, como plutônio, em instalações de produção e pesquisa em espaços isolados. Nas fases iniciais de P&D, ninguém tinha certezas sobre como os materiais fissíveis reagiriam a altas temperaturas e exposição à radioatividade (Allen, 1977). Laboratórios como Oak Ridge, Tennessee, e Argonne, Illinois, estavam localizados em cidades como Chicago e questões de segurança tornaram-se importantes. Considerações de isolamento precisavam ser levadas em conta. Os requisitos de segurança para um reator civil ainda não haviam sido estabelecidos na época.

Os projetos iniciais justificaram financiamento e integração de vários esforços em um programa consistente e coeso. Três linhas de desenvolvimento foram selecionadas (Allen, 1977): i) Um Reator de Teste de Materiais (MTR), a ser desenvolvido em conjunto por Oak Ridge e Argonne em Idaho; ii) Um local remoto para testar e construir um *Experimental Breeder Reactor* (EBR-1) no mesmo local remoto; iii) Um criador de energia intermediário, a ser liderado pela GE em seu Laboratório Knolls. As linhas de P&D e os atores eram muito semelhantes ao desenvolvimento militar, incluindo os desafios técnicos relacionados a materiais, refrigerantes e moderadores, e os efeitos de alta temperatura e alta radiação nesses materiais. Controlar reações em cadeia nucleares exigia materiais para refletores que capturassem e refletissem nêutrons de volta ao núcleo, o desenvolvimento de bombas e válvulas e elementos combustíveis resistentes à corrosão (Allen, 1977). Os primeiros testes utilizando sódio como refrigerante mostraram-se ineficazes, embora tivesse boas propriedades de transferência de calor, provou ser corrosivo e incompatível com sistemas de água.

Em relação a questões econômicas, a AEC, operando nas usinas de produção de plutônio de Hanford, em Washington, construídas para fins militares, observou problemas tecnológicos e de segurança altamente difíceis. As usinas de Hanford liberavam muito calor, despejando-o no rio Columbia, e sem desenvolvimentos adicionais, não poderiam gerar eletricidade de maneira eficiente (Allen, 1977). Mesmo que fosse bem-sucedido, não poderia ser economicamente competitivo na época. Usinas hidrelétricas, operando na região, forneciam eletricidade a baixo custo há anos.

Nos próximos anos e décadas, no entanto, alguns desses desafios iniciais começaram a ser superados. Um ponto de virada foi a legislação aprovada pelo Congresso em 1954: o Atomic Energy Act de 1954 (Lei 83-709). Nesse ato, o Congresso abriu o desenvolvimento de reatores com o propósito de gerar eletricidade para uso civil a empresas comerciais. Isso levou a AEC a desenvolver um plano de cinco anos, o *Power Reactor Demonstration Program* (Allen, 1977). Um Reator de Água Pressurizada começou a ser construído em Shippingport. Finalmente, nos próximos anos, com uma forte parceria entre governo e indústria, os reatores nucleares passaram a ser utilizados para fins civis[83].

No início do desenvolvimento das aplicações de energia atômica e reatores nucleares, as questões de proliferação estavam na mente dos tomadores de decisão. Como foi argumentado no Capítulo 3, o equilíbrio entre nacionalização e internacionalização, nesse caso, o compartilhamento de tecnologia com aliados próximos, é altamente controverso. Nos primeiros anos do sucesso da reação em cadeia e do desenvolvimento subsequente de bombas atômicas, o compartilhamento dessa tecnologia crucial estava fora de questão. No entanto, em relação à geração de eletricidade para usos civis ou à tecnologia militar para aliados próximos, alguns benefícios poderiam ser obtidos. Como mencionado anteriormente, os custos de P&D diminuiriam se os aliados trabalhassem juntos. Além disso, a exportação de reatores nucleares para uso civil poderia colocar os Estados Unidos em uma posição ainda mais competitiva nos mercados estrangeiros. Na época do presidente Eisenhower, mesmo que tenha havido um esforço considerável para desenvolver algum método de tornar o comércio e a segurança nacional compatíveis (Allen, 1977), os problemas de proliferação nuclear eram difíceis de superar. Ao longo das décadas, como é conhecido, e não está no escopo deste estudo, muitos canais diplomáticos, organizações internacionais e países estiveram envolvidos em questões de proliferação e nos possíveis usos da tecnologia nuclear para fins pacíficos.

Em termos de uso da propulsão nuclear para a Marinha, eventualmente, outros países alcançaram a tecnologia necessária. Os EUA, após 1959, deixaram de construir submarinos não nucleares. Outras potências, no entanto, continuariam a combinar submarinos diesel-elétricos ao lado de embarcações nucleares em paralelo. A Royal Navy da Grã-Bretanha completou seu primeiro submarino nuclear, o HMS Dreadnought, em 1963, e optou por se concentrar principalmente em submarinos nucleares, embora na década de 1980 tenha construído submarinos diesel-elétricos,

---

[83] Para um relato histórico sobre os fatos que levaram aos reatores nucleares de uso civil, consulte Allen (1977).

como a classe Upholder (Britannica, 2021). A França completou seu primeiro submarino nuclear em 1971 e abandonou a frota diesel-elétrica para sua própria força, embora continuasse a produzi-los para fins de exportação. Em 1968, a China começou a construir submarinos nucleares, mas continuou a construir e comprar submarinos não nucleares (Britannica, 2021). Outras marinhas nucleares optaram por empregar reatores de água pressurizada e circulação natural, com exceção dos submarinos de ataque da classe Alfa da URSS, construídos com reatores de metal líquido nas décadas de 1970 e 1980. O Brasil tem no desenvolvimento de um submarino movido a propulsão nuclear desde 1979. Isso tornaria o país o primeiro não detentor de armas nucleares a empregar essa tecnologia avançada[84]. Recentemente, o projeto conhecido como Aukus consiste em um esforço conjunto do Reino Unido e dos Estados Unidos para desenvolver submarinos movidos a propulsão nuclear para a Austrália, com o objetivo de conter a influência da China no cenário do Pacífico. O caso da Austrália, uma nação não detentora de armas nucleares envolvida em um projeto de submarinos nucleares, pode estabelecer precedentes para o desenvolvimento dessas embarcações em países como o Brasil.

  Os soviéticos, é claro, eram a principal preocupação dos EUA. Embora continuassem a aumentar sua frota de submarinos a diesel, a maior parte de seu foco se voltou para os submarinos nucleares. A classe November de submarinos de propulsão nuclear entrou em serviço já em 1958. Como argumentado no Capítulo 1, o nível de ameaça impacta diretamente a inovação. Os soviéticos não ficaram muito atrás dos EUA, instigando os Estados Unidos a desenvolver ainda mais sua Marinha Nuclear, incluindo a adição de propulsão nuclear à sua frota de superfície, o desenvolvimento de submarinos de ataque de propulsão nuclear, equipados com armas como torpedos, mísseis antinavio, mas focando principalmente no desenvolvimento de submarinos estratégicos que passariam a transportar mísseis balísticos lançados por submarinos (SLBM).

  Os esforços inovadores, juntamente com a pressão da ameaça externa e o esforço político doméstico que foram empregados na inovação relacionada aos reatores nucleares, tiveram importantes consequências militares. Já em 1957, o primeiro cruzador movido a energia nuclear, o Long Beach, foi comissionado (Duncan, 1997). Até o final do mesmo ano, sete estaleiros estavam trabalhando no programa de navios de superfície movidos a energia

---

[84] Para obter mais detalhes, consulte Diniz (2017). O caso do Brasil e o programa de submarinos de propulsão nuclear são interessantes para uma investigação mais aprofundada, dentro do quadro de análise proposto neste livro.

nuclear, com estreitos laços entre as principais indústrias e a Marinha. No Congresso, os principais comitês envolvidos examinaram de perto o orçamento proposto para os projetos seguintes resolveram suas diferenças e finalmente aceitaram e aprovaram a legislação para a assinatura do presidente (Duncan, 1990). Isso demonstrou um esforço consensual dentro do Congresso e com o Executivo em relação ao desenvolvimento contínuo dos programas de propulsão nuclear. Houve, é claro, disputas ao longo do processo. Os custos dos navios movidos a energia nuclear eram altos, e decisões difíceis precisavam ser tomadas. Duncan (1990, p. 16) destaca a liderança de Rickover no processo: "Laços fortes se desenvolveram entre Rickover e legisladores-chave da defesa e energia atômica, permitindo que ele exercesse influência incomum e sem precedentes na introdução da propulsão nuclear na frota".

Quanto aos submarinos de propulsão nuclear, os EUA desenvolveram, nos anos seguintes, os submarinos de ataque Skipjack e Thresher-Sturgeon, os submarinos Polaris, a classe de submarinos de ataque rápido Los Angeles e os submarinos com mísseis Trident. Com relação aos navios de superfície, até 1967, a Marinha havia comissionado quarenta e um navios (Duncan, 1990). Todos esses projetos levariam a uma investigação altamente frutífera dentro do quadro teórico desenvolvido neste livro, especialmente devido à introdução dos *submarine launched ballistic missiles* (SLBM), à corrida armamentista da Guerra Fria e ao profundo envolvimento tanto do Congresso quanto dos órgãos e comissões executivas[85]. No entanto, isso exigiria uma pesquisa mais detalhada e fugiria do escopo deste estudo. Esses desenvolvimentos foram brevemente apontados, no entanto, por um lado, para demonstrar o sucesso do programa de submarinos de propulsão nuclear. Por outro lado, as variáveis e hipóteses desenvolvidas no referencial teórico em relação ao sucesso de um projeto de defesa em larga escala estavam positivamente correlacionadas com o resultado do projeto aqui analisado.

5.4 Resultados e notas de Conclusão

O programa de submarinos de propulsão nuclear foi bem-sucedido. Em um curto período de tempo, foi concebido, idealizado e comissionado. As preocupações com a viabilidade tecnológica foram superadas. Embora cada departamento, como argumentado no Capítulo 2, maximize seus próprios interesses, houve uma parceria estreita entre os atores envolvidos,

---

[85] Para uma investigação detalhada da "Marinha Nuclear", consulte Duncan (1997) e Clancy e Gresham (1993).

sejam eles diferentes departamentos dentro da Marinha, a AEC, comissões do Congresso e assim por diante. O crescente nível de ameaça da URSS também teve um papel crucial em impulsionar a inovação e fazer com que os tomadores de decisão acelerassem e arriscassem grandes investimentos no programa nuclear. Embora a falta de dados e fontes seja reconhecida aqui como um problema devido ao período de desenvolvimento do submarino, o *process-tracing* do caso, as análises feitas por líderes e acadêmicos forneceram informações suficientes para obter resultados sólidos. Os principais tomadores de decisão e *stakeholders* envolvidos no projeto o perceberam como necessário. Ele foi entregue antes do prazo, revelando um processo de aquisição tranquilo. As metas de desempenho foram alcançadas e o Nautilus foi implantado e serviu por várias décadas. Além disso, somando-se a esses parâmetros de sucesso, o conceito de propulsão nuclear foi expandido para navios, porta-aviões e assim por diante, como foi delineado.

Do ponto de vista da Segurança Internacional (SI), como argumentado no Capítulo 1, à medida que o dilema de segurança opera, espera-se que os Estados equilibrem as ameaças. Além disso, a pressão externa pode ser uma fonte de comportamento estatal e, neste caso, medidas de equilíbrio interno. A principal hipótese do Capítulo 1, de que Estados com capacidade inovadora militar inovarão, em uma proporção direta ao nível de ameaça e, portanto, diante de um alto nível de ameaça, projetos em larga escala serão mais propensos a ter sucesso, é corroborada pelas evidências do caso tratado aqui. O desenvolvimento de uma grande frota de submarinos pela União Soviética, a posterior perda do monopólio em armas atômicas, os esforços da URSS para transformar sua frota de submarinos em uma movida a propulsão nuclear, o início da Guerra da Coreia, o bem-sucedido lançamento do satélite Sputnik, todos foram fatos que estimularam os Estados Unidos a se mobilizarem e inovarem. A década de 1950 foi marcada por uma forte competição na Guerra Fria. Quanto às hipóteses auxiliares propostas no Capítulo 1, elas também foram corroboradas: i) o avanço tecnológico obrigou os EUA a ajustarem suas instituições e doutrina; ii) interferências civis nas decisões militares foram observadas, aumentando a capacidade de inovação; iii) o ritmo, escala e timing da inovação foram acelerados pela urgência de equilibrar a ameaça; iv) os EUA não pararam de inovar quando confrontados com ameaças maiores, pelo contrário, dedicaram mais recursos para aprimorar ainda mais o reator nuclear e a Marinha Nuclear quando a ameaça externa aumentou; v) no início, houve falta de opções externas de equilíbrio em relação à propulsão nuclear, o que não mitigou os esforços inovadores.

O Capítulo 2 desenvolveu conclusões e variáveis a partir do ângulo doméstico de análise. A principal hipótese foi que o sucesso de um projeto em larga escala será fortemente influenciado e positivamente relacionado ao grau de consenso entre e dentro do Congresso e do Executivo. Algumas preposições da política burocrática foram de fato observadas. Interesses paroquiais, especialmente em relação ao controle sobre o programa atômico, existiram. Além disso, preocupações com custos e distribuição orçamentária estavam no topo da agenda. No entanto, essas questões não geraram grandes desacordos entre os jogadores sêniores, tentativas de usar poder de veto ou uma oposição partidária paralisante que prejudicaria os esforços de construção de consenso. Pelo contrário, na Marinha, por exemplo, negociações e acordos interdepartamentais foram feitos para priorizar o programa de submarinos de propulsão nuclear. O papel do Congresso e da AEC foi de apoio e, em última análise, esforços entre diferentes agências foram orquestrados para o sucesso da inovação, com participação e supervisão civis. Restrições orçamentárias também não pareciam ser limitantes. Após o USS Nautilus, essa colaboração continuou, incluindo desenvolvimentos institucionais adicionais, negociações entre comitês do Congresso e agências executivas apoiando o desenvolvimento da Marinha Nuclear.

Finalmente, quanto à viabilidade tecnológica e ao ângulo econômico da inovação, alguns comentários precisam ser feitos. A principal hipótese apresentada pelo Capítulo 3 relacionava a elasticidade da demanda à viabilidade tecnológica como uma variável *proxy* para medir a última. No caso do USS Nautilus, os dados para uma análise mais detalhada da variável *proxy* não estavam disponíveis[86]. O processo orçamentário também não pôde ser totalmente rastreado, uma vez que esse caso antecedeu a maior parte do processo delineado no Capítulo 4, como as reformas lideradas pelo secretário McNamara. No entanto, premissas econômicas de defesa e o rastreamento do projeto indicam que a questão da que a questão da viabilidade tecnológica foi alcançada precocemente. Os atores coordenaram-se para partilhar o peso dos gastos iniciais e, à medida que a pesquisa e desenvolvimento progrediam, o projeto parecia exequível. As questões relacionadas a cronograma e custo não demonstraram revisões significativas na curva de demanda. Questões de eficiência foram subordinadas às preocupações de segurança nacional, uma vez que os intervenientes suportavam o risco do investimento, que logo se mostrou tecnologicamente possível. A

---

[86] O autor deste livro entrou em contato com o CBO na tentativa de obter os dados. No entanto, em sua resposta, eles afirmaram que, como o projeto era historicamente distante, eles não tinham os dados disponíveis.

participação da indústria, instalações de pesquisa e atores governamentais reforçou a natureza sistêmica da inovação. Finalmente, as possibilidades de colaboração internacional em relação à inovação foram negligenciadas na época analisada, devido a preocupações com a segurança nacional.

CAPÍTULO 6

UM VOÔ PERTURBADO: O BOMBARDEIRO STEALTH B-2

> *A história do B-2 é caracterizada por "ineficiência econômica, política burocrática e dúvidas quanto à viabilidade tecnológica e cálculos econômicos".*
>
> (Grant, 2012, p. 2)

> *O programa B-2, em particular, evidencia a enorme dificuldade de tomar decisões racionais de gastos com defesa puramente com base nos interesses de segurança nacional dos Estados Unidos.*
>
> (Stacy, 1996, p. 29)

Como mencionado anteriormente, este livro apresenta o que é chamado de dois casos positivos (localizados no espectro de sucesso de projetos de defesa em larga escala) e dois no espectro de fracasso. Metodologicamente, destacou-se condições necessárias, conjuntamente suficientes, para explicar os fenômenos estudados. Um caso no qual essas condições estão ausentes (caso negativo) é importante para a análise comparativa, pois ajuda a testar a causalidade proposta e se a hipótese realmente explica a variável dependente. Um estudo *small-n de* casos requer uma investigação mais aprofundada (*process-tracing*) dos fenômenos que podem estabelecer vínculos causais e fornecer inferências investigando a sequência de eventos do objeto estudado. A ausência ou presença de relações causais entre as partes que interagem é, por esse motivo, essencial para conectar as variáveis independentes e dependentes propostas.

Este capítulo aborda o projeto do bombardeiro furtivo B-2. Argumenta-se que, embora o projeto não tenha sido um completo fracasso, dado os parâmetros de sucesso/fracasso apresentados neste estudo, no momento em que o B-2 foi cancelado, ele não atendia aos critérios para ser considerado bem-sucedido. Este estudo classifica o B-2 no espectro de fracasso. Argumenta-se que as condições necessárias e positivamente correlacionadas que o tornariam um programa bem-sucedido estavam ausentes. O *process-tracing* demonstra que as condições de ameaça externa, consenso na tomada de decisões e viabilidade tecnológica, conforme definidas e desenvolvidas nos Capítulos 1 a 3, não foram atendidas. A redução do nível de ameaça, a falta de consenso entre especialistas e principais atores, disputas burocráticas e desafios de viabilidade tecnológica levaram a resultados insatisfatórios para o projeto.

A primeira seção aborda os motivos e a concepção para desenvolver o B-2. A percepção de que a parte tripulada da tríade estratégica estava se tornando obsoleta em termos de combater os sistemas de detecção terrestre soviéticos levou a Força Aérea a investir no desenvolvimento de uma aeronave furtiva capaz de se infiltrar nas defesas soviéticas. Desde o início, no entanto, havia dúvidas sobre a necessidade do programa. A seção também investiga possíveis benefícios e problemas que o projeto poderia enfrentar. A seção 6.2 enfoca o desenvolvimento do B-2, destacando os principais eventos ao longo desse processo, os debates levantados entre especialistas e atores e a posição dos tomadores de decisão. Os resultados do projeto são brevemente apontados na seção 6.3. Finalmente, a última seção é dedicada a confrontar o referencial teórico desenvolvido neste livro e suas hipóteses com os resultados da investigação do projeto B-2.

6.1 Concepção, motivações e potencial

No final da década de 1970, os tomadores de decisão dos Estados Unidos estavam atentos à erosão das capacidades de defesa do país, com uma ameaça crescente advinda da União Soviética, que estava ganhando vantagem, especialmente em relação aos seus sistemas de radar, mísseis antiaéreos e forças de caça. A percepção geral dos tomadores de decisão era que a tríade estratégica dos Estados Unidos — mísseis intercontinentais baseados em terra, bombardeiros de longo alcance e mísseis lançados por submarinos — estava ficando para trás e poderia se tornar obsoleta, especialmente no que diz respeito à perna do bombardeiro tripulado da tríade. De acordo com Scott (1991, p. 21), os avanços nas defesas soviéticas estavam avançando para o "ponto em que os envelhecidos B-52 dos EUA seriam presas fáceis". As chances dos B-52 de superar as defesas soviéticas e atingir alvos estavam diminuindo. Além disso, o B-1B, um programa simultâneo ao B-52, era percebido como menos eficaz e que, até a década de 1990, provavelmente, seria designado para missões contra alvos menos defendidos (Welch, 1989).

Foi nesse cenário que líderes, especialmente na Força Aérea, propuseram um bombardeiro penetrante de longo alcance, chamado B-2, iniciado em 1981. O programa B-2 foi concebido para construir um bombardeiro furtivo de longo alcance, evitando detecção, negando a capacidade do inimigo de contra-atacar e idealmente atingir o alvo e retornar sem ser detectado. Isso também pressionaria a economia da União Soviética, fazendo-os investir mais em defesas aéreas.

O plano inicial da Administração era produzir 132 bombardeiros B-2, estimando um custo de US$ 36,6 bilhões em dólares de 1981, que foi ajustado para US$ 70,2 bilhões em dólares da década de 1990 (Gao, 1990; Stacy; Gunzinger, 1996). A Força Aérea tratou o programa com urgência, e a Northrop Grumman foi contemplada com o contrato em 2 de novembro de 1981, com o plano inicial de aumentar a produção máxima para 30 aeronaves por ano, após o prazo proposto para testes em 1987. Segundo esse cronograma, o B-2 alcançaria a capacidade operacional inicial até 1990 (Grant, 2012). O programa avançou em sigilo. No entanto, alcançar uma aeronave furtiva, com muitos novos componentes de design necessários para esse fim, apresentaria desafios de viabilidade tecnológica, custo e cronograma, como será demonstrado na análise do desenvolvimento do programa.

Dadas essas perspectivas, seria útil para este estudo esclarecer a concepção de uma aeronave furtiva e as inovações e desafios necessários para alcançar esse objetivo. Do ponto de vista do defensor, a detecção de uma aeronave "pode ser realizada por radar, infravermelho, avistamento visual, acústico ou métodos de emissão eletrônica" (Scott, 1991, p. 17). Um desafio especialmente preocupante era a capacidade avançada de radar de longo alcance dos soviéticos. Os radares enviam pulsos de energia eletromagnética que atingem o alvo e retornam ao transmissor. "Técnicas eletrônicas no receptor fornecem informações sobre a presença, velocidade, direção e tamanho da aeronave alvo" (Scott, 1991, p. 17). Quanto aos sensores infravermelhos, eles identificam uma presença de calor que parece diferente do ar ao redor do suposto atacante. Em relação aos sensores acústicos, eles simplesmente detectam o ruído proveniente da aeronave. Emissões irradiadas por uma aeronave invasora também podem ser detectadas por sensores eletrônicos, que identificam emissões eletromagnéticas irradiadas pela aeronave.

Na sua concepção, uma aeronave furtiva passaria por essas defesas sem ser identificada. Os primeiros desafios do desenvolvimento de tal aeronave incluem o design do seu corpo para reduzir a sua RCS (*Radar Cross Section*), a maneira como um radar pode identificá-lo. Uma aeronave é mais comumente identificada por um radar por meio "das juntas nítidas e angulares entre a fuselagem e as asas e cauda; superfícies planas de asa, fuselagem e cauda, entradas de motor; o cockpit; e os motores em si" (Brown, 1988, p. 354). Para minimizar o RCS da aeronave, a Northrop concebeu a fusão entre a asa e a fuselagem, tornando-a uma "asa voadora", com uma asa muito curta e larga, sem cauda. Essa concepção era semelhante à do B-49 da Northrop na década de 1940. Embora essa ideia não fosse nova, de acordo com Brown (1988, p. 355),

> [...] aeronaves com asas inteiras não são novas, mas elas não têm um histórico aerodinâmico estabelecido em altitudes muito baixas. Qualquer aeronave baseada em um design não comprovado enfrentaria um programa de testes de voo longo e potencialmente tumultuado.

Sem estabilizadores horizontais e verticais, a aeronave teria que depender de vetorização controlada por computador, o que envolveria avanços tecnológicos significativos. Em relação aos motores e à cabine, o programa B-2 contaria com o esconderijo do motor e suas entradas enterradas no corpo da aeronave e a fusão da cabine com superfícies de asa arredondadas. Avanços furtivos também teriam que vir do revestimento da pele da aeronave com materiais absorvem a refletividade de radar. Outro grande desafio era a proposta missão nuclear do B-2. Os projetistas enfrentariam o desafio de desenvolver revestimentos furtivos contra os efeitos radioativos. A aeronave teria que sobreviver à explosão de suas próprias armas nucleares. Os efeitos da explosão produziriam radiação gama-nêutron, uma onda térmica de grande intensidade e o pulso eletromagnético, resultante da interação dos raios gama com o campo magnético (Grant, 2012). A escolha dos materiais adequados para esse cenário seria mais um desafio para os designers do B-2.

Questões de viabilidade tecnológica seriam um aspecto central dos problemas e disputas enfrentados pelo programa B-2 durante seu desenvolvimento. Isso se deve à natureza altamente inovadora do programa, que envolve, como argumentado no Capítulo 3, altos riscos. "Problemas materiais mundanos podem prejudicar seriamente o programa como um todo" (Brown, 1988, p. 355). O debate e os desafios em torno dos avanços tecnológicos necessários para tornar o conceito do B-2 viável serão discutidos mais detalhadamente na próxima seção, dedicada ao desenvolvimento do programa. No entanto, como argumentou Brown (1988, p. 354), "todas as informações disponíveis ao público sugerem que o programa B-2 é uma empreitada extraordinariamente ambiciosa, até revolucionária, do ponto de vista tecnológico". Como foi argumentado no Capítulo 3, a viabilidade tecnológica é uma condição *sine qua non* para o sucesso de um programa e, portanto, se, durante seu desenvolvimento, houver muitas dúvidas, revisões de custos e cronograma e desafios difíceis relacionados a questões tecnológicas, isso afetaria diretamente o sucesso ou o fracasso do programa.

As perspectivas e o valor de alcançar uma aeronave furtiva, dadas suas motivações e conceitos iniciais, tinham fortes incentivos e pareciam ter muitas vantagens. O B-2 não era o único programa que, até a década de 1980, os Estados Unidos anunciaram ter alcançado a capacidade técnica de construir aeronaves furtivas (Welch, 1989). Isso fazia parte de uma "revitalização" das vantagens do país em sua estratégia geral de dissuasão, para tornar as contramedidas defensivas soviéticas ineficazes. Desde 1980:

> [...] cinco programas de veículos aéreos foram identificados como tendo uma natureza furtiva: 1) o Advanced Cruise Missile (ACM), a ser transportado por bombardeiros estratégicos; 2) o Advanced Technology Bomber (ATB); 3) o U.S Air Force's Advanced Tactical Fighter; 4) a U.S Navy Advanced Tactical Fighter; e 5) o recentemente anunciado F-117A (Welch, 1989, p. 47).

Este estudo, agora, volta-se para as aparentes vantagens que um programa bem-sucedido de aeronaves furtivas teria, já que essa inovação tecnológica prometia uma importância geoestratégica significativa. Como já citado, na época, os soviéticos haviam desenvolvido um grande número de radares, muito mais do que o Ocidente, e continuavam a aprimorar esses radares. Jasper Welch (1989) avaliou o possível valor das aeronaves furtivas ao lado dos mísseis de cruzeiro por meio de diferentes ângulos e cenários de engajamento possíveis, destacando três mudanças principais geradas pela adesão às aeronaves furtivas. Em primeiro lugar, as aeronaves furtivas provavelmente sofreriam menos baixas, tornando suas perdas inferiores às das aeronaves não furtivas. Em segundo lugar, as aeronaves não furtivas requerem mais apoio para identificação, contramedidas, escolta e a inteligência necessária para localizar, classificar e identificar as unidades defensivas. Isso aumentaria os custos gerais das missões. Finalmente, a capacidade de chegar ao alvo sem provocar alerta e contramedidas proporcionaria três vantagens distintas em relação à unidade-alvo:

> [...] a) a unidade estaria visível na estrada, auxiliando na detecção e identificação e facilitando a exigência de ativos de inteligência para prever a localização exata da unidade; (b) as defesas orgânicas de curto alcance da unidade não seriam alertadas e provavelmente seriam ineficazes; e (c) a vulnerabilidade física e psicológica da unidade seria aumentada, aumentando assim a eficácia de qualquer munição entregue. [...] Assim, vemos neste exemplo que nas áreas de penetração, aquisição de alvos e vulnerabilidade de alvos, grandes aumentos indiretos na eficácia são acumulados para a aeronave furtiva; e grandes aumentos indiretos de custo são acumulados para a aeronave não furtiva (Welch, 1989, p. 50).

Aeronaves furtivas teriam alta garantia de penetração e não precisariam voar a uma velocidade vertiginosa, rotas ou altitudes para evitar radares de defesa. O direcionamento cruzado poderia ser usado com mísseis e bombardeiros, com o B-2 sendo usado como garantia de *backup* ou no ataque principal. Também poderia ser designado para atacar alvos relocáveis. O que uma aeronave furtiva oferece é eficácia em uma ampla gama de casos (Welch, 1989). Em operações convencionais, bombardeiros de longo alcance poderiam cobrir uma grande área geográfica, proporcionando a vantagem de estabelecer bases capazes e seguras. Render as defesas nos "Estados clientes" soviéticos também aprimoraria a demonstração pela U.S. de superioridade militar-técnica, atacando símbolos do envolvimento soviético. Atacar instalações fixas (políticas, econômicas ou militares) ou forças militares (navios, aeronaves, veículos e pessoal do exército) também poderia abrir a área para futuras penetrações por aeronaves não furtivas (Welch, 1989). Em operações aéreas teatrais, bombardeiros estratégicos com furtividade dificilmente seriam envolvidos pela defesa aérea e, portanto, não seriam desviados de suas missões primárias para se defenderem. "No combate ar-ar, a surpresa é um fator excepcionalmente forte. Mesmo um pequeno atraso na detecção pode permitir que uma aeronave obtenha uma posição inicial mais favorável que fornecerá dominação no engajamento subsequente" (Welch, 1989, p. 59).

Essas possíveis vantagens, no entanto, dependiam de uma série de avaliações estratégicas, de custo-efetividade e de desafios de desenvolvimento técnico. Welch (1989) levanta uma série de questões que demonstram a incerteza em alcançar os benefícios da aeronave furtiva. Além disso, esses benefícios e suas relações com preocupações de custo certamente não foram consensuais entre especialistas e diferentes atores-chave, e o caminho para desenvolver o B-2 seria difícil.

Esta seção teve como objetivo apresentar os incentivos e a primeira avaliação conceitual e de valor do programa B-2, destacando seus principais objetivos, desafios de design e possíveis benefícios estratégicos. No entanto, o programa enfrentou enormes desafios desde sua concepção até suas fases de desenvolvimento, teste e aquisição. Isso foi resultado de disputas burocráticas e entre atores, desafios tecnológicos e mudanças no ambiente de ameaças externas. Esses problemas estiveram interligados ao longo das décadas seguintes e afetaram os resultados finais do programa. A próxima seção será dedicada à avaliação dessas questões, rastreando os principais eventos e disputas relacionadas ao programa.

6.2 O desenvolvimento do B-2: um processo problemático

Segundo Rebecca Grant (2012, p. 2), a história do B-2 foi marcada por "ineficiência econômica, por política burocrática e dúvidas quanto à viabilidade tecnológica e cálculos econômicos", o que impediu a produção em larga escala. Os principais debates entre especialistas e os principais tomadores de decisão, como comitês do Congresso, órgãos executivos e líderes, concentraram-se no final dos anos 1980 e início dos anos 1990. Esses debates ocorreram em um cenário de mudança drástica, o fim da Guerra Fria, o que colocaria em questão os objetivos estratégicos e a necessidade do programa. Diferentes atores tinham posições e interesses conflitantes, os cálculos de custos eram constantemente modificados, e não se alcançava consenso sobre a aquisição. Dado que a viabilidade tecnológica, os custos e a necessidade estratégica estavam no centro do debate, este tópico começa abordando e revisando essa discussão. Vale ressaltar que, na época em que os principais debates ocorreram, houve drásticas reduções no orçamento de defesa, o que representou um desafio ainda maior para programas concorrentes e diferentes interesses. Disputas entre aqueles que defendiam suas bases, juntamente com debates prioritários e disputas dentro das Forças Armadas, foram intensificados.

Jasper Welch (1989) avaliou, além dos possíveis benefícios do desenvolvimento bem-sucedido da tecnologia *stealth*, como discutido na seção anterior, seus principais desafios e possíveis penalidades. As penalidades centrais estavam centradas na questão de saber se a penalidade de design era muito alta. Isso poderia se manifestar em termos de "custo unitário, peso total da aeronave, alcance-carga útil, aceleração, subida, manobra, características de manuseio ou talvez de outras maneiras" (Welch, 1989, p. 50). O custo unitário é um critério decisivo para os tomadores de decisão, especialmente ao avaliar possibilidades concorrentes. Nesse sentido, questões de custo são levantadas com incertezas tecnológicas. Welch (1989) destaca que, na época, muitos dos custos de incorporar a tecnologia *stealth* não eram conhecidos em grau substancial. Não mais do que estimativas poderiam ser feitas na época.

O próximo presidente eleito (após 1988) enfrentaria um desafio imenso, com cortes nos orçamentos de defesa; algo teria que ceder (Brown, 1988), argumentou que "o destino do B-2, portanto, provavelmente dependerá da consideração do custo e de questões aparentemente mundanas de aquisição" (Brown, 1988, p. 351). Brown compara o programa B-2 com o B-1B e argumenta que, como o primeiro era tão inovador, deveria ser mais problemático do que o último. Brown (1998, p. 351) avaliou que "infelizmente, o programa B-2 tem o potencial de ser uma história legítima de horror de aquisições". Na época, o autor sugeriu que o próximo presidente teria que decidir como reestruturar o programa. Se a decisão de implementar o programa fosse tomada, ele sugeria que deveria se concentrar exclusivamente nos testes de desenvolvimento de engenharia, a fim de fornecer as informações necessárias para uma decisão altamente informada, com uma sólida avaliação de custo-eficácia. Isso também "liberaria recursos orçamentários a curto prazo para outras necessidades militares urgentes" (Brown, 1988, p. 351).

Brown (1988) também avaliou a necessidade estratégica do B-2, argumentando que, apesar da necessidade de uma perna *air breathing leg* da tríade estratégica, os EUA provavelmente não precisavam do B-2. Brown (1988) afirmou que os mísseis de cruzeiro já haviam sido testados e eram confiáveis e mais eficazes como penetradores do que os bombardeiros, porque "o míssil de cruzeiro menor, de um único motor, tem uma assinatura RCS (*Radar Cross Section*) e uma assinatura IR (infravermelha) muito menores do que uma aeronave tripulada" (Brown, 1988, p. 353). Além disso, o autor argumenta que os bombardeiros de penetração não desempenham nenhuma missão estratégica única e criticamente importante, levantando também uma questão de viabilidade tecnológica: "dadas as tecnologias atuais de sensores e processamento de dados a bordo, será difícil, se não impossível, conduzir missões de busca e destruição contra alvos móveis e camuflados" (Brown, 1988, p. 353). O autor argumenta que os defensores do B-2 não poderiam sustentar o argumento de que o bombardeiro seria necessário até o início da década de 1990 e a racionalidade para um programa de aquisição acelerada era questionável do ponto de vista estratégico. Além disso, tratando-se de um programa ambicioso de última geração, Brown (1988) argumenta que grandes avanços tecnológicos em aerodinâmica e materiais não eram uma questão superficial, uma vez que problemas nessas áreas haviam prejudicado programas de aquisição no passado.

Havia sérios problemas técnicos com os materiais compostos da aeronave e questões de montagem já haviam surgido. Brown (1988) destacou atrasos no primeiro teste de voo do B-2, estimativas de custo aumentadas, redução da produção pela Northrop e medidas do Congresso para retardar o programa. Esses foram indicadores de dificuldades técnicas e falta de consenso entre os principais atores. Um comprometimento irreversível com o programa era, portanto, inadequado. "Correr para a produção não garantiria uma capacidade operacional precoce" (Brown, 1998, p. 363). Brown defendia um programa sequencial e sua reestruturação. De acordo com o autor,

> [...] se o próximo presidente deixar de reestruturar o programa B-2, ele enfrentará das duas piores situações: o programa avançará inexoravelmente em direção à produção, mesmo enquanto acumula problemas técnicos e problemas graves de sobrecusto (Brown, 1988, p. 363).

Portanto, os tomadores de decisão deveriam concentrar-se principalmente nos testes de protótipos:

> A fase de testes do protótipo é igualmente vital porque confirma que a arma funciona conforme anunciado e permite aos engenheiros finalizar o design do sistema antes do início da produção em larga escala. Construir um protótipo também ajuda a confirmar estimativas de custos e cronograma (Brown, 1998, p. 357).

A ameaça externa em declínio, a pressão do Congresso para cortar drasticamente os gastos militares, as dificuldades técnicas e os atrasos repetidos impactaram os planos da Força Aérea para o B-2 até 1990. Em 26 de abril, o secretário de Defesa Richard Cheney propôs uma redução na compra de bombardeiros furtivos B-2. "Em vez de comprar 132 bombardeiros a um custo estimado de 75 bilhões de dólares, o Pentágono propôs comprar 75 bombardeiros por 61,1 bilhões de dólares" (Brower, 1990, p. 25). É importante destacar que a CBO ofereceu diferentes estimativas para o programa de 132 aeronaves na época. O relatório da CBO sugeria que o custo de comprar 132 aviões em um plano estendido custaria 91,3 bilhões de dólares e em uma taxa baixa 81,9 bilhões de dólares. O relatório da CBO também afirmou que aumentos de custo eram esperados, já que havia incertezas em relação ao programa (CBO, 1990).

Mesmo com essa redução, no entanto, Brower (1990) argumentou que ainda havia muitas dúvidas sobre a eficácia financeira do B-2 na época: "Na verdade, nenhuma das vantagens que a Força Aérea alega para o B-2 pode resistir a uma análise cuidadosa" (Brown, 1990, p. 25). Brower (1990) afirmou que os B-2 não seriam eficazes contra alvos móveis, pois esses alvos ocultos poderiam ser bloqueados, e contramedidas simples, como usar *decoys*, diminuiriam significativamente o número de alvos que o bombardeiro penetrante poderia destruir. O argumento de que os B-2 tornariam as defesas soviéticas obsoletas pode ser verdadeiro, embora, na época, Brower (1990, p. 27) afirmasse que "as defesas soviéticas já foram amplamente tornadas obsoletas por mísseis de cruzeiro. A economia soviética é fraca e os gastos com defesa estão aparentemente em declínio". Quanto às operações convencionais, Brower (1990) argumentou que o B-2 era muito caro e que a Força Aérea já possuía os bombardeiros B-52, B-1B, FB-111 e os caças F-17, F-15 e F-16 que poderiam ser usados nesses cenários.

Um argumento muito importante, apresentado por Brower (1990), foi o custo operacional e de manutenção do programa que deveria ser considerado nas decisões de aquisição. As projeções de custos básicos feitas pela Força Aérea estavam sendo continuamente reavaliadas. Por exemplo, a estimativa de custo unitário passou de 530 milhões de dólares em 1989 para 815 milhões de dólares em 1990. Além disso, os custos operacionais e de suporte, incluindo combustível, manutenção, peças de reposição, pessoal e aeronaves de reabastecimento, foram estimados em mais 20 bilhões de dólares ao longo de 25 anos para uma frota de 60 bombardeiros em serviço ativo (Brower, 1990). Brower estimou que, somando esses fatores, a frota do B-2 provavelmente custaria 103 bilhões de dólares para adquirir, operar e manter. Na época, o Congresso já havia aprovado o desenvolvimento de 15 B-2. Brower (1990, p. 29), portanto, propôs que:

> Os Estados Unidos possuem uma força estratégica de bombardeiros adequada para a década de 1990 e além, mesmo sem

> o B-2. A maioria das missões do B-2 poderia ser executada de maneira mais eficaz por outros sistemas de armas. Além disso, os custos do B-2 são muito mais elevados do que as estimativas atuais sugerem, chegando a pelo menos US$ 108 bilhões. O Congresso deveria encerrar imediatamente a produção do B-2. As 15 aeronaves já financiadas deveriam ser utilizadas para testar a tecnologia stealth e, possivelmente, para operações especiais. Em vez de adquirir o B-2, o Congresso deveria manter a força atual de B-1Bs e B-52s mais ou menos intacta, economizando aproximadamente US$ 35 bilhões em custos de operação e aquisição ao longo da próxima década, ou converter imediatamente os B-1Bs em transportadores de mísseis de cruzeiro e aposentar a maioria ou todos os B-52s, resultando em uma economia de quase US$ 49 bilhões.

Semelhante a Brower (1988), Brown (1990) questiona os cálculos de custos do programa B-2, afirmando que ninguém nunca disse que bombardeiros eram baratos, mas a Força Aérea tenta fazer com que o B-2 pareça muito menos caro do que realmente era. A política de orçamento explica a insistência da Força Aérea em seus próprios programas, uma vez que um órgão agiria tentando maximizar seu orçamento e prestígio e monopolizando decisões em sua área de atuação. Brower (1988) demonstra que os custos estimados do programa cresceram 12% em termos reais entre 1981 e 1986, e 20% em termos reais entre 1986 e 1989. Problemas com atrasos nos testes e informações disponíveis de que a Northrop estava enfrentando sérios desafios com os materiais compostos do B-2 também agravaram a situação (Brown, 1990). A GAO relatou que o custo dos aviônicos do B-2 triplicou entre 1988 e 1989 e estava 2 anos atrasado no cronograma (GAO, 1990). O HASC também questionava as estimativas e planos de aquisição da Força Aérea, argumentando que, com a queda nos orçamentos de defesa, o financiamento anual para o programa diminuiria, elevando seu custo total e unitário (Morrocco, 1989). Brown (1990) também reforça a ideia de custos não basais de Brower (1988), afirmando que os custos de O&M aumentariam substancialmente o custo do programa. Em conclusão, Brown (1990, p. 153) argumenta que:

> Na minha opinião, o B-2 não é necessário, e suas capacidades não valem as dezenas de bilhões de dólares que a Força Aérea quer gastar com ele na década de 1990 e além. Construir mais B-2s além do que os Estados Unidos já estão comprometidos a

construir é um luxo que o país simplesmente não pode se dar ao luxo. O Congresso deveria encerrar imediatamente a aquisição do B-2 e minimizar o investimento americano neste sistema tecnologicamente elegante, mas estrategicamente supérfluo.

Os autores revisados até agora se concentraram em questões tecnológicas, estratégicas e de eficácia financeira. As disputas em torno do programa B-2 intensificaram-se com orçamentos reduzidos, e os principais atores no processo de tomada de decisão, descritos nos Capítulos 2 e 4, estavam tendo sérias dificuldades para chegar a um consenso em relação ao programa. Healy (1990) afirmou que o controverso bombardeiro furtivo poderia custar até 1,95 bilhões de dólares por unidade com base em um estudo divulgado pelo CBO, estimando uma compra total de 33 aviões a uma taxa de dois por ano. Se o programa fosse cancelado imediatamente, isso economizaria 45 bilhões de dólares, embora isso "deixasse uma força de 16 bombardeiros com etiquetas de preço de 2 bilhões de dólares cada, conforme informaram os analistas de orçamento do Capitol Hill aos legisladores" (Healy, 1990, p. 1). Isso é lógico do ponto de vista de que a escala economiza dinheiro, pois os custos de P&D, por exemplo, são fixos. Menos aviões significam um custo unitário mais alto. No entanto, o que está claro é que as estimativas de custo estavam mudando continuamente e diferiam entre os principais atores responsáveis por elas. Além disso, o projeto da Força Aérea de 132 aviões por 75 bilhões de dólares, a um custo de 570 milhões de dólares cada (dólares de 1990), já havia falhado, pois, como foi declarado, já havia sido abandonado e revisado, e, finalmente, a Administração propôs a redução para 75 bombardeiros. Antes da redução, no entanto, membros-chave do Congresso começaram a se opor em opções de aquisição. De acordo com (Healy, 1990, p. 1), o plano da Força Aérea de 1990 poderia atingir um pico de financiamento próximo a 10 bilhões de dólares, o que era uma "proposição impossível", segundo o deputado Les Aspin (D-Wis), presidente do HASC, "quando lhe foi apresentada a programação de produção proposta pelo governo Bush para o B-2". O congressista acrescentou "Eles devem estar fumando alguma coisa lá se alguém acha que vamos gastar 8 bilhões (a 10 bilhões) em um ano em um único programa de armas" (Healy, 1990, p. 1). Les Aspin se tornaria secretário de Defesa no governo de Bill Clinton. O senador Alan Cranston argumentou que "O relatório do CBO confirma o que eu venho dizendo o tempo todo". "A única maneira de parar de desperdiçar dinheiro com o programa B-2 é cancelá-lo de uma vez por todas - não uma fatia de cada vez, mas de uma vez por todas" (Healy, 1990, p. 1). Defensores do programa, como a Força Aérea e o deputado Norm Dicks

(D-Wash), argumentaram que haveria grandes penalidades em desacelerar o programa, afirmando que o custo unitário aumentaria. O ponto principal é que a falta de consenso e as disputas entre as posições dos principais atores no Congresso foram essenciais para a decisão da administração de reduzir o programa para 75 unidades em 1990.

Houve também disputas dentro do próprio Executivo. O ex-chefe de aquisições do Departamento de Defesa, que ocupava o cargo de subsecretário para aquisições, disse, em 1989, que o programa B-2 deveria ser encerrado, devido a "custos exorbitantes, controle de qualidade negligente e má gestão pela empresa que construía a aeronave de alta tecnologia" (May, 1989, p. 1). Ele argumentou que o desenvolvimento da aeronave estava em estágios iniciais e a Força Aérea não poderia calcular seus custos reais. Além disso, Castello afirmou, assim como Brower (1988) e Brown (1990) fizeram, que os militares não precisavam do novo bombardeiro, "já que tinham um extenso arsenal estratégico existente de mísseis, submarinos e bombardeiros" (May, 1989, p. 1). Em resposta, o CEO da Northrop, Thomas Jones, defendeu o bombardeiro argumentando que, apesar de enfrentar alguns desafios técnicos que causaram atrasos, o programa havia alcançado um "sucesso técnico sem precedentes" (May, 1989, p. 1). Autoridades da Força Aérea afirmaram que o programa representava uma "guerra aérea revolucionária" e era necessário para levar as forças estratégicas dos EUA para o século XXI (May, 1989, p. 1).

Estimativas de custos diferentes e em constante mudança, tomadores de decisão em oposição, dúvidas tecnológicas de especialistas e atores-chave, a diminuição do nível de ameaça, são todas causas-chave para o resultado do projeto B-2. Esses fatos reforçam os argumentos apresentados por este livro em seu debate teórico (Capítulos 1 a 4). Antes de discutir os resultados do programa, no entanto, serão feitos alguns comentários adicionais sobre a política de BP para entender melhor as questões de desenvolvimento e aquisição que o B-2 enfrentou na década de 1990.

O debate entre os atores e especialistas abordados até agora ocorreu durante o auge das disputas sobre decisões de aquisição. O que aconteceu depois foi uma consequência da falta de consenso aqui demonstrada em relação a: i) desafios tecnológicos e desconhecidos; ii) incertezas nas estimativas de custo; iii) eficácia financeira do programa durante um cenário de orçamento em redução; iv) necessidade estratégica do B-2; v) diminuição do nível de ameaça externa; e vi) interesses burocráticos divergentes e opostos. Esses fatos são certamente inter-relacionados. Como argumentado no

Capítulo 3, a inovação tem uma natureza sistêmica. O presidente Clinton teria, na época, que enfrentar o desafio de tomar uma posição em relação ao futuro do B-2 nesse cenário problemático.

Jerry Stacy e Mark Guzinger (1996) desenvolveram um estudo investigando especificamente o B-2 e a Política Burocrática na metade da década de 1990. Os autores argumentaram que, devido a esses interesses conflitantes e de acordo com a teoria da BP, "o programa B-2, em particular, demonstra a enorme dificuldade de tomar decisões racionais de gastos de defesa puramente com base nos interesses de segurança nacional dos Estados Unidos" (Stacy; Guzinger, 1996, p. 29). Em 1993, o Congresso democrata e o governo Bush eventualmente decidiram limitar a aquisição em 20 aeronaves a um custo de 44 bilhões de dólares. Os tomadores de decisão concordaram em interromper a aquisição dos bombardeiros B-2 e o orçamento de defesa do ano fiscal de 1996 de Clinton não incluía dinheiro para bombardeiros adicionais. Os planos originais da Força Aérea haviam falhado drasticamente.

Mesmo na metade da década de 1990, as projeções de custo e a viabilidade operacional ainda eram uma questão preocupante. O CBO (1993) relatou que "o contratante teve dificuldades em implementar mudanças nas linhas de base de custo e cronograma necessárias para refletir as mudanças nos cronogramas do programa". Além disso, de acordo com o CBO (1993), os defensores do B-2 "não descreveram adequadamente as estimativas de custo para o desenvolvimento do B-2 e programas de aquisição e não descreveram especificamente as estimativas de custo para elementos especificados por legislação". A GAO (1995) emitiu um estudo afirmando que "após 14 anos de desenvolvimento e requisitos de missão em evolução, incluindo 6 anos de testes de voo, a Força Aérea ainda não conseguiu demonstrar que o B-2 atenderá a alguns de seus requisitos de missão mais importantes". De acordo com este documento, "até 31 de maio de 1995, o B-2 havia completado cerca de 44 por cento das horas de teste de voo planejadas para atender aos objetivos de teste" (GAO, 1995). O relatório concluiu que:

> Após 9 anos de produção e montagem de aeronaves, a Northrop Grumman, a principal contratada, continua a ter dificuldades em entregar B-2s que possam atender aos requisitos operacionais da Força Aérea. Em grande parte, as aeronaves foram entregues com atraso e com desvios e isenções significativos (GAO, 1995, s/p).

O difícil processo de aquisição e tomada de decisão foi devido a interesses conflitantes representados no Congresso e no Executivo. De acordo com Halperin (1974, p. 28), "a visão dominante dentro da Força Aérea tem sido que sua essência é o voo de aeronaves de combate projetadas para a entrega de armas nucleares". Ao tomar posições sobre questões de política, orçamento e estratégia, assim, a Força Aérea sempre "buscou proteger seu papel na entrega estratégica de armas pelo ar" (Halperin, 1974, p. 28). Na metade da década de 1990, a Força Aérea enfatizava a importância dos programas de bombardeiros para a estratégia de combate convencional. No entanto, mesmo dentro da Força Aérea, havia aqueles preocupados que o B-2 poderia prejudicar os esforços de outras prioridades, como aeronaves de combate.

Dentro do governo Clinton, o OSD, liderado pelo secretário Les Aspin, iniciou uma campanha para atender à estratégia militar e à estrutura de forças apropriadas do pós-Guerra Fria. O OSD estava muito preocupado com questões fiscais. Em seu programa, a estrutura da força de bombardeiros foi limitada, incluindo 20 B-2, considerados suficientes. Com orçamentos em declínio, uma preocupação importante era o conflito entre as forças, pois abrir a porta para mais B-2 resultaria em pedidos dos serviços por programas novos e expandidos (Stacy; Guzinger, 1996). Ainda assim, havia fortes defensores do programa B-2 no Congresso, na Força Aérea e naturalmente, na Northrop. A eleição de um Congresso de maioria Republicano, em novembro de 1994, deu esperança para aqueles que defendiam o programa.

No Congresso, defensores do B-2 também ocupavam posições-chave na época. O subcomitê de aquisições militares era presidido por Duncan Hunter da Califórnia; o líder da maioria do subcomitê de aquisições era J.C. Watts (Oklahoma). Suas posições eram fortemente influenciadas por questões de constituintes. Nesse sentido, "a Northrop tinha a vantagem de ter espalhado a linha de produção do B-2 por 48 Estados e 383 distritos congressuais" (Stacy, 1996, p. 12) e havia contribuído para campanhas-chave de membros do Congresso. A criação de empregos e o impulso econômico, especialmente na Califórnia, Texas e Washington — que se beneficiavam desproporcionalmente dos contratos do B-2 —, eram questões difíceis que aqueles que se opunham ao B-2 tinham que superar. "A Northrop contratou quase 8.000 fornecedores em 48 Estados e distribuiu 14 bilhões de dólares em subcontratados" (Stacy, 1996, p. 8). Membros importantes do Congresso, consequentemente, buscavam preservar a base industrial central de bombardeiros.

No entanto, não havia apoio consensual ou uma forte maioria no Congresso de apoiadores do B-2, o que funcionou a favor da administração

Clinton. A administração direcionou dinheiro não para mais bombardeiros, mas apenas para atualizar as aeronaves existentes (Stacy, 1996). Enquanto o Congresso estava em uma posição difícil de ter que escolher entre B-2 adicionais e outros programas de importantes, como o F-22, ou mais porta-aviões para a Marinha, a decisão do presidente prevaleceu, e o 21º bombardeiro B-2 foi o último a ser produzido.

Até este ponto, este capítulo revisou os principais fatos e debates relativos ao B-2. Na primeira seção, foram abordados a concepção e os planos iniciais do programa, juntamente com as principais vantagens e desafios que o programa ofereceria. A segunda seção analisou os anos seguintes, concentrando-se nas diferentes posições que influenciariam os resultados do programa. Dificuldades tecnológicas e dúvidas sobre a eficácia financeira e a necessidade estratégica foram levantadas pela literatura revisada. Órgãos especializados em lidar com esses problemas, como a GAO e o CBO, também destacaram muitas dificuldades no desenvolvimento do B-2, o que afetaria o processo de aquisição e os planos da Força Aérea. O Congresso estava dividido. Os orçamentos de defesa estavam em queda. A União Soviética estava deixando de existir, e o Executivo estava dividido e revisando suas prioridades. Além dos atores que se esperava que defendessem o programa fazendo *lobby* em seu favor, todas as questões mencionadas anteriormente tiveram mais peso no resultado final do programa. Na próxima seção, os resultados do programa serão abordados.

6.3 O desfecho

Após quatro décadas, os resultados do programa B-2 foram substancialmente diferentes de sua concepção, propósitos e objetivos. Pesquisa e desenvolvimento (P&D) e a constante mudança nos requisitos para desenvolver a aeronave durante o processo elevaram exponencialmente o custo do bombardeiro e resultaram em disputas na aquisição. Em dólares de 2009, o custo unitário da aeronave acabou sendo de 2 bilhões. A redução no número de bombardeiros adquiridos, devido aos fatores delineados neste capítulo, aumentou ainda mais o custo unitário. No final da produção, o custo do programa totalizou 44,2 bilhões de dólares, incluindo custos afundados, como P&D, que representaram mais da metade do custo (Grant, 2012). De acordo com Bill Scott (1991, p. 23), em concordância com a análise de eficiência deste estudo, argumenta: "O processo de aquisição de defesa é caracterizado em cada etapa por três elementos muito importantes: custo, cronograma e desempenho. Se algum desses variar significativamente além dos limites presentes, o programa está em apuros". O custo real do programa diminuiu da estimativa original de 36,6 bilhões de dólares (em dólares de 1981) para 29,07 bilhões de dólares (em dólares de 1981) até 1990. No entanto, como a estimativa original foi baseada na projeção de 132 aviões e a entrega foi de 21, o custo unitário original era de 277 milhões de dólares (em dólares de 1981), o qual aumentou para um custo unitário real de mais de 1 bilhão de dólares (em dólares de 1981). Como argumentado, as estimativas de custo eram difíceis de definir durante o processo, pois o programa estava enfrentando dificuldades em avançar em seus desafios tecnológicos. Até meados da década de 1990, não havia alcançado suas metas de desempenho em relação aos principais requisitos de missão e ainda tinha dificuldades para estimar custos e cronogramas (GAO, 1995; CBO, 1993). O primeiro voo ocorreu em 1989, e a primeira entrega em 1993. Isso representa um atraso de dois anos nos testes. A Capacidade Operacional Inicial (IOC) foi alcançada em 1997, um atraso de sete anos em relação às projeções iniciais. Apesar de ter atingido o IOC e ter sido finalmente bem-sucedido nos testes, a decisão de cancelamento já havia sido tomada. Os defensores do B-2 não conseguiram lidar com os custos adicionais, os atrasos no cronograma e os problemas de desempenho ao mesmo tempo em que convenciam os tomadores de decisão de sua importância.

Havia opções para o programa B-2, e os recursos estavam sendo disputados intensamente, uma das razões que levaram ao seu cancelamento. A necessidade do B-2 e os benefícios para as *stakeholders* envolvidas na aquisição de defesa não estavam claros. Apesar do fracasso geral do programa, algumas observações devem ser feitas sobre os sucessos operacionais. Os Estados Unidos não obtiveram o retorno completo do programa de desenvolvimento do B-2. No entanto, os avanços tecnológicos durante o esforço do processo foram substanciais e inigualáveis por outras forças aéreas. A missão da aeronave foi readaptada e seu papel principal foi alterado para a entrega de armas convencionais (embora ainda mantendo a capacidade nuclear). O B-2 atacou alvos na Sérvia em 1999, no Afeganistão em 2001 e no Iraque em 2003. No entanto, devido ao seu investimento e custo massivos, pode-se argumentar que não havia necessidade do B-2 nessas missões convencionais. No entanto, a Força Aérea continuou a argumentar que, apesar do fim da Guerra Fria, a guerra estratégica era vital e, além disso, justificava o papel central do bombardeiro, uma vez que era designado para missões convencionais.

O *processs-tracing* nas seções anteriores já revela o resultado do programa. Dados os parâmetros de sucesso ou fracasso delineados neste livro, os resultados são claros. Os objetivos iniciais do programa e os essenciais não foram totalmente atendidos. É por isso que o B-2 é classificado no espectro de fracasso por este livro. Mesmo entregando 21 aeronaves que tiveram sucesso operacional e avançando tecnologicamente, o programa não foi eficiente (custo, cronograma, desempenho) até seu cancelamento e não foi considerado necessário pelos *stakeholders* e tomadores de decisão. Sem perspectivas de eficiência e eficácia, os tomadores de decisão cancelaram o projeto. O que não o torna um completo fracasso é que, em última análise, ele se mostrou digno de engajamento.

Como será visto na próxima seção, os fatores necessários que impactam positivamente a inovação e projetos de defesa em larga escala não estavam presentes. O referencial teórico construído neste livro e as hipóteses apresentadas nos capítulos anteriores serão agora aplicados ao caso do B-2, assim como foi feito no estudo de caso anterior (Capítulo 5).

6.4 Resultados e notas de conclusão

O programa B-2 Stealth não foi bem-sucedido. Desde sua concepção e idealização até sua comissionamento, teve dificuldades em superar os principais fatores que, de acordo com o referencial teórico desenvolvido neste estudo, são cruciais para o sucesso de um programa. Questões constantes de viabilidade tecnológica eram um problema, fazendo com que projeções de custo e cronograma mudassem constantemente. Órgãos tinham interesses conflitantes e os principais atores envolvidos não conseguiram chegar a um consenso. As comissões do Congresso, o OSD e especialistas não estavam convencidos da necessidade do gasto e da necessidade estratégica do programa. Crucial para pressionar a inovação, a ameaça externa diminuiu drasticamente com a queda da URSS. A literatura revisada e o *process-tracing* do projeto demonstram seu fracasso em comparação com seu objetivo inicial através das três lentes de análise propostas neste estudo.

Sob a perspectiva da Segurança Internacional (SI), o programa foi concebido para equilibrar a ameaça soviética, mais especificamente, para contrapor as defesas aéreas soviéticas e seus sistemas de radares altamente desenvolvidos. No início da década de 1980, a percepção geral dos líderes militares era de que a tríade estratégica dos EUA — mísseis intercontinentais baseados em terra, bombardeiros de longo alcance e mísseis lançados por submarinos — não estava cumprindo seu objetivo de dissuadir os soviéticos. A principal preocupação estava com o componente tripulado, bombardeiro da tríade, o que levou à concepção e à motivação para lançar o projeto B-2, como esperado, no sentido de balanceamento interno e comportamento do Estado, conforme argumentado no Capítulo 1. Mesmo que a Guerra Fria continuasse na década de 1980 com uma enorme expansão militar liderada por Ronald Reagan, o B-2 não era percebido consensualmente por especialistas como necessário para enfrentar as defesas aéreas soviéticas. Como foi examinado, embora reconhecendo as possíveis vantagens do B-2, acadêmicos e atores se opuseram ao programa, propondo outras opções, como mísseis de cruzeiro, por exemplo, para alcançar a principal missão do B-2. Com a diminuição da ameaça e a crise econômica enfrentada pela URSS no final da década, o programa foi ainda mais desafiado em termos de sua necessidade. Queda nos orçamentos de defesa, reajuste das prioridades dos EUA e programas simultâneos colocaram o B-2 ainda mais em questão. A motivação externa para a inovação e a mobilização interna de recursos não foram atendidas. A principal hipótese do Capítulo 1, de que Estados capazes de inovação militar inovarão diretamente em proporção ao nível de ameaça e, portanto, diante de um alto nível de ameaça, projetos em larga escala serão mais propensos a ter sucesso, é corroborada pela análise feita neste capítulo. A diminuição do nível de ameaça não deu motivação suficiente para a inovação no caso do B-2. Além disso, especialistas não concordaram que o programa era uma contramedida adequada aos soviéticos. Quanto às hipóteses auxiliares propostas no Capítulo 1, também foram corroboradas: i) com o colapso da União Soviética, a tecnologia militar altamente superior dos EUA os obrigou a ajustar suas instituições e doutrina; ii) a interferência civil nas decisões militares, diante da diminuição da ameaça, prejudicou os esforços da Força Aérea para inovação; iii) o ritmo, escala e timing da inovação foram reduzidos, uma vez que não havia urgência em equilibrar os soviéticos; iv) os EUA diminuíram seus recursos dedicados à inovação à medida que a ameaça externa caía; v) embora os EUA, em seus propósitos para o B-2, não contassem com opções de balanceamento externo, isso não afetou suas motivações de balanceamento interno, uma vez que a ameaça externa não aumentou. Finalmente, vale mencionar que a variação da ameaça externa obrigou o ajuste dos objetivos da aeronave, alterando sua principal função de dissuasão nuclear para missões convencionais.

    O Capítulo 2 delineou os fatores domésticos esperados para determinar o sucesso ou fracasso de um programa. A principal hipótese era que o sucesso de um projeto em larga escala seria fortemente influenciado e relacionado positivamente ao grau de consenso entre e dentro do Congresso e do Executivo. O fracasso do projeto é fortemente afetado pela falta de consenso observada no caso do B-2, e, portanto, a hipótese foi corroborada. Enquanto a Força Aérea, como esperado pela teoria da BP, defendia sua missão atribuída, o monopólio de informações e os orçamentos crescentes, outros jogadores não concordavam. A queda nos orçamentos de defesa levou as outras forças a barganhar por suas próprias prioridades. E mesmo dentro da Força Aérea, havia dúvidas e desacordos sobre quais projetos eram prioritários. A Northrop defendeu o programa e havia fortes defensores do B-2 nas comissões do Congresso, embora não suficientes para construir um consenso. Defensores do B-2 foram constantemente questionados e convocados para audiências. O Pentágono foi pressionado a reduzir seus planos para o B-2. A administração Clinton e o OSD se opuseram ao programa devido à sua *bottom-up defense review*. O consenso certamente não foi alcançado e isso afetou diretamente a decisão final de adquirir apenas 21 bombardeiros furtivos B-2.

Quanto à viabilidade tecnológica, essa foi, sem dúvida, mais uma questão problemática. Grandes revisões de cronograma e custo revelam que o programa enfrentou desafios tecnológicos constantes. Entre ser totalmente inviável ou totalmente viável, existem outros graus de desafios tecnológicos que impactam a tomada de decisões e o sucesso do programa. Isso só pode ser observado pelo *process-tracing* do desenvolvimento do projeto. Atrasos nos testes de voo e problemas no desenvolvimento de materiais essenciais foram alguns dos fatores demonstrados neste capítulo. Especialistas e atores interessados, como revisado neste capítulo, estavam constantemente preocupados com as questões de viabilidade tecnológica do B-2. Com o tempo, mesmo que alguns dos bombardeiros propostos tenham sido adquiridos, as dificuldades enfrentadas pelo desenvolvimento certamente desacreditaram o projeto, levantaram dúvidas sobre sua viabilidade tecnológica e foram um fator de seus resultados malsucedidos.

A proposta deste livro de organizar os eventos por meio de diferentes ângulos não significa que eles não sejam inter-relacionados. Enquanto a ameaça externa varia, a tecnologia enfrenta desafios ou avança rapidamente, atores e tomada de decisões se ajustam e assim por diante. Eles estão conectados. O *process-tracing* do B-2 demonstra isso claramente, uma vez que as posições dos tomadores de decisão e dos especialistas se sobrepuseram com as modificações na ameaça externa, o reajuste dos propósitos do programa e os desafios tecnológicos. A interação dos três ângulos de análise propostos será tratada mais detalhadamente no capítulo conclusivo.

CAPÍTULO 7

O FUTURE COMBAT SYSTEMS JAZ FIRMEMENTE NO PASSADO

> *O FCS é amplamente considerado um fracasso, o que tem minado a confiança nas capacidades de aquisição do Exército por parte daqueles tanto dentro quanto fora da instituição.*
>
> (Pernin et al., 2012, p. 2)

> *A dependência do programa em tecnologia imatura resultou em estimativas crescentes de custos e atrasos no cronograma. O FCS era complicado, e o Exército não pôde fornecer ao Congresso uma narrativa consistente ou demonstrar de forma convincente o retorno dos bilhões de dólares apropriados para pesquisa e desenvolvimento.*
>
> (Brockman, 2017, p. 175)

O objetivo deste capítulo é investigar o caso do Future Combat Systems (FCS) e as razões para o seu fracasso. O FCS foi concebido com base na visão do Exército sobre as ameaças futuras e sua perspectiva da necessidade de uma modernização radical, tanto tecnológica quanto doutrinária. A ideia principal era construir uma rede de sistemas interconectados para criar consciência situacional e mobilizar rapidamente as tropas. Isso dependeria de armamentos e veículos leves, tecnologia da informação, Veículos Aéreos Não Tripulados (VANTs) e munições precisas. Eles seriam integrados por uma rede digital para fornecer a todos os sistemas informações instantâneas e coordenação. Em seu conceito, armamentos pesados não seriam necessários, pois o rápido engajamento com o inimigo o deixaria sem tempo para uma resposta pesada e rápida.

Assim como nos dois capítulos anteriores, o *process-tracing* do projeto começará analisando a concepção e as motivações por trás do projeto em direção ao seu desenvolvimento e resultados. O referencial teórico e a metodologia proposta orientarão a avaliação da história do programa, através das lentes da ameaça externa, da política burocrática (BP) e da viabilidade tecnológica. Outro caso negativo — ao lado do bombardeiro B-2 —, em termos de fracasso, é importante para inferir causalidade, uma vez que as principais características variam e as idiossincrasias de cada programa podem ser tratadas como *ceteris paribus* e, portanto, o modelo pode ser testado mais profundamente.

Durante seu desenvolvimento, o FCS mostrou-se tecnologicamente inviável no sentido de que teve dificuldades para demonstrar resultados em algumas de suas tecnologias essenciais, enquanto outras também eram imaturas. O programa começou a competir com outras prioridades entre os *sênior players* de aquisições e, além disso, não estava fornecendo capacidades que pudessem melhorar o desempenho dos Estados Unidos nas guerras em andamento (Iraque e Afeganistão). Alguns conceitos pareciam frágeis e provaram não ser válidos para combater grupos insurgentes no Afeganistão e no Iraque. Atrasos de cronograma e custos eram constantes e ambas as métricas difíceis de definir, uma vez que a tecnologia era imatura. Apesar dos esforços do Exército em se envolver com o Congresso e a comunidade de defesa, o programa perdeu o apoio de tomadores de decisão-chave, atores e especialistas. O consenso necessário para alcançar os objetivos do projeto não pôde ser formado.

7.1 Concepção, motivação e potencial

O Future Combat Systems (FCS) foi idealizado para ser o maior processo de reestruturação e o programa de aquisição mais ambicioso na história do Exército dos Estados Unidos. Em consonância com a Revolução nos Assuntos Militares (RMA)[87] e a transformação nas tecnologias de informação, o Exército desenvolveu o conceito de Force XXI, em meados da década de 1990, com o objetivo de preparar e atualizar suas características doutrinárias e tecnológicas para ameaças futuras. A necessidade de inovação foi percebida como urgente, especialmente devido à mudança na Segurança Internacional após o fim da Guerra Fria, o que gerou uma "crise de identidade" entre os oficiais do Exército. O Exército havia demorado muito para se mobilizar para a Guerra do Golfo e seu desempenho no Kosovo foi criticado. Havia incerteza sobre os tipos precisos de ameaças que o Exército enfrentaria (Kaeser, 2009). Essas ameaças poderiam exigir ação desde contra

---

[87] Ver Metz *et al.* (1995).

insurgência, contraterrorismo, *nation-building* até competidores regionais convencionais e nucleares. O objetivo do FCS, juntamente com sua reorganização de forças modulares implantáveis, era ser flexível o suficiente para garantir um desempenho adequado, independentemente da ameaça.

O aspecto-chave do FCS era transformar o Exército em uma frente integrada, rapidamente implantável, flexível e de resposta rápida. Havia uma necessidade de uma força mais leve, ágil, móvel e moderna. A conceituação e os requisitos iniciais do FCS representaram uma confluência de várias correntes diferentes de pensamento oficial dentro da liderança do Exército e do Departamento de Defesa (DoD), juntamente com a *Defense Advanced Research Projects Agency* (DARPA) e parceiros da indústria. Esses atores foram os primeiros apoiadores e patrocinadores iniciais de P&D em relação ao FCS. Um dos primeiros defensores do FCS, o General Eric Shinseki, *Chief of Staff* do Exército (1999-2003), era um defensor da percepção de que as divisões pesadas não estavam atendendo aos desafios presentes (Pernin *et al.*, 2012). O sucessor de Shinseki, General Peter Schoomaker e posteriormente o General George Casey permaneceram favoráveis ao Future Combat Systems e a um Exército mais leve e flexível (Brockman, 2017).

Shinseki decidiu reorganizar o Exército em Brigadas de Combate independentes e intercambiáveis, compostas por 4.000 soldados. O objetivo era mobilizar forças globalmente a uma taxa de 96 horas para uma brigada de combate, 120 horas por divisão e 30 dias para 5 divisões (Pernin *et al.*, 2012). A Brigada de Combate do FCS seria mobilizada 60% mais rapidamente do que as brigadas pesadas da época, superando e surpreendendo as forças inimigas (Kaeser, 2009; Brockman, 2017). Isso significava consciência situacional e o uso de tecnologia avançada de informação e comunicação. "Não era apenas um sistema de armas, mas a implementação prática de uma nova doutrina, que enfatiza a guerra centrada em rede conjunta" (Kaeser, 2009, p. 4). Para a reestruturação das brigadas e o alcance dos objetivos propostos, no entanto, grandes desafios tecnológicos precisavam ser superados. A aquisição era singular, pois não seguia o processo tradicional de desenvolver uma arma. Em vez disso, o FCS era uma combinação de vários programas para equipar uma brigada inteira. Isso exigiria avanços significativos em tecnologia, conceito de programa, interação com a indústria e abordagem de aquisição.

Figura 7.1 – The Future Combat Systems

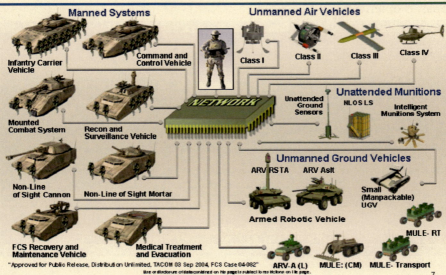

Fonte: Pernin *et al.* (2012, p. 2)

Os conceitos tecnológicos para alcançar esses objetivos centravam-se em uma família de veículos tripulados e não tripulados, equipamento mais leve para os soldados e a rede que integraria a brigada na arquitetura de comunicação no campo de batalha (Brockman, 2017). Fundos para programas "pesados" mais antigos, como o veículo Grizzly Breacher e o tanque Abrams, foram assim redirecionados para o FCS e sua força modular. Veículos mais eficientes em combustível, munição precisa e letal, armaduras mais leves e veículos blindados mais leves eram condições para alcançar o objetivo do FCS: "as unidades seriam capazes de avaliar a situação rapidamente e enfrentar o inimigo com precisão antes que este pudesse direcionar fogo de uma posição de emboscada" (Pernin *et al.*, 2012). Isso compensaria a volatilidade da artilharia mais leve, uma vez que a artilharia pesada para se precaver contra surpresas táticas não seria necessária. Além disso, "se os veículos do FCS fossem atacados, eles deveriam ser equipados com um sistema de proteção ativa que pudesse abater armas anti-tanque entrantes, juntamente com uma nova armadura leve" (Ellman, 2009, p. 21).

Havia também a questão do transporte. A grande capacidade de mobilização intercontinental exigiria meios de transporte rápidos. Para alcançar os objetivos de tempo mencionados anteriormente para implantar tropas, o objetivo do FCS não era ultrapassar o peso de 20 toneladas por veículo a ser transportado por aeronaves C-130. Outra ideia associada que teria que ser desenvolvida era o conceito de "mecanização aérea", que consiste em manobrar rapidamente unidades do exército no teatro de operações utilizando aeronaves de decolagem e aterrissagem vertical (VTOL). Veículos blindados, pessoal e logística associada seriam movidos na área operacional. O objetivo de "mecanização aérea" era "uma partida significativa dos esquemas de manobra anteriores do Exército, e com ela vieram consideráveis obstáculos tecnológicos, operacionais e financeiros que precisariam ser superados" (Pernin *et al.*, 2012).

Finalmente, a rede — peça central do FCS — integraria todos os componentes, utilizando sensores avançados, coletando informações e dados de várias fontes e alimentando cada veículo, criando consciência situacional (Ellman, 2009). Tecnologias de sensores e comunicação espalhadas pelos Veículos Aéreos Não Tripulados (VANTs) e pelos próprios veículos terrestres aumentariam a prontidão logística. Essa combinação de inovação doutrinária e a família de tecnologias associadas representariam o futuro do Exército. De acordo com Pernin *et al.* (2012, p. 14): "Os defensores desses conceitos afirmaram que a tecnologia de sensores e processadores estava se tornando tão avançada que nos próximos anos a 'névoa da guerra' no complexo ambiente de combate terrestre seria em grande parte dissipada, mesmo nos níveis táticos mais baixos". No entanto, a névoa da viabilidade tecnológica, dos requisitos de aquisição e supervisão e do apoio político eram assuntos completamente diferentes.

Um processo muito importante que influenciou profundamente os conceitos por trás do FCS foram os jogos do Army After Next (AAN)/Objective Force realizados durante a década de 1990. No entanto, segundo Pernin *et al.* (2012, p. 12), os jogos eram baseados na "suposição de que a característica dominante do ambiente operacional seria o combate convencional em grande escala entre nações ou o que ficou conhecido no DoD como operações de conflito regional significativo". Como tal, uma grande parte dos primeiros jogos que tiveram grande influência na conceituação e design do FCS incluía uma invasão transfronteiriça em grande escala por um oponente. Embora o discurso, como foi mencionado anteriormente, e os documentos do FCS incluíssem as vantagens que o projeto daria ao

Exército em combates contra inimigos irregulares, as suposições que levaram ao FCS foram concebidas visando um futuro que exigiria engajar exércitos estatais convencionais de alta intensidade. "A guerra irregular ainda era amplamente considerada uma capacidade secundária" (Pernin *et al.*, 2012, p. 18). Isso influenciaria em larga escala o processo de orçamentação e aquisição ao longo dos anos, uma vez que as ameaças imediatas dos Estados Unidos eram as guerras no Oriente Médio e, consequentemente, os recursos foram priorizados para esse fim. Portanto, o FCS teve que provar sua validade na eficácia do domínio tecnológico em guerras assimétricas e combates urbanos.

Uma estratégia de aquisição adequada que levasse em conta todas as características mencionadas do programa e do ambiente de ameaças externas teve que ser concebida. O tamanho, complexidade e caráter tecnologicamente revolucionário do FCS eram muito complexos de lidar e "o foco imediato do que originalmente fora considerado parte do AAN envolveria esforços técnicos, de desenvolvimento e integração concomitantes" (Pernin *et al.*, 2012, p. 26). O projeto foi concebido para ser entregue até 2010, de acordo com a meta estabelecida por Shinseki.

Os problemas de volatilidade de custos e cronograma, no entanto, representavam uma séria preocupação. As dificuldades em entregar e desenvolver as tecnologias propostas eram constantes. A análise detalhada do processo de aquisição e as estimativas de custos voláteis e múltiplas serão abordadas com mais detalhes na próxima seção.

A aquisição do FCS foi única em alguns aspectos. Foi realizada por meio de múltiplos estágios e gerenciada de maneira incomum. Antes de atingir o Marco B (consulte o Capítulo 4), uma Demonstração de Conceito e Tecnologia (DCT) foi dividida em duas partes. Em fevereiro de 2000, a competição começou entre quatro equipes industriais e a parte subsequente foi a assinatura de um contrato entre DARPA, Boeing e SAIC, que seria referido como o *Leading Systems Integrator* (LSI):

> Um Leading Systems Integrator (LSI) é um contratante principal aprimorado; enquanto o LSI subcontrata trabalho para outras empresas, o LSI também atua como um parceiro ativo do governo, colaborando e compartilhando decisões e funções de gerenciamento de programas normalmente conduzidas exclusivamente por oficiais de aquisição de defesa. O Exército decidiu se associar à Boeing porque 'determinou que, com sua

força de trabalho e organizações de aquisição existentes, não tinha a agilidade, capacidade ou capacidade para gerenciar o programa sem um LSI para ajudar em certos aspectos do gerenciamento do programa'. O Exército não acreditava que poderia gerenciar com sucesso um conjunto tão complexo de programas em um cronograma agressivo, e assim pagou à Boeing para gerenciar o processo. Mas o arranjo do LSI gerou dificuldades adicionais. 'Basicamente, entregamos tudo para a Boeing. Eles sabiam como todos os sistemas deveriam se integrar, então eram os únicos que realmente tinham a visão geral', explicou um oficial de aquisições (Brockman, 2017, p. 171).

A alternativa de LSI para Pesquisa e Desenvolvimento (P&D) enfrentou críticas em termos de gestão, conforme será abordado na próxima seção. O programa avançou para o Marco B em maio de 2003. O Relatório de Aquisição Selecionado do FCS (SAR) era preparado anualmente pelos gerentes do programa e submetido ao Congresso de acordo com o Código dos Estados Unidos § 2432. O SAR deveria fornecer dados acerca do custo, cronograma, desempenho e custo unitário do programa (Pernin *et al.*, 2012). No Marco B, o programa FCS foi estimado em $77 bilhões (dólares de 2003). Dezoito bilhões de dólares seriam direcionados para P&D&E (pesquisa, desenvolvimento, teste e experimentação), $59,1 bilhões para aquisição e $0,6 bilhão para construção militar (Pernin *et al.*, 2012). O custo unitário era a brigada e foi estimado em $5,2 bilhões (dólares de 2003). Os custos ao longo do ciclo de vida do programa, incluindo pessoal, operações e manutenção, foram estimados em $149 bilhões no Marco B. O cronograma para alcançar a *Full Operational Capability* (FOP) poderia ser atendido entregando uma brigada totalmente equipada e o Exército propôs entregá-la em dezembro de 2012, seguido pela decisão de *Full-rate Production* (FRP), em junho de 2013. O Exército planejava produzir as 14 brigadas restantes a uma taxa de uma por ano em 2009 e 2010 e duas por ano até 2017 (Pernin *et al.*, 2012).

A falta de uma análise sólida de viabilidade técnica, a dependência de tecnologias imaturas, entre outros fatores, tornaram a aquisição do FCS tumultuada. Segundo Pernin *et al.* (2012, p. 50): "a estimativa de custos para um programa tão grande e complexo era desafiadora, especialmente em termos de software, integração e componentes do ciclo de vida". O FCS entrou no Marco B com uma base fraca em termos de fornecer à comunidade de aquisições confiança suficiente para investir nele e já estava sendo alvo de críticas por importantes atores, como o GAO. Os anos seguintes ao

Marco B seriam de volatilidade em estimativas de custos, demonstração de tecnologia e decisões de aquisição. Esse processo será abordado com mais detalhes na próxima seção. No entanto, como já foi argumentado aqui, a volatilidade de custos e cronograma diminui o apoio político e demonstra problemas de viabilidade tecnológica.

Finalmente, as técnicas de desenvolvimento e inovação usadas pelo FCS são relevantes para explicar seus resultados. A aquisição evolutiva e o desenvolvimento em espiral são estratégias que visam implantar capacidades úteis iniciais e receber *feedback* rápido dos usuários finais, além de aprimorar incrementalmente as tecnologias, mantendo os requisitos fluidos, evitando, assim, a exigência tradicional de aquisição de demonstrar plena capacidade. Os produtores implantariam incrementos de plataformas, enquanto desafios tecnológicos mais difíceis estavam sendo resolvidos (Ellman, 2009). Desenvolvimentos anteriores bem-sucedidos sob a estratégia de aquisição evolutiva e desenvolvimento em espiral, como o UAV Predator, validaram esse conceito entre a comunidade de aquisições de defesa. O Predator foi utilizado na Bósnia 18 meses após a concessão do contrato inicial e, em seguida, aprimorado incrementalmente em vários aspectos (Lorel *et al.*, 2006). No entanto, as capacidades iniciais do Predator já dependiam quase exclusivamente de tecnologias maduras e comprovadas. A aquisição evolutiva e o desenvolvimento em espiral foram formalmente incorporados à estratégia de aquisição em 2000, na Diretiva 5000.1 do Departamento de Defesa (DoD) e em sua versão revisada de 2003, juntamente com a Diretiva 5000.2.

Este capítulo, até este ponto, delineou o histórico, as motivações e os conceitos que deram base ao desenvolvimento do projeto FCS. Como visto, o FCS era altamente complexo e inovador. Jogos de guerra e uma mudança percebida no papel do Exército e seus propósitos de modernização foram concebidos como necessários para futuros engajamentos militares. O principal objetivo era fornecer ao Exército uma mobilização e engajamento rápidos e precisos, conscientização situacional, contando com um conjunto de tecnologias como veículos e armamentos mais leves, um sistema de comunicação de guerra centrado em rede e melhoria no transporte. A tecnologia implantaria brigadas menores e logisticamente aprimoradas. As estimativas iniciais de cronograma e custo eram ambiciosas, mas duvidosas. Além disso, a melhoria contínua e os incrementos tecnológicos durante o processo de aquisição eram vistos como a estratégia de aquisição preferida. O formato de contrato escolhido, LSI, também seria alvo de intenso debate entre a comunidade de defesa. A próxima seção aborda o FCS analisando seus anos de desenvolvimento por meio das perspectivas propostas neste estudo. Questões de viabilidade tecnológica, disputas políticas e orçamentos simultâneos se mostrariam difíceis de superar.

7.2 Desenvolvimento do FCS

O FCS foi concebido como um programa revolucionário para o Exército. No entanto, como afirmado por Heidi Brockman (2017, p. 175), "apesar dos melhores esforços do Exército, sustentados e incrivelmente robustos para envolver o Congresso e fortalecer o apoio a um programa identificado como prioridade máxima, o FCS permanece firmemente no passado". Este tópico aborda a trajetória do programa desde seus esforços iniciais de aquisição até o desenvolvimento e, finalmente, seu cancelamento formal em 23 de junho de 2009 pelo governo. Volatilidade orçamentária, tecnologias imaturas e dúvidas sobre se o programa era necessário para enfrentar ameaças atuais serão abordadas.

Entre os anos fiscais de 2002 e 2004, o Congresso concedeu ao Exército o montante solicitado de autoridade orçamentária para o FCS. No entanto, como já foi argumentado, ainda havia muitos problemas quando o programa atingiu o Milestone B em 2003. Após o Milestone B, o FCS entrou na fase de *System Development and Design* (SDD) com uma série de itens ainda a serem concluídos. A estratégia de aquisição incremental do FCS propôs a redução de sua proposta original de 18 sistemas para 14 no Milestone B. Algumas quantidades de aquisição e milhas de treinamento foram reduzidas (Pernin *et al.*, 2012). No entanto, a necessidade imediata de mobilizar recursos para se envolver nos combates no Iraque e no Afeganistão pressionou os líderes do programa a reestruturarem o FCS já em 2004.

A reestruturação de 2004 incluiu a incorporação pelo Exército de *"spin-outs"* — tecnologias em espiral — para alimentar as tropas no campo. Isso incluía sensores, veículos aéreos e terrestres não tripulados e tecnologias de comando e comunicação. Além dos *"spin-outs"*, o Exército reincorporou as quatro tecnologias, mais a rede que foi decidida ser deixada para um futuro momento em 2003. Assim, *"spin-outs"* e os 18 sistemas passaram a fazer parte do FCS, e a Comunidade de Defesa esperava resultados rápidos no campo de batalha. As modificações no programa aumentaram os custos e alongaram o cronograma. A nova linha de base estabelecida em 2 de novembro de 2005, alterou os custos do programa FCS de US$ 77,8 bilhões em 2003 para US$ 120,2 bilhões. O custo unitário subiu (em dólares de 2003) de aproximadamente US$ 4 bilhões por BCT equipada com FCS para US$ 6 bilhões. O cronograma de aquisição mudou de duas BCTs por ano para 1,5 BCTs por ano com esse ajuste (Pernin *et al.*, 2012). A última BCT seria produzida até 2023, de acordo com o novo cronograma.

Figura 7.2 – Pedidos orçamentários e variações nas apropriações do FCS

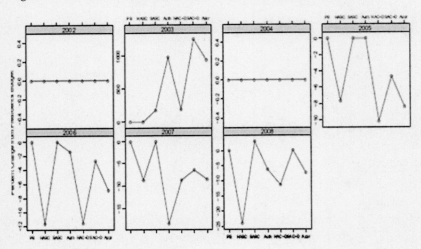

Fonte: Brockman (2017, p. 167)

A reestruturação do programa diminuiu o apoio ao FCS no Capitol Hill. Variações intensas, como pode ser observado na Figura 7.2, foram evidenciadas à medida que o orçamento passava pelos diferentes comitês. Alguns anos após atingir o Milestone B, o FCS passou a ser objeto de supervisão do Congresso. A *National Defense Appropriation Act* NDAA) de 2004 restringiu o programa, exigindo relatórios independentes e maior detalhamento na justificação orçamentária por parte do FCS. O HAC argumentou que o Exército precisava melhorar substancialmente as razões para os vários elementos do programa para poder competir por recursos (Pernin *et al.*, 2012). Especialmente após a reestruturação do programa, o Congresso endureceu suas exigências. A NDAA de 2005 exigiu uma análise independente dos custos e da viabilidade do FCS a ser apresentada ao Congresso e demandou que o secretário do Exército estabelecesse e implementasse uma estratégia detalhada para o programa FCS.

O CBO informou, em fevereiro de 2005, que os custos totais do programa ainda não eram conhecidos, pois o programa FCS ainda estava nas fases iniciais de desenvolvimento. O mesmo relatório recomendou o cancelamento do FCS, exceto os fundos de P&D para explorar tecnologias promissoras para uso posterior, ou o adiamento da implantação do FCS de 2011 para 2015, reduzindo o financiamento de acordo (CBO, 2005). No início de 2005, o GAO emitiu uma análise que afirmava que o programa não estava aplicando esforços apropriados para desenvolver suas tecnologias críticas. Essas tecnologias ainda eram imaturas, aumentando o risco de crescimento nos custos do programa e atrasos no cronograma (GAO, 2005). Esses relatórios influenciaram o Congresso, que estava ficando cético em relação ao FCS e intensificou sua fiscalização. Em 2005, os comitês da Câmara e do Senado recomendaram cortes no orçamento do FCS do Exército, enquanto os comitês do Senado ainda apoiavam o programa. No entanto, em 2006, o SAC juntou-se aos comitês da Câmara em recomendar decretos de financiamento com cortes para o programa (Pernin et al., 2012). O ano fiscal de 2006 resultou em um decréscimo de $236 milhões para o FCS.

A pressão crescente se traduziu em novos decretos nos anos fiscais de 2005 e 2007, e o FCS foi eventualmente reestruturado, com novas mudanças de cronograma em 2007. De acordo com Pernin et al. (2012, p. 44): "Nos anos após o Milestone B, o programa FCS esteve sob escrutínio crescente. O interesse do Congresso, fortalecido pelo GAO e inúmeras outras auditorias, tornou-se mais vocal, desempenhando eventualmente um papel na redução do financiamento ao longo de vários anos". Os custos totais do programa foram reduzidos de $120,2 bilhões (dólares de 2003) para $113,2 bilhões. No entanto, as estimativas do Exército eram cada vez mais contestadas no Capitol Hill e por agências independentes. A fiscalização do FCS por parte dos tomadores de decisão aumentou ainda mais em seus últimos anos. Estimativas discrepantes dificultam a determinação da viabilidade financeira, gerando incertezas entre os desenvolvedores e a comunidade aquisição. No ano fiscal de 2007, a supervisão do Congresso resultou em uma diminuição de financiamento de $319,1 milhões. Nessa época, as tecnologias não estavam amadurecendo rapidamente o suficiente. As estimativas de custo do GAO e do CAIG muito mais altas do que as feitas pelo Exército. O CAIG projetou $300 bilhões (dólares de 2003) para o ciclo de vida total do programa, e o GAO estimou o custo total do programa em $160,7 bilhões, 73% a mais do que a estimativa inicial do Exército (Pernin et al., 2012).

Disputas burocráticas tornaram-se centrais quando o FCS começou a perder sua credibilidade. Primeiro, a imaturidade tecnológica e a falta de demonstração de sucesso nas guerras em andamento fizeram o programa perder prioridade. Em segundo lugar, outros projetos, como construção naval da Marinha e defesa contra mísseis, eram constantemente vistos como importantes e, portanto, ameaçadores para o orçamento do FCS. O Exército não respondeu à supervisão e aos *feedbacks* do Congresso, mesmo enfrentando uma redução de financiamento. De acordo com Pernin *et al.* (2012, p. 260):

> O interesse do Congresso no FCS e os cortes ao longo desses anos foram frequentemente mencionados em entrevistas com ex-oficiais do FCS. As auditorias do GAO do FCS foram descritas como uma 'profecia autorrealizável' e uma 'espiral da morte'. Auditorias levaram a cortes, que levaram a contratempos dentro do programa, o que levou a mais problemas identificados em auditorias subsequentes - e assim por diante. O GAO foi criticado por alguns funcionários por não ter incentivo estratégico para revisar positivamente um programa de aquisição. Para alguns, o FCS era simplesmente um bom alvo para cortes porque era grande.

No início, havia um consenso politicamente que o Exército precisava de modernização e havia amplo apoio para melhorias tecnológicas nas capacidades de combate. Nos primeiros anos do FCS, houve uma interação precoce entre os desenvolvedores de conceitos, o Exército e a indústria para formular uma estratégia de aquisição. Como prevê a política da BP, o Exército tornou-se cada vez mais defensor do orçamento do FCS, maximizando-o após os primeiros jogos de guerra, e ignorou posições dissidentes. Houve uma falta de geração de ideias conceituais concorrentes. Isso reforça o conceito e a análise de *groupthink* de Janis (1982) — ver Capítulo 2. Uma vez convencida das diretrizes e futura trajetória, a liderança do Exército "fechou-se" para outros pontos de vista.

Mesmo com o programa sendo distribuído por 41 Estados e um engajamento constante do Exército no Capitólio, o Congresso não defendeu as solicitações de financiamento por muito tempo. Os cronogramas de aquisição eram complicados, as estimativas de custos estavam constantemente sendo questionadas e alteradas, os sistemas tecnológicos centrais eram imaturos e a demonstração operacional parecia distante. O programa tornou-se simultâneo a outros programas importantes e mesmo quando

> [...] o orçamento total do Exército expandiu constantemente ao longo da vida do FCS, a proporção de recursos consu-

midos pelo conjunto de modernização restringiu a gama de opções de financiamento disponíveis para outros programas (Brockman, 2017, p. 170).

Membros importantes do Congresso, como o senador John McCain, como membro sênior do SASC, tornaram-se vocais e apontaram vários problemas relacionados às dificuldades de supervisão do FCS, problemas de gerenciamento, custos crescentes e prioridades incertas.

Quando a HAC e a SAC começaram a ajustar o financiamento do FCS abaixo do valor solicitado, o Exército reagiu fazendo *lobby* intensamente. De acordo com Brockman (2017, p. 172): "A estratégia contínua de envolvimento do Exército com o Congresso sobre o FCS foi diferente de qualquer outro programa de aquisição". O OSD começou a responder à reticência do Congresso em financiar o FCS e "era apenas uma questão de tempo até que o pouco apoio restante para o FCS dentro do Pentágono e no Congresso se dissipasse completamente" (Brockman, 2017, p. 174). Como pretende-se demonstrar neste livro, uma quantidade necessária de consenso dentro do Congresso e do Executivo e entre eles é necessária para o sucesso de um programa. Isso não era mais o caso com o FCS. Enquanto o Exército fazia *lobby*, os legisladores não foram influenciados pelos oficiais e pela defesa que faziam do FCS e, portanto, não apoiavam totalmente o financiamento do FCS. De acordo com Brockman (2017, p. 175):

> A dependência do programa em tecnologia imatura resultou em estimativas crescentes de custos e atrasos no cronograma. O FCS era complicado, e o Exército não conseguia fornecer ao Congresso uma narrativa consistente ou demonstrar convincentemente o retorno de bilhões de dólares apropriados para pesquisa e desenvolvimento [...] Não importa quantas vezes os funcionários do Exército discutissem o FCS com os membros do Congresso.

Em relação ao desenvolvimento em espiral e à aquisição evolutiva, as tecnologias eram muito imaturas para se mostrarem valiosas o suficiente para gerar *feedbacks* e melhorias. Em uma guerra, há um grande risco em testar tecnologias imaturas porque vidas estão em jogo. A aquisição evolutiva foi oficialmente definida na Diretiva 5000.1 do DoD (2000, p. 4):

> As estratégias de aquisição evolutiva definem, desenvolvem e produzem/desdobram uma capacidade inicial militarmente útil ('Bloco I') com base em tecnologia comprovada, requisitos faseados no tempo, avaliações de ameaças projetadas e capacidades de fabricação demonstradas, e planejam o

desenvolvimento e produção/desdobramento subsequentes de incrementos além da capacidade inicial ao longo do tempo (Blocos II, III e além). O escopo, as capacidades de desempenho e o cronograma dos incrementos subsequentes devem ser baseados em comunicações contínuas entre as comunidades de requisitos, aquisição, inteligência e orçamento[88].

É crucial que a viabilidade tecnológica tenha sólida prontidão no caso de um engajamento militar em curso. O *feedback* do usuário final, nesse caso, o soldado, já deve se referir a uma maturidade tecnológica que seja pelo menos parcialmente funcional em combate. De acordo com Ellman (2009, p. 16): "O incremento inicial deve ser funcional e sobrevivente por si só, mesmo sem as capacidades que serão integradas nos incrementos posteriores". Isso não ocorreu com o FCS. Os veículos de combate iniciais teriam que ser pelo menos capazes o suficiente para proteger os soldados. Outras tecnologias essenciais estavam longe de serem operacionais. As estratégias inovadoras do FCS pareciam não ser tão urgentes em termos de contra insurgência. Um relatório do GAO (2006, p. 18) avaliou que: "O FCS pretendia ser desenvolvido usando aquisição evolutiva e desenvolvimento em espiral, embora o FCS não estivesse sendo desenvolvido de acordo com os princípios da aquisição evolutiva, em grande parte devido à dependência de tecnologias imaturas".

Conforme demonstrado neste livro, a viabilidade tecnológica é uma condição *sine qua non* para o sucesso de um programa. No entanto, é impossível determiná-la *ex ante*. Como argumentado no Capítulo 3, quanto mais o programa enfrenta dificuldades em demonstrar sua prontidão tecnológica para os tomadores de decisão e especialistas, mais ele suscita dúvidas quanto à sua viabilidade. Uma maneira de rastrear isso é por meio de rearranjos de custos e cronogramas, que, no caso do FCS, demonstram claramente que a viabilidade foi uma questão crucial. Mesmo que a inovação incremental e em espiral fosse a estratégia adotada, as capacidades iniciais cruciais para a mera sobrevivência das tecnologias centrais do FCS não foram demonstradas. Como identificado precocemente pela GAO (2005, p. 301):

---

[88] Em seu documento revisado da Diretiva 5000.02 (2003, p. 4-5), o DoD complementou a definição: "Neste processo, uma capacidade desejada é identificada, mas os requisitos finais não são conhecidos no início do programa. Esses requisitos são aprimorados por meio de demonstração e gerenciamento de riscos; há feedback contínuo do usuário; e cada incremento fornece ao usuário a melhor capacidade possível. Os requisitos para futuros incrementos dependem do feedback dos usuários e da maturação da tecnologia."

> Não há conhecimento suficiente para afirmar se o FCS é viável, muito menos viável dentro de um quadro previsível de tempo e dinheiro. No entanto, fazer previsões confiantes é um padrão razoável para um programa de aquisição importante, dadas as alocações de recursos e os custos de oportunidade que eles implicam. Contra esse padrão, o FCS ainda não se encaixa bem como programa de aquisição.

A forma de contrato LSI foi alvo de muitas críticas e pode ter prejudicado os esforços inovadores. Como argumentado no Capítulo 3, a inovação requer incentivos e interação constante entre os principais atores. Como o Exército não tinha a capacidade de gerenciar a complexa família de tecnologias do FCS, a Boeing assumiu o projeto com grande autonomia. Essa falta de supervisão e requisitos precisos pode ter funcionado de maneira contraproducente para fomentar a inovação. A GAO e o Congresso ficaram mais preocupados com o contrato concedido à Boeing e mais vocal sobre os problemas que esse tipo de acordo poderia criar (Brockman, 2017; Pernin et al., 2012). A natureza do LSI torna difícil a supervisão, já que a empresa é responsável por quase todos os aspectos do processo de desenvolvimento. Embora a empresa tenha afirmado que a maturidade tecnológica de alguns projetos era mais avançada, os revisores rebaixaram sua análise de prontidão tecnológica desses equipamentos. Como afirmado por Ellman (2009, p. 25): "alguns críticos acreditam que o Exército não tinha os recursos para supervisionar efetivamente os contratados que gerenciavam o programa para eles". Isso minaria o projeto.

O ambiente externo foi certamente um problema decisivo em relação ao resultado do FCS. Como mencionado anteriormente, o Exército imaginou uma reestruturação massiva baseada em conceitos e projeções sobre o ambiente de ameaças futuro. No entanto, logo ficou claro que o FCS não era adequado para as missões de contra insurgência que o Exército estava realizando no Iraque e no Afeganistão. Além disso, a névoa da guerra não foi dissipada pela tecnologia. O ambiente difícil e as táticas usadas pelo inimigo às vezes surpreendiam os soldados dos EUA e tornavam a assimetria tecnológica menos importante. Tecnologias imaturas representavam grande perigo e outras demandas orçamentárias tornaram-se cada vez mais urgentes. Como argumentou Kaeser (2009, p. 2):

> Esses encargos de custo vão muito além do FCS. Eles interagem com outros programas de aquisição, necessidades de combate atuais, custos para compensar o desgaste e as perdas passadas na guerra, e a expansão de sua força de trabalho.

O fator mais decisivo que afetou o FCS em relação ao ambiente externo em andamento foi, portanto, a guerra em curso. Custos e aumentos nas linhas de frente pressionaram outros programas de aquisição. O governo dos EUA planejava mobilizar mais 30.000 soldados no Afeganistão até 2009. O contingente de pessoal militar em serviço ativo chegaria a 547.000, 65.000 a mais do que antes das guerras. Além disso, o Exército havia adotado um plano para aumentar sua força de soldados ativos e de reserva em 100 mil até o ano fiscal de 2013.

> Aumentos adicionais no efetivo podem ser necessários para sustentar as operações atuais e manter a prontidão. A uma média de salário de $120.000 anualmente [...] os custos com pessoal podem retirar fundos dos programas de aquisição (Kaeser, 2009, p. 2).

Inovação, no caso do FCS, não foi estimulada pela ameaça externa. O FCS não foi concebido prevendo ameaças atuais. E a tecnologia de ponta, imatura e cara, não respondia à ameaça externa. O FCS foi pensado para ameaças futuras e especialmente para operações em grande escala enfrentando Estados poderosos ou Estados nucleares instáveis, como Irã, Coreia do Norte e Paquistão. Exércitos convencionais grandes como os da China ou Rússia poderiam justificar o FCS, pois os Estados Unidos usariam sua vantagem tecnológica para explorar fraquezas ou lacunas assimétricas. Os tomadores de decisão não viram a conexão entre o FCS e as necessidades do momento.

O maior e mais ambicioso programa de aquisição na história do Exército parecia, por esses motivos, fadado ao fracasso. O FCS foi cancelado em 6 de abril de 2009, após um discurso proferido pelo Secretário de Defesa Robert Gates. Em seu discurso, ele argumentou que o FCS ainda tinha muitas perguntas sem resposta. Gates afirmou que o menor peso, eficiência de combustível e conscientização informacional, esperados para compensar a redução de blindagem, não refletiam as lições aprendidas na contra insurgência e em combates de proximidade no Iraque e no Afeganistão (Pernin et al., 2012). Nesse sentido, de acordo com Sprenger (2016, p. 1), o lema do Exército de "ver primeiro, decidir primeiro, agir primeiro", que levou a uma troca de proteção de blindagem por inteligência e tomada de decisão, sugere que o Exército não tinha uma compreensão clara de quais tecnologias eram viáveis e quais eram necessárias e satisfatórias para atender às necessidades do futuro.

O FCS falhou em responder e inovar diante da ameaça externa em andamento. À medida que avançava nas etapas de aquisição, não conseguiu reunir o grau de consenso político necessário para sua priorização entre as demandas orçamentárias. O FCS falhou em demonstrar a viabilidade tecnológica e em fornecer estimativas sólidas para custo, desempenho e cronograma no futuro. Este tópico abordou essas questões ao longo dos anos de desenvolvimento e aquisição do FCS. Problemas com supervisão, tecnologia imatura e demandas urgentes de ameaças externas diminuíram o apoio dos tomadores de decisão ao FCS. Sua conceituação, gestão e estratégias de aquisição também foram alvo de escrutínio entre atores-chave. Embora o programa tenha O FCS não apenas falhou em cumprir suas metas, mas também revelou problemas em sua conceituação e nas perspectivas do Exército em relação à sua modernização. A próxima seção aborda os resultados do programa e fornece explicações adicionais para o seu fracasso. Finalmente, a última seção confronta o arcabouço teórico desenvolvido neste estudo com o caso do FCS.

7.3 O desfecho

Todd Harrison, especialista em orçamento do Center for Strategic and International Studies (CSIS), argumentou que "o programa FCS foi um fracasso massivo e uma oportunidade perdida para a modernização do Exército" (Harrison, 2018 *apud* Sprenger, 2016, p. 1). O autor afirmou que o programa, por si só, retrocedeu o Exército em uma geração em termos de tecnologia de veículos. De acordo com Sprenger (2016, p. 1): "O programa foi notável porque não havia nenhum mecanismo em vigor para reavaliar periodicamente suposições-chave, levando os oficiais a avançar sem fazer perguntas importantes ao longo do caminho". Conforme afirmado por Daniel Gouré (2011, p. 1), "o ambiente de segurança havia mudado e o programa FCS não havia cumprido sua promessa".

O cancelamento formal ocorreu em 23 de junho de 2009. No final, o FCS já havia gastado cerca de $15 bilhões em pesquisa e desenvolvimento. Alguns dos programas permaneceram na época, embora gerenciados como programas individuais, a maioria deles sendo cancelada nos anos seguintes. Por exemplo, o *Non-Line-Sight Cannon*, que foi eventualmente cancelado em 2009. Os *Unattended Ground Sensors* e o *Unmanned Air System* Classe 1, ambos programas remanescentes do FCS, foram cancelados em 2011 (Gouré, 2011). O Manned Ground Vehicle foi reorganizado como o Ground Combat Vehicle, que também foi cancelado em 2014 (Brockman, 2017).

> Embora alguns de seus componentes tenham sido transferidos para outros programas, o FCS é amplamente considerado um fracasso, o que minou a confiança nas capacidades de aquisição do Exército, tanto interna quanto externamente (Pernin *et al.*, 2012, p. 2).

O programa foi reestruturado, como abordado anteriormente, em 2004 e em 2007. Os *"spins outs"* sugeridos para atender às demandas em andamento e criar sucesso e apoio a curto prazo para o programa não atingiram seus objetivos e apenas tornaram o programa ainda mais difícil de gerenciar. O FCS era grande, complexo e dependia de tecnologia imatura. De acordo com Pernin *et al.* (2012), as principais mudanças ao longo do processo de desenvolvimento causaram turbulência e erodiram o apoio à aquisição. Conforme argumentado por Brockman (2017, p. 175), "o escopo amplo, ambicioso e sem precedentes do Future Combat Systems contribuiu para suas dificuldades de financiamento e seu eventual encerramento". Ele se mostrou grande, caro, incontrolável e complexo. Brockman (2017, p. 176) afirma que:

> Sob outras circunstâncias, cada um dos oito sistemas terrestres tripulados seria um grande programa de aquisição de defesa em pé de igualdade com os principais sistemas terrestres passados do Exército, como o tanque Abrams, o Veículo de Combate Bradley e o Sistema de Artilharia Crusader. Como tal, cada um exige um esforço significativo para desenvolver, projetar e demonstrar os veículos individuais.

Como foi demonstrado ao longo deste capítulo, esses fatores diminuíram o apoio político e orçamentário. A tomada de decisão do Congresso em relação ao FCS começou com resultados estáveis, e atores-chave apoiaram o programa. Com o tempo, os recursos mobilizados para o FCS se tornaram erráticos. O FCS ameaçou programas estabelecidos, dependeu de tecnologia imatura e de um arranjo contratual problemático. De acordo com Brockman (2017, p. 175):

> A dependência do programa em tecnologia imatura resultou em estimativas crescentes de custos e atrasos no cronograma. O FCS era complicado, e o Exército não conseguia fornecer ao Congresso uma narrativa consistente ou demonstrar de forma convincente o retorno dos bilhões de dólares apropriados para pesquisa e desenvolvimento.

Além disso, à medida que as guerras em andamento pressionavam o orçamento e os tomadores de decisão, as informações provenientes das operações estavam em desacordo com algumas das premissas fundamentais do FCS. A mobilização rápida, a armadura leve e a consciência situacional eram fundamentadas em conceitos que não pareciam proporcionar sucesso contra esse tipo de guerra. A aquisição evolutiva e o desenvolvimento em espiral estavam orientando o FCS. No entanto, nenhuma das tecnologias poderia fornecer o *feedback* necessário para a melhoria e estimular a inovação em espiral. As tecnologias do FCS não conseguiram atender às demandas do *front* de guerra a tempo. Em seu estudo sobre o FCS e a aquisição evolutiva, Ellman (2009, p. 36) concluiu que:

> A experiência do FCS não destacou grandes falhas na teoria por trás da aquisição evolutiva, mas este estudo mostrou que houve grandes problemas em sua aplicação. Ao mesmo tempo, parece que o desenvolvimento em espiral pode não ser apropriado para uso geral em aquisições de defesa. Os requisitos fluidos que deveriam eliminar o acúmulo de requisitos, e os problemas associados de custos e cronograma, na verdade pareciam piorar as questões. O Departamento de Defesa recuou no uso do desenvolvimento em espiral, e uma investigação adicional ajudará a revelar se a técnica tem algum futuro em aquisições do Departamento de Defesa.

O FCS falhou em realizar a ambiciosa visão de modernização doutrinária e tecnológica do Exército. Consumiu fundos de pesquisa e desenvolvimento e levantou críticas profundas na comunidade de aquisições de defesa. No entanto, alguns autores afirmam que o programa desfrutou de alguns desenvolvimentos que abriram caminho para o desenvolvimento de importantes capacidades futuras (Pernin *et al.*, 2012). Dito isso, o último tópico, assim como nos dois capítulos anteriores, analisará os resultados do FCS à luz do referencial teórico deste livro e as hipóteses construídas. Nesse sentido, será verificado se as hipóteses propostas e sua relação com as variáveis e ângulos de análise desenvolvidos são adequadas para explicar o resultado do FCS, conforme discutido neste livro.

7.4 Resultados e notas de conclusão

O Future Combat Systems (FCS) foi um programa fracassado. Desde o início, os conceitos derivados de jogos de guerra mostraram-se incapazes de atender às necessidades urgentes da defesa dos Estados Unidos. Desde a idealização até o Marco B do processo de aquisição, a modernização tecnológica e doutrinária sem precedentes do Exército não amadureceu o suficiente para convencer a comunidade de aquisições e os principais tomadores de decisão de seu valor ou necessidade imediata. À medida que questões sérias de viabilidade tecnológica e supervisão da gestão ineficiente não puderam ser superadas ao longo dos anos, conforme demonstrado neste capítulo, os recursos alocados para o FCS começaram a declinar. O programa FCS foi estimado em US$ 77 bilhões (dólares de 2003). Foi reestimado várias vezes. O cronograma também foi constantemente reestimado. Como nunca chegou à produção, foi cancelado com um custo afundado de US$ 15 bilhões em P&D. A IOC nunca foi alcançada e, portanto, seu desempenho operacional nem sequer pôde ser testado. Outros interesses e programas se tornaram prioridade, mesmo que inicialmente houvesse um apoio substancial ao FCS. O Exército ficou isolado na defesa do programa, que acabou sendo cancelado sem atender a nenhum parâmetro de sucesso.

Estudiosos e especialistas revisados neste trabalho apontaram que o FCS não estava entregando o suficiente para o cenário imediato de ameaça — as guerras em curso — mesmo quando os *spin-outs* propostos na reestruturação do programa foram incorporados. A realidade da ameaça e a necessidade urgente de aumentar o orçamento de pessoal pressionaram o FCS. Embora não haja uma medida precisa exata para determinar a ameaça externa, pode-se argumentar razoavelmente que táticas radicais não representam uma ameaça vital como aquelas provenientes da competição entre grandes potências ou mesmo de líderes regionais. Mas, o que é mais importante, a natureza da ameaça não se alinhava adequadamente com a concepção, os avanços tecnológicos complexos e exigentes e a doutrina por trás do FCS. Além disso, durante as guerras em curso, o FCS não se mostrou crucial para a ameaça específica. As tecnologias iniciais não puderam ser comprovadas em batalha a tempo e gerar *feedbacks*, conforme proposto pela aquisição evolutiva. Além disso, armamento leve e inteligência não puderam compensar as perdas, nesse cenário específico de guerra, de abrir mão do armamento pesado. Portanto, a ameaça externa não impactou positivamente a inovação. A principal hipótese desenvolvida a partir da perspectiva de Segurança Internacional (IS), no Capítulo 1, de que os níveis de ameaça externa impactam positivamente a inovação, foi, portanto, corroborada. No caso do FCS, não houve incentivo imediato de ameaça externa para o programa. Quanto às hipóteses auxiliares: i) o avanço tecnológico era muito imaturo para uma conclusão precisa sobre sua relação com os arranjos doutrinários e institucionais, embora tenham sido propostos simultaneamente pelo Exército; ii) a interferência civil ocorreu no momento em que o projeto não pôde provar sua viabilidade e não atendeu às ameaças em curso, e, portanto, prejudicou os esforços de inovação; iii) o ritmo, escala e timing da inovação foram reduzidos, uma vez que o projeto não conseguiu atender às especificidades da ameaça externa no momento; iv) os EUA diminuíram seus recursos dedicados à inovação, uma vez que as necessidades do ambiente externo não estimularam mais a modernização do Exército; v) em relação às opções de equilíbrio externo, as guerras em curso estavam sendo travadas junto com aliados. No entanto, seu impacto no FCS precisa de uma investigação mais aprofundada.

Os fatores domésticos esperados para impactar o sucesso ou fracasso de projetos de defesa de grande escala e alto custo, como o FCS, foram delineados no Capítulo 2. O resultado de um projeto é fortemente impactado pelo nível de consenso dentro e entre o Congresso e o Executivo. Apesar do esforço constante do Exército em envolver o Congresso, ao longo dos anos, o FCS perdeu seu apoio. Além do projeto ser inovador e promissor em 41 Estados, e seu apoio inicial de aquisição, a política é sensível a projeções incertas de custo e cronograma. Gestão e tecnologias imaturas tornaram-se alvo de críticas pelos principais atores no Congresso, e o FCS perdeu seu apelo. O Departamento de Defesa também começou a abandonar o projeto. Projetos cruciais concorrentes e custos de guerra começaram a competir com o FCS. O Exército e a indústria não conseguiram construir um consenso entre os tomadores de decisão, uma vez que o projeto não entregou e as perspectivas de seus benefícios se tornaram mais duvidosas. Os tomadores de decisão respondem às suas bases eleitorais, e o Exército não conseguiu justificar os recursos necessários para o FCS. Agências como o GAO e o CBO constantemente criticaram o programa, e o Congresso exigiu mais supervisão, à medida que os anos passavam. O montante apropriado para o projeto diminuiu e o consenso definitivamente não foi alcançado.

A viabilidade tecnológica foi o cerne do fracasso do FCS. O Exército rejeitou alternativas e apostou alto em uma família de sistemas complexos e tecnologicamente imaturos. Isso foi baseado em conceitos desenvolvidos pelo Exército que não foram revisados ou examinados. O GAO e o CBO afirmaram firmemente que as tecnologias eram extremamente imaturas. Revisões constantes de custos e cronogramas, com desacordos entre diferentes agências de auditoria e referências de atores a essas métricas, demonstraram que o desenvolvimento tecnológico do FCS estava enfrentando problemas. Algumas das tecnologias essenciais do FCS estavam muito longe de serem demonstradas, enquanto outras estavam apenas parcialmente desenvolvidas. Como argumentado no Capítulo 3, a viabilidade tecnológica é uma *condição sine qua non* para o sucesso de um projeto. Não se pode afirmar com certeza que o FCS era totalmente inviável, mas enfrentava desafios realmente grandes nesse aspecto. Quando isso acontece, dúvidas são levantadas entre especialistas e atores, e o projeto tende a falhar. Mesmo que fosse viável tecnologicamente a longo prazo, o que importa na aquisição são as necessidades de curto prazo e as atuais necessidades de defesa, especialmente quando os orçamentos são disputados.

Este capítulo tratou do terceiro estudo de caso proposto para ser analisado neste livro. Foi um caso negativo — um caso de projeto fracassado — e foi investigado por meio dos ângulos de análise propostos e do referencial teórico desenvolvido nos capítulos anteriores. Como afirmado no Capítulo 6, as posições dos tomadores de decisão, a política de BP, questões tecnológicas e ameaças externas se sobrepõem e estão inter-relacionadas. As relações entre as variáveis serão tratadas na Conclusão. O *process-tracing* do FCS corroborou as principais hipóteses propostas por este livro. O próximo capítulo investigará o F-35, que é um caso de projeto de defesa de grande escala e alto custo que este estudo coloca no espectro bem-sucedido.

CAPÍTULO 8

O PROMISSOR F-35

Está se tornando cada vez mais óbvio que não há alternativa para o programa F-35.

(Hlatky; Rice, 2018, p. 34)

O nível de ameaça tornou o JSF necessário, especialmente diante das ameaças da China e da Rússia. 'Isso também sustentará o JSF mesmo com dúvidas sobre suas capacidades técnicas, se seu alcance operacional é suficiente para missões de combate, problemas mecânicos e custos.

(Chapman, 2019, p. 137)

A aeronave F-35 é o caso mais recente investigado neste livro. Trata-se de um programa em andamento. No entanto, sua maturidade concomitante ao seu extenso ciclo de vida permite uma investigação sólida em relação aos objetivos deste trabalho. Uma avaliação final sobre seu fracasso ou sucesso não é possível, uma vez que ainda não foi concluído. No entanto, os resultados até o momento e sua relação com as variáveis independentes propostas por este estudo permitem a inferência de causalidade e a verificação das hipóteses propostas, dentro do espectro de teste, confirmação e construção teórica. Além disso, os resultados obtidos indicam as tendências futuras do F-35. Em conformidade com o modelo de análise proposto (Introdução), o F-35 é aqui considerado no espectro de sucesso em relação a programas de defesa de larga escala. O objetivo deste capítulo é, portanto, explicar seu sucesso geral e as razões pelas quais não pode ser considerado totalmente bem-sucedido.

O F-35 foi concebido como uma aeronave de quinta geração para substituir uma frota envelhecida e integrar projetos em andamento em um esforço para desenvolver um projeto conjunto para os Fuzileiros Navais, Marinha e Força Aérea. Seu propósito era econômico (um programa deveria ser mais barato do que três programas separados). Além disso, os desafios presentes e futuros do sistema internacional exigiam um esforço inovador dos EUA para manter sua superioridade aérea. Tornou-se uma aeronave furtiva, de coleta de dados, eficiente, com consciência situacional e superioridade tática. Ao longo de seu desenvolvimento, o programa enfrentou muitos desafios em relação a excessos de custos e prazos, que são a principal razão para seu sucesso incompleto. No entanto, o F-35 provou ser tecnologicamente viável, obteve apoio político e tornou-se mais necessário, à medida que o nível de ameaça avançava. É, em grande parte, visto como um ativo altamente necessário para as forças armadas dos EUA.

Este capítulo segue a estrutura dos estudos de caso anteriores. A primeira seção é dedicada à análise das principais motivações que impactaram a concepção do Joint Strike Fighter (JSF). Por um lado, traça o histórico que levou à sua concepção. Por outro lado, são delineadas as primeiras perspectivas e objetivos para avaliar suas metas iniciais e resultados até agora. A segunda seção visa investigar a evolução do projeto, seus principais problemas e avanços, com atenção especial para o nível de ameaça, principais interessados e posicionamentos e influências de tomadores de decisão, além dos desafios tecnológicos. A terceira seção delineia e coleta dados para criar uma avaliação dos resultados do projeto. Esses resultados são comparados com as projeções iniciais do JSF e os desenvolvimentos durante seu ciclo de vida. Finalmente, a última seção confronta os resultados aqui obtidos com o arcabouço teórico construído neste livro.

8.1 Concepção, motivação e potencial

A seção atual tem como objetivo descrever o contexto no qual o F-35 foi concebido. Desde então, o nível de ameaça, as estimativas de custo e prazo, a política de BP e outras questões têm afetado substancialmente o programa. As três perspectivas de análise propostas por este trabalho (nível de ameaça, viabilidade tecnológica, política doméstica) serão examinadas mais detalhadamente na seção subsequente, dedicada ao desenvolvimento do programa ao longo dos anos até o momento presente. Ao comparar seus objetivos iniciais e seus resultados ao longo do ciclo de vida do programa e seu status atual, neste capítulo, o programa será analisado à luz do arcabouço teórico, hipóteses e parâmetros de sucesso/fracasso apresentados na primeira parte deste trabalho.

Os F-35 são jatos de combate com três variantes e foram concebidos para serem aeronaves de quinta geração, um substituto de programas anteriores de caças das forças armadas dos EUA em um programa integrado principal — o Joint Strike Fighter. Uma aeronave de quinta geração incor-

A ECONOMIA POLÍTICA DA DEFESA

pora tecnologia altamente inovadora. Ela combina materiais compostos, tecnologia furtiva, radares e sensores avançados, vetorização de empuxo e aviônicos integrados, gerando consciência situacional. Os caças-bombardeiros são caças táticos de dupla função capazes de combate tanto ar-ar quanto ar-terra (Bevilaqua, 2009). Conforme o programa se desenvolveu, outros elementos e metas de desempenho foram incorporados, conforme será discutido na seção subsequente.

Em sua concepção, o JSF tinha como objetivo alcançar objetivos tanto econômicos quanto de combate. A frota de caças dos EUA estava envelhecendo e era percebida como obsoleta em relação às necessidades futuras. O Joint Strike Fighter surgiu do programa Joint Advanced Strike Technology (JAST), um resultado da Revisão de Política de Defesa Bottom-Up (BUR) da Administração Clinton. O JAST substituiria três programas que haviam sido encerrados: o A-12 (que pretendia fornecer uma nova aeronave furtiva baseada em porta-aviões para a Marinha), o Multi-Role-Fighter da Força Aérea e o A/F-X (Gertler, 2012; Bevilaqua, 2009). Além disso, o JAST integraria o programa de Strike Fighter *Short Take-Off and Vertical Landing/Conventional Take-Off and Landing* (STOVL/CTOL) em andamento da DARPA. O projeto da DARPA, iniciado na década de 1980, tinha como objetivo inicial instalar um sistema de propulsão STOVL em um caça supersônico, que se tornou o programa *Common Affordable Lightweight Fighter* (CALF) no início da década de 1990.

Figura 8.1 – Programas que se integraram ao JSF

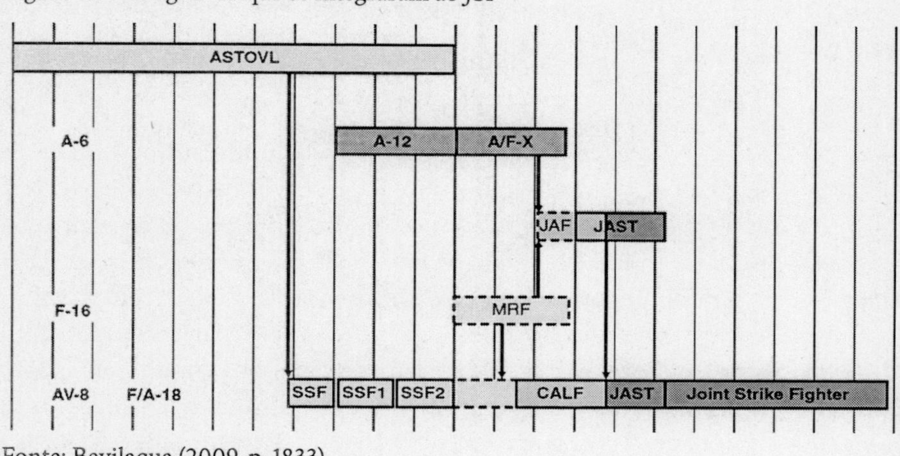

Fonte: Bevilaqua (2009, p. 1833)

O JSF foi concebido como um caça de quinta geração acessível para a Força Aérea, o Corpo de Fuzileiros Navais e a Marinha, a fim de evitar o desenvolvimento e aquisição de três programas separados para esses serviços. O novo caça atenderia a necessidades comuns a todos os serviços, fornecendo variantes a esses serviços com crescentes semelhanças, supostamente reduzindo os custos de programas de desenvolvimento separados. As três versões incluíam uma de decolagem e pouso convencionais (CTOL) — o F-35A — para a Força Aérea, a fim de substituir as aeronaves F-15, F-16 e A-10, uma de decolagem curta e pouso vertical (STVOL) — o F-35B — para o Corpo de Fuzileiros Navais, para substituir os caças-bombardeiros CTOL F/A-18 e AV-88, e um caça adequado para porta-aviões — F-35C — para a Marinha, para substituir o F/A-18E/F.

A necessidade de substituir a frota mais antiga e a decisão de *bottom-up review*, de Clinton, de integrar diferentes programas foram a principal justificativa para o Joint Strike Fighter. O F/A-Hornet da Marinha tinha uma frota de 328 aeronaves e foi implantado em 1983, o A-10 Thunderbolt tinha um inventário de 143 sendo implantado pela primeira vez em 1977. O F-15 e o F-16 foram implantados, respectivamente, em 1979 e 1978, e a frota AV-88 de 131 foi implantada pela primeira vez em 1985. Era claro que o fim do ciclo de vida dessas aeronaves se aproximava[89]. O Conselho de Ciência de Defesa do DoD instou o programa que:

> [...] novos requisitos de aeronaves militares devem incluir a operação com o mínimo de suporte em batalha, operação em pequenas formações ou como uma única aeronave com um mínimo ou zero de escolta próxima ou elementos de suporte penetrantes, operação em áreas de alto risco com atração mínima e entrega de armas de precisão proporcionando alta letalidade contra vários alvos e também impedindo danos colaterais indesejados (Chapman, 2019, p. 93).

A competição pelo contrato começou em 1996 com três empresas: Lockheed Martin, a equipe McDonnell Douglas/British Aerospace/Northrop Grumman e a Boeing. Para a Fase de Demonstração Conceitual (CDP), a Lockheed Martin e Boeing foram selecionados (Sheridan; Burnes, 2018). Quanto ao motor, o Congresso decidiu em 1996 seguir um programa alternativo a ser desenvolvido pela GE Transportation Aircraft Engines e Rolls-Royce, além do motor primário F135 produzido pela Pratt & Whitney,

---

[89] Ver Chapman (2009, p. 88).

visando estimular a concorrência e alcançar economias de custo. Outra questão para o Congresso era que, como discutido no Capítulo 3, conceder um contrato tão grande a uma única empresa prejudicaria inevitavelmente a capacidade de outras empresas e, portanto, a indústria como um todo (Gertler, 2012).

Entre outubro de 2000 e agosto de 2001, a Lockheed demonstrou com sucesso, por meio de voos de teste, os protótipos do programa com conquistas consideráveis (Gerlter, 2018; Chapman, 2019). Seis meses antes de concluir os voos de teste, em 26 de outubro de 2001, a Lockheed foi premiada com o Contrato de Projeto e Desenvolvimento do Sistema JSF (SDD) juntamente com a Northrop Grumman e a BAE Systems como parceiras. A Lockheed Martin seria a contratante principal, responsável pela pesquisa, design e produção. A Northrop Grumman construiria as fuselagens central e traseira e forneceria *expertise* em tecnologia *stealth*. A BAE também contribuiria para a fabricação avançada enxuta, testes de voo e sistemas aéreos, além da sustentação de decolagem curta (Abplanalp, 2017). O programa do motor alternativo encerrou-se em 2011, e a General Electric/Rolls Royce tornou-se subcontratada da Pratt & Whitney, tornando-se responsável pelo desenvolvimento do sistema de elevação vertical para o F-35B.

Uma característica interessante do F-35 é seu conceito de esforço internacional. Durante seu desenvolvimento, dez parceiros internacionais se juntaram aos esforços de desenvolvimento de produção ou como compradores: Austrália, Canadá, Dinamarca, Itália, Israel, Japão, Países Baixos, Noruega, Coreia do Sul, Turquia e Reino Unido. Isso acarretaria várias questões, como questões de transferência de tecnologia, comprometimento com as alianças, impacto nas indústrias nacionais e assim por diante. Existem níveis de participação no programa, nos quais, dependendo do status do país, eles podem influenciar o design e obter subcontratos lucrativos para sua base industrial (Hlatky; Rice, 2018). Cada país assinaria acordos bilaterais com elementos únicos. A ideia era se beneficiar das economias de escala, evitar duplicar esforços de P&D dentro da aliança e fortalecer a capacidade de dissuasão geral dos parceiros, que teriam acesso à tecnologia de ponta (Sheridan; Burnes, 2018; Shimooka, 2018). Além disso, caças de outros países se integrariam àqueles que o F-35 eventualmente substituiria, conforme mostrado na Figura 8.2. Isso exigiu convencimento por parte dos EUA de que o F-35 era superior ao Eurofighter, ao Rafale e ao Gripen.

Figura 8.2 – Caças a serem substituídos pelo F-35

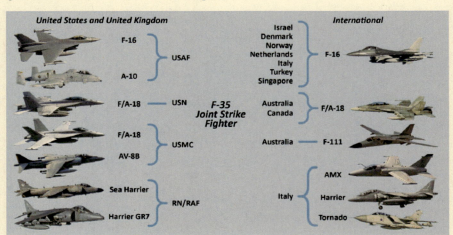

Fonte: Sheridan e Burnes (2018, p. 2)

Durante o desenvolvimento do F-35, no entanto, questões críticas foram sujeitas a disputas dentro do esforço de colaboração internacional, como o objetivo dos EUA de manter as o controle das tecnológicas centrais. Problemas relacionados à transferência de tecnologia, especialmente no caso de uma deserção da aliança, como seria o caso da Turquia, também seriam objeto de escrutínio. A aquisição seria realizada nos Estados Unidos. Portanto, questões domésticas e políticas de BP dos EUA também afetariam outros países.

Figura 8.3 – Cadeia Produtiva do F-35 (2018)

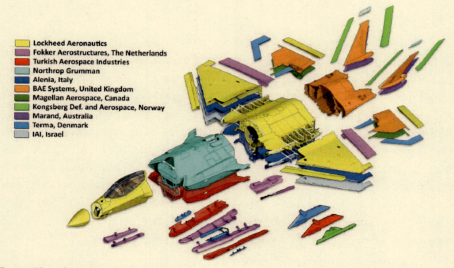

Fonte: Sheridan e Burnes (2018, p. 2)

Neste ponto, este estudo delineará algumas das principais características técnicas do F-35 em sua concepção e desenvolvimento inicial, bem como os desafios iminentes em relação à viabilidade. A principal característica da arquitetura do F-35 seria a interatividade entre os diferentes sistemas de combate, de modo que os resultados e capacidades funcionais seriam gerados de forma sinérgica. Os dados dos sensores a bordo e de fontes externas seriam integrados ao computador central do F-35, proporcionando uma visão precisa da situação tática. A interatividade entre os sistemas de combate cria consciência situacional e a automação de ações possíveis, conforme o computador central:

> [...] detecta novas necessidades de informações, prioriza-as e emite novos comandos para os sensores considerados mais apropriados para satisfazer essas necessidades. A identificação e o rastreamento continuam automaticamente em um ciclo fechado à medida que novos dados de sensores a bordo ou externos são adquiridos. Estes, por sua vez, podem ser transmitidos a outras plataformas no modo "transmissão aberta" ou, sujeitos à capacidade de memória de retorno de dados, registrados manualmente e armazenados. Os resultados do processo de fusão são fornecidos à interface piloto/veículo

para exibição, ao controle de fogo para suporte de armas e à guerra eletrônica para suporte de contramedidas (Petrelli, 2021, p. 4).

A isso é adicionada a capacidade de *stealth*, discutida no Capítulo 6. O objetivo do programa era alcançar um nível aceitável de *stealth*, ao garantir a manobrabilidade e não exceder os custos de produção. O "tratamento de borda" da aeronave seria composto por *honeycomb* de fibra de vidro carregado com carbono e, além de sua forma menos disciplinada, proporcionaria um RCS muito baixo (Petrelli, 2021). Além disso, "o F-35 apresenta uma nova substância LO chamada esteira de fibra, (fibras infundidas com nanotubos de carbono que podem absorver ou refletir o radar), que foi incorporada à 'pele' composta da aeronave" (Petrelli, 2021, p. 4). A esteira de fibra também garante que as propriedades eletromagnéticas não variem com o ângulo. Como foi o caso com o B-2, isso poderia proporcionar a capacidade de penetrar no espaço adversário defendido sem ser detectado.

Durante seu desenvolvimento, conciliar diversos requisitos de serviço em um design comum seria um fator importante para os desafios tecnológicos do F-35 e, portanto, para os resultados de custo. Além disso, o *Automatic Logistics Information System* (ALIS) e o *Helmet Mounted Display System* (HMDS) seriam de grande desafio tecnológico e se revelariam objeto de intenso debate e crítica ao programa entre órgãos de auditoria e outros atores-chave.

Até o momento atual, houve um debate significativo em torno dos custos e do cronograma específicos do F-35. Apesar de seu progresso periódico, a história do F-35, como será abordada na próxima seção, foi "repetidamente assolada por estouros de custos, atrasos e outros contratempos que fizeram parecer que sua conclusão e implantação bem-sucedida nunca seriam alcançadas" (Chapman, 2019, p. 89). Desde o início, o F-35 parecia sinalizar uma possível história tensa de aquisição e falha final. No entanto, como será argumentado, a evolução do nível de ameaça, o apoio do Congresso (apesar de escrutínio e debate intensos) e a evolução do programa demonstraram a necessidade de tornar o projeto bem-sucedido. Como não está concluído, não se pode argumentar se ele falhou ou teve sucesso ultimamente. No entanto, é possível traçar o desenvolvimento e as posturas em evolução em torno do projeto para delinear algumas tendências gerais e argumentos sobre seu resultado.

À medida que o programa atingiu o Marco B (2001), no ano em que o contrato foi concedido, a estimativa total do custo do programa era de US$ 177 bilhões, que aumentou para US$ 270,5 bilhões até o final de 2010 (em dólares de 2002). O DoD planejava entregar 2.886 caças, com a Capacidade Operacional Inicial (COI) a ser completada em junho de 2011. O DoD planejava entregar 2.886 caças, com a *Initial Operational Capability* (IOC) a ser concluída em junho de 2011 e entrar no Marco C (*Full Production Rate*) até 2012. Nos anos seguintes, no entanto, o DoD revisou as metas de IOC e Marco C (DoD, 2010). Entre 2001 e 2012, durante o Desenvolvimento e Demonstração do Sistema (SDD), testes e Produção Inicial de Baixa Taxa (LRIP), o programa enfrentou várias dificuldades para atender às suas projeções, especialmente devido a estouros de custos, que serão abordados na próxima seção.

A Aquisição de Defesa do DoD (DAE) aprovou a Linha de Base do Programa de Aquisição do Programa em 16 de março de 2012, com a revalidação do Marco B do programa. Conforme exigido pelo Congresso, o DoD deve apresentar *Selected Acquisition Reports* (SARs) anualmente, destacando atualizações e projeções de custos, cronograma e desempenho. Após 2012, quando o custo total estimado do programa era de US$ 395,7 bilhões, os SARs subsequentes e as projeções foram avaliados em termos da linha de base de 2012 (DoD, 2011). O DoD estimou que a Decisão de Produção em Taxa Total seria concluída até abril de 2019 e a *Initial Operational Capability* (IOC) ainda precisava ser determinada para as três variantes (DoD, 2012). Além disso, o plano era adquirir 2457 aeronaves, a um *Acquisition Unit Cost* (PAUC) de $112.529 milhões e um Custo Unitário Médio de Aquisição de $91.827 milhões (em dólares de 2012[90]). Quanto ao desempenho, vai além da proposta deste livro investigar detalhadamente todos os aspectos técnicos da aeronave. Portanto, será avaliado em termos das posições apresentadas pelos principais atores da comunidade de aquisição de defesa e das posições de especialistas. Semelhante à viabilidade tecnológica, o desempenho pode ser rastreado de maneira aproximada dessa forma, somando as posições dos interessados com outros indicadores, como testes e implantação bem-sucedidos.

---

[90] O Program Unit Cost (PAUC) consiste no custo de desenvolvimento, aquisição e construção militar dividido pelo número de itens totalmente configurados programados para serem produzidos no programa de aquisição. Já a *Avarage Program Unit Cost* (APUC) refere-se ao financiamento governamental do programa dividido pelo número de unidades adquiridas.

8.2 Desenvolvimento do JSF

Como foi feito nos capítulos anteriores, esta seção é dedicada a explicar o desenvolvimento do programa ao longo de seu ciclo de vida. Na história do programa, as três variáveis independentes derivadas das análises (doméstica, tecnológica e internacional) serão analisadas para explicar os resultados do programa. Diferentemente do B-2, o Congresso e outros atores permaneceram em grande parte favoráveis ao programa. Mesmo que também estivessem exigindo uma fiscalização mais aprofundada e otimização dos custos, o debate girou mais em torno de como fazê-lo funcionar do que cancelá-lo ou não. Argumenta-se aqui que a evolução do nível de ameaça, os amplos interesses da base de constituintes envolvida no programa, a redução da competição por recursos entre as forças, uma vez que é um programa que envolve três forças e a falta de um programa alternativo que pudesse satisfazer a necessidade do caça criaram um nível mais alto de consenso entre os atores políticos. A evolução e o aumento do nível de ameaça na IS são fundamentais para explicar o esforço contínuo de inovação, como argumentado no Capítulo 1.

Ao longo do desenvolvimento do F-35, a necessidade do caça foi continuamente defendida pelos representantes das Forças Armadas dos EUA à luz das ameaças em evolução. As audiências no Congresso giraram em torno da questão da ameaça e da eficácia do F-35 para se envolver na arena internacional. Chapman (2019) investiga os cenários possíveis nos quais o F-35 pode ser implantado para enfrentar ameaças. O autor lista que as principais ameaças que tornariam o F-35 necessário provêm do terrorismo, China, Coreia do Norte, Irã e Rússia.

Quanto ao combate ao terrorismo, a superioridade do F-35 em munições guiadas por precisão, consciência situacional, satélites GPS, inteligência, vigilância, aquisição de alvos e reconhecimento (ISTAR) e seus ativos eletrônicos deveriam facilitar o processo de identificação e alvo de alvos hostis (Chapman, 2019). O poder aéreo convencional pode ser usado tanto para inteligência quanto para fins de direcionamento e é útil para reduzir a necessidade de enviar forças convencionais ou especiais para enfrentar o referido inimigo e sua infraestrutura. Além disso, reduz o risco de danos colaterais civis que podem resultar de operações de VANT. Ataques de drones, ao produzirem danos colaterais civis, podem agir contrariamente à missão, aumentando a capacidade de recrutamento para causas terroristas.

A Coreia do Norte mantém uma posição beligerante e está desenvolvendo um arsenal nuclear e mísseis balísticos. Sua posição complica a importância estratégica cada vez maior da região Ásia-Pacífico. A Coreia do Norte, apesar de seu tamanho, possui uma impressionante força militar. A força aérea de Pyongyang "possui 110.000 militares, mais de 800 aeronaves de combate, 300 helicópteros e mais de 300 aeronaves de transporte" (Chapman, 2019, p. 58). As forças terrestres chegam a quase um milhão de militares e estão concentradas perto da fronteira da Coreia do Sul. A missão provável do F-35 seria mirar no arsenal de mísseis balísticos da Coreia do Norte enquanto se envolve em combates ar-ar, já que a Coreia do Norte possui caças russos MIG-23 e MIG-29, e desativar e superar os sistemas de defesa aérea de Pyongyang, que incluem SAMs SA-13 móveis, artilharia antiaérea, entre outros. O Irã possui um sistema de defesa mais vulnerável a caças de ataque furtivos. No entanto, esforços foram feitos por Teerã para adquirir sistemas SAM avançados, como o S-300 da Rússia, e radares e sistemas de comando e controle mais avançados (Chapman, 2019). Enfrentar o Irã com o F-35 envolveria ataques a alvos militares, especialmente os locais nucleares iranianos. O Irã representa uma ameaça para os interesses dos EUA e de seus aliados no Oriente Médio e tem mantido uma posição combativa na região.

A ameaça mais desafiadora, que aumentou significativamente durante o projeto do F-35, é a China. Pequim transformou cada vez mais seu crescimento econômico em poder militar. A China tornou-se mais assertiva e reivindicou a soberania do Mar do Sul da China. Os interesses e projeções dos EUA na arena do Pacífico estão seriamente ameaçados, tornando-o provavelmente o *front* geopolítico mais importante do momento. A ênfase da China em sua estratégia de Anti-Access/Area-Denial de Área (A2/D2) pode contar com um "amplo espectro de capacidades de aeronaves, incluindo aeronaves, comando e controle, *jammers*, guerra eletrônica e links de dados" (Chapman, 2019). A China pode contar com seu J-10B e o Flanker SU-35 da Rússia e acredita que pode negar vantagens operacionais ofensivas utilizando aeronaves furtivas e atualmente está desenvolvendo a aeronave furtiva J-20, exibida em 2021 (Gielow, 2021). Há dúvidas se realmente é uma aeronave de quinta geração, como também acontece no caso do SU-57 da Rússia. No entanto, o nível de ameaça e as capacidades militares dos adversários dos EUA continuam a crescer. Pequim planeja aprimorar suas defesas aéreas, importando o sistema SAM S-400/Triumph da Rússia e desenvolvendo seu próprio CSA-X-19 (HQ-19) para defesa contra mísseis. A questão mais urgente e crítica é o plano da China de retomar o controle de Taiwan. Em relação à China, Taiwan e A2/D2, o F-35 pode ser utilizado, segundo Chapman (2019), em uma resposta baseada no conceito Air-Sea-Battle. De acordo com o autor:

> Uma possível resposta dos EUA ao crescente poder militar da China é encontrada no conceito Air-Sea Battle (ASB). ASB procura combater e moldar assimetricamente e simetricamente ambientes A2/D2, e desenvolver forças integradas capazes de ter sucesso em tais ambientes. ASB procura responder ao A2/D2 desenvolvendo forças integradas em rede capazes de atacar em profundidade para perturbar, derrotar e destruir as forças inimigas; usando ativos aéreos, cibernéticos, terrestres, marítimos e espaciais nesse sentido para forças amigáveis conjuntas e de coalizão; fornecendo aos comandantes acesso imediato a capacidades em todos esses domínios, independentemente de qual comandante as possua; integrando essas forças antes de entrar nos teatros operacionais, e atacando em profundidade para perturbar, derrotar e destruir as plataformas inimigas A2/D2 (Chapman, 2019, p. 53).

No caso do B-2 (Capítulo 6), a ameaça de uma competição entre grandes potências estava diminuindo, à medida que o programa avançava. Enfrentando problemas de custo e cronograma e supervisão do Congresso, os defensores do F-35 podiam contar com a crescente competição de grandes potências para defender o programa. As três forças foram capazes de criar uma narrativa para a necessidade do F-35 que convenceu o Congresso. De 2001 a 2012, o F-35 enfrentou problemas sérios, violando a emenda Nunn-McCurdy (explicada abaixo) e sendo continuamente criticado por relatórios do GAO sobre custos e atrasos no cronograma. Além disso, problemas técnicos no eixo de transmissão e no ventilador de elevação da aeronave, somados a rachaduras descobertas nos testes de fadiga, foram alvo de dúvidas em termos de desempenho e viabilidade tecnológica. Isso resultou em uma supervisão adicional do Congresso. Em 28 de fevereiro de 2012, o senador Kelly Ayotte informou o comandante do Comando do Pacífico, almirante Robert F. Willard, sobre a importância do F-35 para a região Ásia-Pacífico. O almirante Willard respondeu que, à luz do desenvolvimento de aeronaves chinesas, não havia alternativas adequadas ao F-35. O Chefe de Operações Navais (CNO) subscreveu ao argumento de Willard, destacando a importância da capacidade furtiva do F-35. Respondendo a uma audiência no Congresso, o vice-comandante do Corpo de Fuzileiros Navais, John M. Paxton, afirmou que o F-35B STOVL triplica o número de campos de aviação globais que podem ser utilizados e, combinado com o F-35C, duplica o número de navios capitais dos EUA capazes de operar o caça. Paxton destacou a importância do caça para enfrentar as ameaças de atores estatais e não estatais e da tecnologia A2/D2, enfatizando que, para atingir esses alvos, os EUA teriam que desenvolver com sucesso o F-35 (Chapman, 2019).

Conforme supracitado, as críticas do Congresso e de outros setores em relação aos custos e atrasos no cronograma intensificaram-se após o programa ultrapassar o limite estabelecido pela Nunn-McCurdy. Em 1981, o senador Sam Nunn e o deputado David McCurdy introduziram o que ficou conhecido como a emenda Nunn-McCurdy na legislação de gastos com defesa de 1982. A legislação Nunn-McCurdy estabeleceu a supervisão do Congresso sobre os sistemas de aquisição de defesa *Avarage Program Cost* (PAUC) e *Unit Program Cost* de aquisição (APUC) excedem 15%. Nesse caso, o secretário de Defesa tem a obrigação de informar o Congresso. Se o aumento de custos ultrapassar 25%, o secretário deve fornecer ao Congresso uma declaração por escrito fornecendo aos legisladores os motivos do descumprimento. Caso contrário, o programa seria cancelado. Em março de 2010, o secretário de Defesa Robert Gates anunciou que o JSF tinha ultrapassado os limites especificados na Nunn-McCurdy. Em dólares do ano fiscal de 2002, os custos ultrapassaram a linha de base original do programa em 78,21% para o PAUC e 80,66% para o APUC (Chapman, 2019). Especialmente até a revalidação do programa no Milestone B e a nova *Aquisition Program Baseline* desse ano, o progresso do JSF dentro do espectro de aquisição foi lento. Houve críticas e debates sobre o financiamento, o crescimento de custos e problemas de desempenho do JSF. No entanto, apesar das preocupações legislativas, o financiamento do programa permaneceu no curso (Figura 8.4).

Figura 8.4 – Solicitação vs. apropriação de financiamento do JSF (bilhões de dólares atuais)

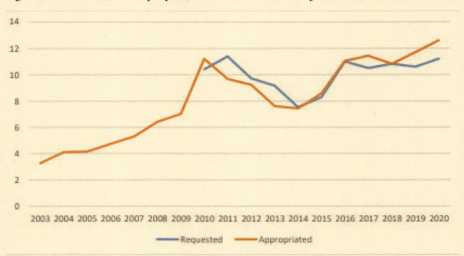

Fonte: subsecretário de Defesa (controlador): solicitação orçamentária do DoD. Elaboração própria

Em abril de 2016, o senador Orrin Hatch falou em apoio ao JSF no plenário, enfatizando que, apesar das frustrações com o sistema de aquisição em relação a custos e cronograma, o surgimento de ameaças geopolíticas, como a anexação da Crimeia pela Rússia, a crescente assertividade da China e os avanços nucleares da Coreia do Norte e do Irã, o F-35 era necessário para penetrar nas defesas aéreas inimigas avançadas e atacar alvos terrestres. O senador Orrin também argumentou que os custos unitários estavam diminuindo, à medida que a aquisição progredia (Chapman, 2019). O apoio geral no Congresso permanece até os dias de hoje. Em 5 de maio de 2021, 20 senadores de ambos os partidos assinaram uma carta instando o financiamento para custos de modernização e sustentação do JSF, diante dos avanços da Rússia e da China em seus sistemas de defesa aérea e seus próprios caças de quinta geração. Essa carta seguiu uma carta semelhante da Câmara, na qual 132 representantes também demonstraram apoio ao programa (Stone, 2021).

A necessidade do F-35 diante da crescente ameaça externa e a falta de opções adequadas para o caça são explicações convincentes para o financiamento pelo Congresso, apesar dos atrasos no cronograma e dos custos excessivos. Três forças defendendo o programa certamente conferem mais estabilidade a ele na arena burocrática. Chapman (2019) afirma que, além da necessidade de combater ameaças existentes e crescentes, os interesses locais ajudam a explicar o apoio ao programa no Congresso. A força de trabalho e os subcontratados estão espalhados pelos Estados Unidos, com instalações em locais geográficos potencialmente representados por 90 senadores e 424 representantes dos EUA. Além disso,

> [...] uma outra maneira de entender o amplo apoio político que o JSF recebe no Congresso é observar as contribuições de campanha feitas a um grupo bipartidário de legisladores por empresas da indústria aeroespacial e sindicatos (Chapman, 2019, p. 218).

Este livro também contribui, mostrando que, diferentemente do FCS (Capítulo 7), embora altamente inovador e ainda em desenvolvimento durante a aquisição, o F-35 demonstrou viabilidade tecnológica e desempenho progressivamente ao longo dos anos, enquanto o FCS nunca alcançou a capacidade operacional. O primeiro voo do F-35A ocorreu em dezembro de 2007, enquanto o F-35B e o F-35C completaram seu primeiro voo em junho de 2008 e junho de 2010, respectivamente. O F-35B demonstrou sua capacidade de pairar em março de 2010 (CRS, 2020). Em 11 de março de 2015, o inspetor geral do Departamento de Defesa (DODIG) constatou que o JSF havia atingido e se conformado aos requisitos de qualidade e demonstrou desempenho de gerenciamento e melhorias no período intermediário (Chapman, 2019). Em junho de 2013, Michael Sullivan, diretor de Aquisição, Fontes e Gerenciamento do GAO, disse ao subcomitê de defesa do SAC que o desempenho do programa melhorou, com a maioria dos objetivos de gerenciamento e teste de desenvolvimento sendo atendidos (Chapman, 2019).

O objetivo reformulado do DoD era alcançar a *Initial Operational Capability* (IOC) até março de 2012 para o F-35B, março de 2013 para o F-35A e março de 2015 para o F-35C. O IOC ocorreu em julho de 2015 para o F-35B, agosto de 2016 para o F-35A e fevereiro de 2019 para o F-35C (CRS, 2020). Em 2013, a Lockheed havia entregado o 100º JSF. O comandante de Combate Aéreo, general Hawk Carlisle, anunciou em agosto de 2016 que o F-35A estava pronto para combate, sendo capaz de suporte, interdição, destruição parcial das defesas aéreas inimigas e a capacidade de usar missões gravadas para conduzir e implantar missões operacionais, possuindo, portanto, todos os elementos logísticos e operacionais necessários (Chapman, 2019, p. 117). Em seguida, em 2016, um JSF dos Fuzileiros

Navais detectou, rastreou e mirou um UAV MQ-170E e passou as informações, utilizando seu *Multifuncional Data Link* (MADL) para o sistema de combate USS Desert Ship (LLS-1), que abateu o drone (Chapman, 2019). A entrega, apesar dos atrasos, avançou por meio do Milestone B e cresceu substancialmente ao longo dos anos.

Apesar de o JSF demonstrar viabilidade tecnológica e critérios de desempenho, esse processo não ocorreu sem problemas. Em comparação com o Nautilus (Capítulo 5), o F-35 enfrentou muitos desafios técnicos e críticas a esse respeito. Enquanto o primeiro transitou rapidamente da concepção para a implantação, o último encontrou muitos obstáculos. Embora a viabilidade geral da aeronave estivesse presente, desafios técnicos específicos acompanharam o programa durante o SDD.

Figura 8.5 – JSF's Quantidades Adquiridas

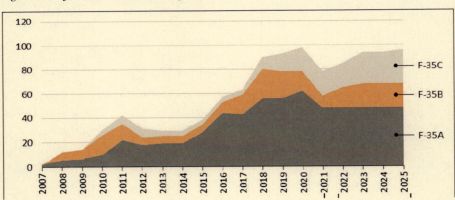

Fonte: CRS (2020, p. 17)

Em seu relatório de 2017 sobre o JSF, o GAO constatou que ainda havia problemas com capacidade limitada de depósito para reparo, escassez de peças de reposição, necessidades de dados técnicos indefinidas e capacidades de manutenção de nível intermediário não financiadas (GAO, 2017). O GAO também estimou que os EUA gastaram quase US$ 400 bilhões no programa, tornando-o o programa mais caro do DoD, com um adicional projetado de US$ 276 bilhões em aquisições e estimando que os custos operacionais gerais da frota associados à vida útil da aeronave excederiam US$ 1 trilhão. O JSF "Alcançou sucesso durante seu desenvolvimento e evolução, mas está sete anos atrasado e US$ 163 bilhões acima do orçamento" (Chapman, 2019, p. 134). Ao entrar no Initial Operational |Test and Evaluation (IOT&E) em 2018 e visando em breve entrar no Milestone C (Decisão de Produção Completa), o JSF ainda tinha muitas deficiências não resolvidas, 13 delas classificadas pelo *Director of Operational Test and Evaluation* (DOT&E) como "necessárias corrigir" (CRS, 2020).

De acordo com Shimooka (2018, p. 162), "embora as preocupações persistam, o programa fez progressos significativos ao longo da última década e está a caminho de substituir todo o inventário de aeronaves do DoD". Em confluência com o argumento apresentado nesta pesquisa, o autor argumenta que "entre 2012 e 2017, o desenvolvimento do programa estabilizou e avançou aproximadamente conforme planejado" (Shimooka, 2018, p. 166). Nesse período, os excessos de custos e atrasos no cronograma foram atenuados em comparação com as projeções iniciais do programa, como será visto na próxima seção.

> O programa obteve sucessos significativos durante este período, incluindo um custo de produção em declínio rápido e capacidade operacional inicial para a Força Aérea dos EUA, o Corpo de Fuzileiros Navais dos EUA e a Força Aérea Israelense (Shimooka, 2018, p. 166).

Chapman (2019, p. 136) avalia que

> [...] apesar de seus atrasos repetidos, problemas técnicos e excessos de custos, é provável que o JSF seja eventualmente implantado pelos EUA, mesmo que o número seja menor do que o originalmente planejado.

O autor argumenta que "a obsolescência tecnológica de aeronaves de combate contra inimigos militares é ainda mais perigosa do que um sistema militar caro e com atrasos" (Chapman, 2019, p. 357).

Por um lado, excessos de custos e atrasos no cronograma, como demonstrado ao longo deste estudo, são critérios importantes para avaliar o sucesso ou fracasso de projetos de defesa em larga escala. Além disso, durante o ciclo de vida do projeto, custo e cronograma são indicadores de possíveis problemas com a viabilidade tecnológica e diferentes projetos estão em competição por recursos entre si. Isso pode afetar o apoio dos *stakeholders* e tomadores de decisão ao projeto, tornando-o mais propenso a falhas. Por outro lado, como foi demonstrado, a necessidade do projeto para os *major stakeholders*, seu sucesso operacional e, portanto, o que a inovação proporciona à defesa nacional têm mais peso na definição do sucesso de um projeto.

No caso do F-35, houve excessos de custos e atrasos no cronograma, especialmente no início do ciclo de vida do projeto. Uma análise mais aprofundada de seus custos e cronograma ao longo de todo o ciclo de vida é necessária. A próxima seção, dedicada às conclusões do projeto, investigará a questão da eficiência (custo, cronograma, desempenho) juntamente com as variáveis independentes e os outros critérios de sucesso definidos neste estudo também. Uma visão mais holística do projeto, mesmo que alguns critérios sejam considerados mais importantes do que outros, é benéfica para explicar o projeto como um todo. Deve-se observar, no entanto, que, como o JSF é um projeto em andamento, este capítulo explicará seus resultados por meio das análises propostas. As explicações não pretendem ser preditivas *strictu senso*, embora o ciclo de vida do JSF até agora e as tendências das variáveis independentes, *ceteris paribus*, possam fornecer um cenário sólido.

8.3 O desfecho

À medida que o programa atingiu o Milestone B (2001), no ano em que o contrato foi concedido, a estimativa total do custo do programa-alvo era de US$ 177 bilhões, que aumentou para US$ 270,5 bilhões até o final de 2010 (dólares de 2002). Isso representou um aumento de 52,58% na estimativa geral de desenvolvimento e aquisição. Quando o Milestone B foi reaprovado em 2012, o DoD estimou um custo total de US$ 395,7 bilhões para o JSF (DoD, 2011). A última estimativa disponibilizada no *Selected Acquision Report* de 2020 (DoD, 2019) é que o programa custará US$ 321,441 bilhões (dólares de 2012), uma queda de 18%. Em 2001, não havia estimativa do PAUC e do APUC. Até 2012, a estimativa para o PAUC e o APUC era de US$ 112,529 milhões e US$ 91,827 milhões, respectivamente. Em 2020, o custo estimado caiu para US$ 108,073 no caso do PAUC e 83,109 no caso do APUC, uma redução de 8,75% e 11,59%, respectivamente. Quanto à quantidade, em 2002, o DoD planejava entregar 2.886 caças, número ajustado para 2.457 em 2018 (CRS, 2020).

O primeiro voo do F-35A, F35-B e F-35C estava previsto para acontecer em novembro de 2005, abril de 2006 e janeiro de 2007, respectivamente. Em 2011, os primeiros testes foram reprogramados para dezembro de 2006, junho de 2008 e junho de 2010, respectivamente, para o F-35A, F-35B e F-35C. Em 2012, as estimativas foram mantidas. O primeiro voo do F-35A ocorreu em dezembro de 2007, enquanto F35B e F35C completaram seu primeiro voo em junho de 2008 e junho de 2010, respectivamente.

Em 2002, a *Initial Operational Capability* (IOC) deveria ser concluída até junho de 2011, o IOT&E até março de 2012 e entrar no Milestone C (Full Rate Production Decision) até abril de 2012 (DoD, 2010). SARs de 2011 e 2012 apontaram que esses três marcos estavam sendo reanalisados. A IOC aconteceu em julho de 2015 para o F-35B, agosto de 2016, para o F35-A e fevereiro de 2019 para o F-35C (CRS, 2020) — oito anos atrás do cronograma de 2002 e cinco anos atrás do cronograma reformulado do DoD, como mencionado anteriormente (Chapman, 2019). Pela última estimativa, a conclusão do IOT&E, Decisão de Produção Completa e Milestone C deveriam ser alcançadas em setembro de 2020, embora não tenham sido. De acordo com o DoD, o adiamento desse marco se deve aos atrasos na conclusão do desenvolvimento, verificação, validação e acreditação do Joint Simulation Environment, o que, por sua vez, atrasa a conclusão do Teste e Avaliação Operacional Inicial (IO&E) (DoD, 2019). A *Full Rate Production Decision* e Milestone C ainda não foram alcançados enquanto este estudo é concluído.

Os autores tendem a concordar que o JSF enfrentou muitos problemas, devido a gastos e atrasos. No entanto, devido à ameaça externa e às necessidades de defesa nacional, eles avaliam que o programa é necessário. O envolvimento em guerra, como foi afirmado na Introdução, é um critério-chave para avaliar os resultados do programa. Segundo Chapman (2019), "a eficácia de combate e o desempenho do JSF são indicadores fundamentais de se os gastos e atrasos valeram a pena". Embora o F-35 não tenha participado de operações de combate importantes, foi utilizado contra alvos iranianos e do Hezbollah perto de Beirute e recebeu uma avaliação positiva de partes interessadas como a IAF (Força Aérea Israelense).

De acordo com Deptula (2020), as Forças Armadas precisam do caça de quinta geração, pois os requisitos ditados pelo ambiente de ameaça global demandam nada menos. Ele argumenta que o desempenho operacional do F-35 é "uma tarefa fácil de avaliar" (Deptula, 2020, p. 1). O autor afirma que o F-35 é o único caça de quinta geração em produção no mundo ocidental.

> Se você deseja atributos de furtividade, guerra eletrônica, sensores, capacidade de processamento e trabalho em equipe em tempo real, todos fundidos em um pacote de caça, esta aeronave é a escolha. Os F-35 já foram para a guerra e os resultados falam por si só (Deptula, 2020, p. 1).

Quanto aos custos, Deptula (2020) mantém que qualquer aeronave de nova geração impulsiona a inovação para frente e isso envolve desafios.

Além disso, o autor argumenta que menos F-35 podem fazer mais em menor número do que os caças tradicionais e "Isso é o que a avaliação de custo por efeito se trata" (Deptula, 2020, p. 1). John Venable (2020) afirma que o F-35 é agora o caça multiuso mais dominante do mundo e proporciona uma vantagem competitiva significativa sobre concorrentes semelhantes. Venable afirma que as capacidades do F-35A e a redução do preço tornam-no vital para a defesa da nação e mais econômico do que os caças de quarta geração (Venable, 2020).

O desempenho operacional está relacionado à necessidade e a esta está relacionada às opções disponíveis. Abplanalp (2017) sustenta que os EUA e seus aliados estão contando com uma frota mais antiga que está encolhendo, causando excedente de manutenção e aumentando as vulnerabilidades e, portanto, colocando em risco a superioridade aérea dos EUA. Hlatky e Rice (2018, p. 34) afirmam que, dadas suas capacidades, "está se tornando cada vez mais óbvio que não há alternativa ao programa F-35". O Pentágono declarou que, apesar dos excessos de custos e atrasos, o F-35 ainda é uma prioridade máxima. Chapman (2019, p. 347) argumenta que os "críticos do JSF precisam apresentar alternativas economicamente e militarmente credíveis para atender às necessidades operacionais de combate dos caças a jato dos EUA e aliados contra ameaças emergentes, além de manter as frotas existentes de aeronaves de combate".

A necessidade de inovação tecnológica em defesa relaciona-se, antes de tudo, à ameaça externa (ver Capítulo 1). Segundo Chapman (2019, p. 137), o nível de ameaça tornou o JSF necessário, especialmente emergindo da China e Rússia, "também sustentará o JSF mesmo com dúvidas sobre suas capacidades técnicas, se seu alcance operacional é suficiente para missões de combate, problemas mecânicos e custos". O autor também afirma que a história do desenvolvimento de sistemas de armas nos Estados Unidos está repleta de problemas, a maioria deles deixada com nada menos que "complexidade e incerteza significativas" (Chapman, 2019). De acordo com Chapman, desenvolver e avançar na tecnologia de caças militares é um processo interminável. Países como Rússia e China estão dispostos a fazer investimentos financeiros para desenvolver seus próprios caças com base no avanço de seus interesses nacionais. Isso ameaça os EUA e seus aliados, já que esses países continuam a aprimorar seus próprios caças de Quinta Geração, "deixando os Estados Unidos não assumirem a superioridade aérea como garantida" (Abplanalp, 2017, p. 26).

O desenvolvimento do F-35 também decorre da percepção dos tomadores de decisão de que a agilidade científica e tecnológica doméstica precisa ser fortalecida devido à proliferação de expertise. Segundo Chapman (2019), há uma necessidade de desenvolver um programa de caça a jato capaz de atender aos requisitos militares para a segunda década do século XXI. Como já foi afirmado, países como Coreia do Norte, Irã, Rússia e China, juntamente com o terrorismo, ameaçam os Estados Unidos, e o F-35 é fundamental na avaliação estratégica dos EUA para possíveis futuros engajamentos em combate e para evitar a perda da superioridade aérea (Chapman, 2019). Os EUA e seus aliados desejam garantir "sua capacidade de garantir credivelmente o pivô para a Ásia-Pacífico, a *European Deterrence Initiatibve*, e dissuadir o movimento da Rússia para o Leste"[91] (Chapman, 2019, p. 357). De acordo com Chapman (2019, p. 115),

> [...] os Estados Unidos estarão, em última análise, mais preocupados com as consequências geopolíticas de potencialmente perder a superioridade aérea para inimigos prováveis do que com os problemas prolongados que o JSF enfrentou nas últimas duas décadas.

Alguns desafios estão pela frente para o F-35. O problema mais problemático é o custo de vida total de manter a frota, que foi estimado ultrapassar US$ 1 trilhão de dólares (Chapman, 2019). O debate gira em torno da eficiência versus eficácia. Apesar de questões de custo e atrasos (questões de eficiência), os *major stakeholders* veem o F-35 como necessário para a segurança nacional e seu desempenho provou ser eficaz para cumprir seus propósitos iniciais de concepção. A investigação do caso F-35, dadas as argumentações e os parâmetros de sucesso ou fracasso delineados neste livro, coloca o programa JSF no espectro bem-sucedido. É necessário afirmar que, como é um programa em andamento, não é possível dar uma declaração final sobre seu sucesso ou fracasso. No entanto, argumenta-se que a análise demonstra que os fatores que impactam positivamente a inovação estão sendo atendidos. Portanto, argumenta-se que o F-35 está no caminho do espectro bem-sucedido, apesar de não atender a alguns parâmetros de sucesso. Como foi feito nos capítulos anteriores, o arcabouço teórico desenvolvido neste livro e as hipóteses derivadas são confrontados com o caso do F-35 na próxima seção.

---

[91] Após a invasão da Ucrânia pela Rússia, a encomenda de aeronaves F-35 pelos países europeus aumentou consideravelmente.

8.4 Resultados

Até o momento presente, os resultados do F-35 estão próximos de sua concepção inicial, propósitos e objetivos. Problemas iniciais de custo e cronograma foram atenuados, embora, nesse aspecto, o F-35 não tenha acompanhado e não esteja acompanhando suas estimativas iniciais. Apesar disso, o desempenho do F-35, sua necessidade pelos *major stakeholders* e tomadores de decisão, dadas a ameaças externa e a falta de opções mais eficazes, colocam o F-35 no espectro bem-sucedido de projetos de defesa em larga escala. O F-35 é visto como necessário para a defesa dos Estados Unidos pelos principais atores ligados à aquisição de defesa. Além disso, até agora, está operando bem. A literatura revisada, dados e *process-tracing* do projeto explicam seu sucesso relativo em relação aos objetivos iniciais por meio das três lentes de análise propostas neste estudo.

Do ponto de vista do sistema internacional, o nível de ameaça aumentou substancialmente durante o desenvolvimento do programa. As forças dos EUA precisavam de um novo programa de caças, devido ao envelhecimento da frota e à concepção do combate futuro. Embora, na década de 1990, os Estados Unidos tivessem uma vantagem militar, política e econômica substancial, devido à vitória na Guerra Fria, o século XXI, especialmente após sua primeira década, levou os EUA à necessidade de balancear. Como foi argumentado no Capítulo 1, tecnologia, doutrina e organização são as três principais esferas do balanceamento interno. Com a ameaça externa aumentando, com ênfase específica na guinada para o Pacífico e nas capacidades da Rússia, incluindo o desenvolvimento de seu próprio caça de quinta geração, o F-35 tornou-se ainda mais importante. Após a segunda década do século XXI, a pressão competitiva e a necessidade dos EUA de manter sua superioridade aérea aumentaram, e o F-35 recebeu mais apoio dos tomadores de decisão. Isso resulta, como foi argumentado no Capítulo 1, da relação positiva entre a mobilização de recursos e a inovação com o aumento da ameaça externa. Isso coincide com o maior progresso do programa em seus diversos aspectos após a reformulação de 2012. A principal hipótese em relação ao ângulo de ameaça externa da análise foi, portanto, corroborada. Quanto às hipóteses auxiliares: i) o avanço tecnológico parece ter precedência sobre os arranjos doutrinários e organizacionais, uma vez que, durante o aumento da ameaça externa, os aspectos táticos e organizacionais militares estão acompanhando o desenvolvimento do programa; ii) a interferência civil, diante do crescente nível de ameaça, pressionou o projeto em direção ao sucesso, mantendo uma vigilância próxima dos desenvolvimentos; iii) a ameaça externa, especialmente após a segunda década do século XXI, fez com que a inovação assumisse maior velocidade, escala e urgência; iv) os EUA não pararam de inovar diante de uma ameaça maior, ao contrário, intensificaram seus esforços em relação ao crescente nível de ameaça; v) quanto às opções de equilíbrio de ameaças externas, os EUA transferiram para seus aliados parte das responsabilidades, mas o efeito na inovação não pode ser conclusivo sem uma análise mais aprofundada.

O Congresso está mais preocupado com os níveis de déficit e austeridade fiscal. Ele tem que atender a diversos interesses e disputar recursos. No entanto, como foi argumentado, o Congresso foi firmemente apoiado por um grande consenso em relação aos interesses paroquiais relacionados ao F-35, devido à criação de empregos e apoio de campanha. No entanto, argumenta-se que isso não é suficiente. O programa precisa provar seu valor diante das possíveis falhas de eficiência experimentadas, no caso do F-35, em seus custos e atrasos de cronograma. O F-35 reuniu consenso no Congresso e no Executivo devido à sua necessidade, prometendo valor operacional, e à falta de opções custo-eficazes. As três forças atuando juntas para proteger o programa certamente lhe conferem mais poder burocrático e, portanto, a capacidade de obter recursos e desenvolver o programa. Como foi dito, diferentemente do B-2, o Congresso e outros tomadores de decisão importantes estavam mais preocupados em fazê-lo funcionar do que em buscar opções disponíveis. Isso se reflete na quantidade solicitada pelo Executivo e na quantidade apropriada pelo Congresso (Figura 8.5), demonstrando um consenso entre os dois ramos do governo. A tendência é um apoio contínuo, uma vez que as variáveis aplicadas aqui permanecem.

No caso da viabilidade tecnológica, a elasticidade da demanda, embora alta, foi menor do que no caso do B-2, especialmente porque, com a falta de substitutos, a demanda tende para uma demanda inelástica. As revisões de custo e cronograma foram maiores do que as do Nautilus. Isso indica um status de viabilidade tecnológica de médio alcance para o F-35. Como foi mostrado, apesar dos problemas técnicos já delineados, a viabilidade tecnológica geral da aeronave progrediu e se mostrou bem-sucedida. Desafios foram apresentados pelo GAO e outras análises, mas os avanços foram constantemente reconhecidos. A viabilidade tecnológica se mostrou por meio de testes e operações durante o Marco B, o que, consequentemente, não enfraqueceu o projeto tanto quanto no caso do FCS e do B-2. O projeto não foi grandemente modificado (em termos tecnológicos) ao longo de seu desenvolvimento em relação aos seus objetivos iniciais. Isso coloca a tendência futura do JSF no espectro bem-sucedido de projetos de defesa em larga escala, conforme conceituado por este estudo.

Este capítulo revisou as concepções, motivações e metas principais do F-35. Em seguida, traçou o desenvolvimento do programa para analisar empiricamente as razões de seus resultados até o momento. Por fim, assim como foi feito nos outros estudos de caso, o arcabouço teórico construído na primeira parte do livro foi confrontado com os resultados da investigação empírica. Os resultados corroboram as principais hipóteses delineadas neste livro. A parte subsequente — a conclusiva — revisará os principais resultados encontrados neste trabalho e comparará ainda mais os estudos de caso, confrontando-os com o modelo e a metodologia propostos por este estudo, a fim de destacar suas principais contribuições e desafios adicionais de pesquisa que surgem ao estudar o sucesso e o fracasso de projetos em larga escala.

À GUISA DA CONCLUSÃO

O objetivo geral deste estudo foi explicar por que alguns projetos inovadores de defesa de larga escala conseguem atingir seus objetivos, enquanto outros não. Para alcançar esse objetivo, as páginas introdutórias estabeleceram os conceitos centrais, a metodologia, a hipótese geral e a estrutura para abordar essa problemática.

Primeiramente, a variável dependente (sucesso ou fracasso de projetos de defesa em larga escala) foi definida. Os parâmetros pelos quais um projeto é considerado bem-sucedido foram delineados. Argumentou-se que os projetos geralmente são avaliados principalmente em relação aos seus resultados de eficiência (custo, cronograma e desempenho). Dada a complexidade da defesa, suas inúmeras variáveis e as implicações desses projetos caros e altamente inovadores, outros parâmetros foram retirados da literatura de gerenciamento de projetos para abordar os resultados de eficácia dos casos. Somar eficiência e eficácia pode proporcionar ao pesquisador uma análise mais holística e precisa dos resultados do projeto. Sustentou-se que um projeto será eficaz se os *major stakeholders* e tomadores de decisão estiverem satisfeitos com o emprego da inovação e, principalmente, se a inovação foi necessária para atingir seu principal objetivo: a mobilização de recursos para um engajamento militar bem-sucedido e, portanto, para atender às demandas de segurança nacional. As questões de eficiência foram consideradas subordinadas à eficácia no caso da defesa nacional. Ao analisar os dados empíricos, a eficácia foi de fato mais importante no cenário de tomada de decisões.

Em segundo lugar, os objetivos deste livro foram delineados ao lado de um *framework* de análise proposto e uma hipótese geral que orientou a pesquisa. Este estudo propôs a construção de um *framework* teórico baseado em três ângulos de análise: doméstico, econômico/tecnológico e internacional. O *framework* incorpora a estrutura, atores, processos e problemas que foram investigados. Cada um desses ângulos de análise resultaria em uma variável independente. Ao analisar as variáveis independentes, como foi feito com a variável dependente, foram estabelecidos parâmetros e indicadores para uma análise comparativa entre diferentes casos de projetos de defesa inovadores em larga escala. Ao fazer isso, uma hipótese geral foi apresentada. Sustentou-se que a variável doméstica (nível de consenso entre e dentro do Executivo e do Congresso) e a variável econômica/tecnológica (nível de viabilidade tecnológica) eram condições necessárias e conjuntamente suficientes para explicar o sucesso ou fracasso de projetos de defesa em larga escala. Quanto à variável derivada do Sistema Internacional (nível de ameaça externa), argumentou-se que é uma condição não necessária, embora com um alto nível de impacto e relacionada positivamente à variável dependente.

Finalmente, para testar a hipótese geral deste estudo e alcançar com sucesso seus objetivos, uma metodologia e técnicas de pesquisa foram propostas. A abordagem metodológica foi qualitativa, e a principal estratégia de investigação foi o Método Histórico-Comparativo (MHC). Esse método permite à pesquisa inferir causalidade entre variáveis, estabelecendo relações entre variáveis enquanto outras são mantidas constantes. Este trabalho escolheu quatro estudos de caso para testar sua hipótese e seu *framework* de análise. A escolha dos casos foi baseada na metodologia, selecionando casos nos quais as condições explicativas propostas estavam presentes ou ausentes. Dois dos projetos de defesa em larga escala estudados foram casos negativos (fracassados ou no espectro definido como fracasso) e dois foram positivos (bem-sucedidos ou no espectro definido como sucesso). Para investigar minuciosamente os estudos de caso propostos, a principal técnica de pesquisa empregada foi o *Process-tracing*, que visa conectar variáveis hipotéticas X a uma variável Y dependente por meio da identificação da ausência ou presença de interações causais entre relações entre as partes que interagem. Ao conduzir a investigação dessa maneira, a livro é epistemologicamente próxima de uma Teoria de Alcance Médio, nem idiográfica, nem nomotética. No entanto, como será argumentado posteriormente, a construção e teste de teoria, que podem resultar do MHC, podem contribuir para a construção de um modelo mais generalizável.

O trabalho foi organizado em duas partes para desenvolver o *framework* teórico na primeira parte e testá-lo na investigação dos estudos de caso na segunda parte. A Parte I — Estrutura, Atores, Processos e Questões — construiu o *framework* teórico e estabeleceu os parâmetros dentro das variáveis que seriam abordadas na segunda parte. Os Capítulos 1, 2 e 3 envolveram revisão de literatura e debate teórico, retirando de um engajamento crítico com a literatura especializada a definição das variáveis, parâmetros e indicadores que explicariam a variável dependente. Em cada um desses capítulos, uma hipótese principal foi apresentada. Além disso, inferências principais e conclusões em relação ao seu ângulo de análise foram identificadas, o que guiará as características estruturais, principais atores e dados a serem observados. O Capítulo 4 deu ênfase ao processo no qual esses elementos estão inseridos, destacando o ciclo de vida típico de um projeto de defesa em larga escala. A Parte II — Apostas Altas e Riscos Elevados: Uma Análise de Projetos de Defesa de Grande Escala, Alto Custo e Longo Prazo — foi dedicada à análise comparativa dos quatro casos propostos. Os casos foram abordados desde sua concepção e motivações até seu desenvolvimento e resultados, a fim de confrontá-los com o *framework* teórico e hipóteses.

Da perspectiva do Sistema Internacional (Capítulo 1), o sucesso de projetos de defesa em larga escala está positiva e diretamente relacionado ao nível de ameaça. Argumentou-se que quanto maior o nível de ameaça externa, maior a chance de sucesso. O capítulo discutiu a relação entre o sistema internacional e a resposta do Estado. O argumento foi construído com base na premissa de que os Estados estão inseridos em um sistema anárquico. Sua resposta a essa ameaça pode ser equilibrar externamente (e.g., formar alianças) ou internamente. O equilíbrio interno pode ser alcançado aprimorando as esferas doutrinária, organizacional e tecnológica para melhor mobilizar para o propósito de engajamento militar. Foi demonstrado que o nível doméstico é fortemente impactado pelo sistema internacional e suas pressões de estímulo. Um Estado pode optar por manter sua estratégia atual, emular práticas bem-sucedidas ou inovar. O foco do estudo foi na inovação e na esfera tecnológica de equilíbrio interno. Como os Estados Unidos são um Estado capaz de inovar, a ameaça externa pressionará o país a inovar tecnologicamente. A ameaça é avaliada observando a posição relativa dos países no Sistema Internacional, uma vez que não há medida precisa disponível para essa variável.

Quanto ao Capítulo 2, o nível doméstico e seu processo de tomada de decisão foram desvendados. Foi demonstrado que a tomada de decisão é fragmentada e dividida entre atores-chave, que maximizam seus próprios interesses. Para que um projeto de larga escala tenha sucesso, é necessário alcançar um nível mínimo de consenso. Órgãos interessados, líderes eleitos — entre outros atores-chave — estão continuamente disputando recursos, protegendo seus papéis designados e visando maximizar seu prestígio. Isso cria um cenário em que as decisões são subótimas. O capítulo revisou as principais perspectivas de Políticas Públicas e Ciência Política para construir sua variável: nível de consenso entre e dentro do Executivo e do Congresso. Argumentou-se que, dada a tomada de decisão, comissões congressionais-chave, agências de auditoria, o OSD, os militares e o presidente são os principais atores cujas posições e decisões impactam projetos de defesa de larga escala. Outros atores possíveis já estão representados nessa variável (por exemplo, opinião pública, grupos de interesse). Quando um nível mínimo de consenso não pode ser alcançado, o projeto começará a perder força e, em última análise, falhará.

Projetos de defesa em larga escala são caros. A mobilização de recursos e a inovação foram abordadas no Capítulo 3. Uma Base Industrial de Defesa e sua composição impactam diretamente a forma como o projeto é conduzido. Temas de Economia de Defesa, como eficiência, aquisições e incentivos, são analisados e o capítulo explora os *trade-offs* envolvidos nessas questões, bem como o problema de internacionalização versus nacionalização. O mercado de defesa é caracterizado por um lado por sua demanda monopsônica e características idiossincráticas e preocupações com segurança; portanto, essas questões devem ser abordadas de maneira diferente da análise regular de mercado. Isso implica em um cenário específico para inovação, incluindo questões de propriedade intelectual e transferência de tecnologia. Proposições, atores e processos específicos são retirados desse debate. Além disso, com base na discussão citada, o Capítulo 3 argumentou-se que a viabilidade tecnológica é uma condição necessária para o sucesso de um projeto. Medir isso *ex ante*, no entanto, não é possível, uma vez que os projetos são altamente inovadores. No entanto, ela pode ser analisada ao longo do ciclo de vida do projeto, observando os desafios destacados por especialistas e tomadores de decisão. Quando há muitas dúvidas sobre a viabilidade tecnológica do projeto, ele perde força e, por consequência, apoio orçamentário. Além disso, a elasticidade da demanda pode funcionar como uma medida *proxy* para a viabilidade tecnológica, uma vez que a diferença entre os custos projetados e os reais é um sinal de problemas no desenvolvimento da tecnologia.

A política orçamentária está no centro de interesses conflitantes. O poder do dinheiro dita o futuro de projetos em larga escala. Observando o processo orçamentário, é possível identificar os defensores e oponentes do projeto e suas posições. O Capítulo 4 delineou as "regras do jogo" e prepara o terreno para analisar os projetos. A legislação e as posições políticas cruciais são examinadas enquanto o capítulo explica como funciona o ciclo de vida de um projeto de defesa em larga escala, o papel do Departamento de Defesa (DoD) e do Congresso em aquisições de defesa e insights teóricos sobre orçamento.

Conforme mencionado, a Parte II deste livro realizou a análise comparativa dos quatro estudos de caso propostos. A fim de resumir os resultados empíricos da análise feita em cada capítulo, as Tabelas 9.1 e 9.2 serão apresentadas a seguir. A Tabela 9.1 recapitula os resultados do teste do *framework* teórico confrontado com os casos empíricos, demonstrando a relação causal entre as variáveis independentes e a variável dependente. A Tabela 9.2 delineia a relação entre os casos e a variável dependente, decomposta nos Critérios de Sucesso (CS) apresentados na Introdução e investigados nos estudos de caso. Os indicadores qualitativos propostos (Alto, Médio e Baixo) são atribuídos considerando o ciclo de vida do projeto como um todo. Os CS na Tabela 9.2 são divididos entre os critérios de eficiência (azul) e critérios de eficácia (vermelho).

Quadro 9.1 – Resultados analisados através do modelo proposto de causalidade

	Ameaça externa	Consenso político	Viabilidade tecnológica	Sucesso ou fracasso
USS Nautilus	Alta	Alta	Alta	Bem-Sucedido
B-2	Alta->Baixa	Médio-> Baixo	Baixo-> Alto	Espectro do fracasso
FCS	Baixa	Médio-> Baixo	Baixo	fracassado
F-35	Baixa-> Alta	Médio-> Alto	Médio-> Alto	Espectro do sucesso

Fonte: elaboração própria

Quadro 9.2 – Resultados analisados por meio dos CS

	Variação nos custos	Atrasos cronograma	Performance	Necessidade do *stakeholder*	Sucesso operacional	Success or Failure
USS Nautilus	N/A	Nenhum	Alta	Alta	Alta	Bem-sucedido
B-2	Alta	Médio	Média	Baixa	Média	Espectro do fracasso
FCS	Alta	Alto	Baixa	Baixa	Baixa	Fracassado
F-35	Média	Alto	Alta	Alta	Média	Espectro do sucesso

Fonte: elaboração própria

O Capítulo 6 analisou o USS Nautilus, o primeiro submarino de propulsão nuclear do mundo. Com o fim da Segunda Guerra Mundial, os Estados Unidos desfrutaram do monopólio sobre armas atômicas, devido ao sucesso do Projeto Manhattan. No entanto, a União Soviética estava rapidamente emergindo como uma grande ameaça e alcançando rapidamente os Estados Unidos em muitas frentes. Especialmente ameaçadora era a grande e crescente frota de submarinos da URSS e sua própria tentativa de desenvolver submarinos com propulsão nuclear. A tecnologia para o USS Nautilus adveio da revolução científica na física e química que culminou no Projeto Manhattan. Diferentes protótipos foram desenvolvidos. Órgãos e o Congresso trabalharam juntos. Sob a liderança do almirante Rickover, o Nautilus foi comissionado em 1954, antes do prazo. Questões de viabilidade tecnológica foram rapidamente superadas. O contínuo crescimento da ameaça externa impactou a inovação. O Nautilus foi implantado com sucesso e deu origem a uma Marinha nuclear. Outros assuntos, como o desenvolvimento de submarinos de propulsão nuclear por outros países e energia atômica para uso civil, foram abordados. O Nautilus se mostrou extremamente necessário e um sucesso operacional. Neste livro, sob todos os CS sugeridos na Introdução (Tabela 9.2), o Nautilus foi bem-sucedido. Quanto aos critérios de eficiência de custos, o autor deste livro não teve acesso aos dados. No entanto, dado que o processo de aquisição ocorreu sem problemas e a literatura revisada não apontou problemas nesse sentido, pode-se presumir que isso não impactou os outros CS. As três variáveis independentes propostas se correlacionaram de maneira precisa com a variável dependente. O Nautilus é um caso excepcional de sucesso do projeto.

Em 1981, havia uma percepção entre os militares de que a parte do bombardeiro tripulado na tríade estratégica dos Estados Unidos estava ficando para trás devido ao aumento das defesas aéreas desenvolvidas e sistemas de radar pelos soviéticos. O objetivo era construir um bombardeiro que pudesse penetrar as defesas com uma tecnologia *stealth* avançada. As três variáveis independentes impactaram conjuntamente o destino do bombardeiro. À medida que o B-2 era concebido e desenvolvido, a ameaça externa diminuiu, críticas severas vieram do Congresso, agências de auditoria e especialistas duvidaram de sua necessidade. Isso resultou na perda de apoio político ao programa. Com o fim da Guerra Fria, o B-2 foi cancelado com 21 unidades já entregues, a um custo unitário extremamente alto. Programas concorrentes e cortes no orçamento de defesa intensificaram ainda mais a disputa acerca do B-2. A viabilidade cresceu durante a década de 1980 e, apesar dos atrasos no cronograma e nos custos, o B-2 foi comissionado e empregado em serviço. Por isso, o programa não é considerado um fracasso por este livro. Ele se encaixa no "espectro fracassado", especialmente devido ao fato de os tomadores de decisão não terem apoiado o projeto, não o tornando uma prioridade. Os parâmetros de eficácia e eficiência tiveram resultados ruins, dadas as metas iniciais do projeto. A queda nos níveis de ameaça, dúvidas sobre a viabilidade tecnológica e imensos desafios e contínua perda de apoio político, levou ao seu cancelamento. O B-2 não atendeu às condições necessárias para o sucesso e a queda nos níveis de ameaça prejudicou seriamente o esforço inovador.

O Future Combat Systems (FCS) foi abordado no Capítulo 7. Um projeto altamente inovador concebido pelos líderes do Exército que prometia revolucionar o combate, com brigadas modulares ágeis, consciência situacional, equipamentos mais leves e uma rede centralizada coordenando o engajamento. O FCS propôs uma revolução organizacional, doutrinária e tecnológica para o Exército, que estava preocupado com sua eficácia. A ideia foi conceituada na década de 1990 com base nos resultados de jogos de guerra e prometeu *"lift the fog of war"*. Como argumentado durante a investigação do FCS, a forma proposta de aquisição e gestão falhou. Sistemas tecnológicos centrais não puderam ser desenvolvidos com sucesso. No início do projeto, o FCS contava com entusiasmo entre os tomadores de decisão. No entanto, perdeu continuamente apoio político, e os tomadores de decisão tornaram-se críticos de diversos aspectos do programa. O FCS foi concebido em um cenário de ameaça baixa, prometendo revolucionar a competição de alta intensidade, como o envolvimento com potências nucleares regionais. A natureza do ambiente externo (as guerras no Iraque e no Afeganistão) foi prioridade para os tomadores de decisão, e o FCS não conseguiu suprir essa demanda. O desenvolvimento imaturo em relação à tecnologia e os custos concorrentes (especialmente das guerras) fizeram o FCS perder rapidamente seu apoio político. A elasticidade da demanda aumentou, os orçamentos foram limitados e o FCS foi cancelado. Os projetos remanescentes do FCS também foram cancelados. As três variáveis independentes se correlacionaram precisamente com os resultados do projeto. O FCS certamente não levantou o *"fog of war"* e foi um fracasso. O que restou foram custos afundados e uma má reputação para o Exército.

O capítulo final investigou detalhadamente o programa Joint Strike Fighter, desde suas ideias e perspectivas iniciais até sua conceituação e ciclo de vida. A revisão *bottom-up review* do presidente Clinton, diante de uma frota envelhecida de caças-bombardeiros, incorporou diferentes projetos no desenvolvimento do F-35, a ser usado por três forças: os Fuzileiros Navais, a Marinha e a Força Aérea. Um dos objetivos era econômico, pois desenvolver um caça com tecnologia semelhante entre seus três modelos propostos seria mais barato do que desenvolver um caça para cada uma das três forças. O F-35 é uma aeronave de quinta geração, com um sistema de informação complexo conectado a outros sistemas de armas e ao cenário tático, processamento de dados e outras características inovadoras examinadas no Capítulo 8. Sua viabilidade tecnológica, no entanto, não era tão preocupante quanto no caso do B-2. Isso deu confiança aos tomadores de decisão. O projeto tinha apoio no Congresso, e as três forças trabalhando juntas diminuíram as disputas por recursos. A principal questão era o custo e o cronograma. No entanto, mesmo com um cenário de ameaça baixa, o projeto avançou, pois as condições necessárias estavam sendo atendidas. O projeto foi atentamente fiscalizado pelo Congresso principalmente devido aos seus custos. A segunda década do século XXI foi caracterizada pelo crescente aumento da competição entre grandes potências. Os EUA não podiam se dar ao luxo de perder sua preponderância aérea, pois a China, Rússia e outras ameaças estavam aumentando continuamente. Isso aumentou o esforço inovador e diminuiu o peso dos custos na avaliação dos tomadores de decisão do projeto, uma vez que a segurança nacional estava em jogo. O Congresso permaneceu favorável ao programa, pois também atendia aos interesses da base eleitoral e outros interesses. O consenso necessário, no caso do F-35, foi alcançado. O ritmo e o escopo da produção aumentaram rapidamente, diminuindo o custo unitário da aeronave. O F-35 foi comissionado e empregado com sucesso em operações. Neste livro, é classificado como "no espectro bem-sucedido", devido a questões de eficiência. Os custos e atrasos iniciais foram prejudiciais ao programa. No entanto, como foi argumentado, a eficiência é subordinada a questões de segurança. O programa é necessário em termos de defesa nacional. Como é um projeto em andamento, nenhuma conclusão final pode ser apresentada. No entanto, o escopo da análise feita até agora pode colocá-lo com confiança em um cenário de "sucesso". Os principais CS foram atendidos e a relação entre o *framework* teórico e os resultados foi confirmada.

Após revisar os casos, a abordagem metodológica foi considerada apropriada para a análise. O estudo comparativo *small-n* de casos permitiu a construção e teste teórico, identificando os mecanismos de causalidade em relação à tomada de decisão e ao sucesso ou fracasso de projetos inovadores em larga escala. Os mecanismos de causalidade identificados forneceram uma explicação bem-sucedida para a variável dependente e, portanto, o objetivo geral deste trabalho foi alcançado. A construção do modelo forneceu uma explicação sólida dos atores-chave na tomada de decisões de defesa, do impacto da ameaça externa na dimensão tecnológica do equilíbrio interno e da inovação no mercado de defesa idiossincrático. Esses mecanismos foram claramente observados nos capítulos empíricos. A teoria atingiu seu objetivo ao encontrar um equilíbrio entre parcimônia e reconstrução factual excessiva, conforme proposto pela abordagem epistemológica deste estudo. A hipótese geral e o modelo proposto foram corroborados pela análise empírica.

O trabalho desenvolvido aqui abre novas oportunidades para pesquisas futuras de várias maneiras. Em primeiro lugar, como pretendido, o quadro teórico pode ser desenvolvido ainda mais, abrangendo outras questões de defesa e política externa, com as adaptações adequadas. O desenvolvimento teórico relacionado à ameaça externa, à tomada de decisão doméstica e à inovação pode avançar com base nos progressos feitos neste estudo. Em segundo lugar, a pesquisa pode ser expandida geograficamente para estudar países específicos, como o Brasil, ou propor análises comparativas entre diferentes países. Em terceiro lugar, parâmetros de medição mais precisos para as variáveis dadas podem aprimorar a análise e permitir estudos com um grande número de casos. Por fim, a relação entre variáveis e seus componentes pode ser investigada mais profundamente, possibilitando uma explicação mais aprofundada dos mecanismos abordados.

O autor espera ter contribuído, neste estudo, para explicar a tomada de decisões em defesa e o que faz com que um projeto inovador de defesa em larga escala tenha sucesso ou fracasse.

REFERÊNCIAS

ABPLANALP, J. **Air Superiority**: Is the F-35 Aircraft Worth the Cost? Maxwell Air Force Base, AL: United States Air Command and Staff College Air University, 2017.

ADAMS, G; WILLIAMS, C. **Buying National Security**: How America Plans and Pays for its Global Role and Safety at Home. New York, NY: Routledge, 2010.

AESER, H. U. **The Future Combat System**: What Future Can the Army Afford? Washington D.C.: CSIS- Center for Strategic & International Studies, 2009.

ALDEN, C; ARAN, A. **Foreign policy analysis**: new approaches. New York, NY: Routledge, 2017.

ALLEN, W. **Nuclear Reactors for Generating Electricity**: U.S Development from 1946 to 1963. Santa Monica, CA: Rand Corporation, 1977.

ALLISON, G; HALPERIN, M. H. Bureaucratic Politics: A Paradigm and Some Policy Implications. **World Politics**, [S. l.], Cambridge, v. 24, n. 1. p. 48-80, 1972.

ALLISON, G. **Essence of Decision**: Explaining the Cuban Missile Crisis. Boston: Little, Brown, 1969.

AMARANTE. **A Base Industrial de Defesa Brasileira**. Rio de Janeiro: IPEA, 2012.

AMDERSON, J. **Public Policy-Making**. New York, NY: Praeger, 1975.

ANDERSON, Perry. **Lineages of the Absolutist State**. New York, NY: New Left Books, 1974.

ANDEWEG, R. A Model of the Cabinet System: The Dimensions of Cabinet Decision-Making Processes. *In*: BLONDEL J.; MÜLLER-ROMMEL, F. (ed.). **Governing Together**. London: Palgrave Macmillan, 1993. p. 23-43.

ANDRADE, I. O. **A base industrial de defesa**: contextualização histórica, conjuntura atual e perspectivas futuras. Rio de Janeiro: IPEA, 2016.

ARIELA, D. C. L. A review on defense innovation: from *spin-off* to *spin-in*. **Brazilian Journal of Political Economy**, [S. l.], v. 38, n.1 p. 377-391, 2018.

ART, R. J. **A Grand Strategy for America**. New York, NY: Cornell University Press, 2003.

ART, R. J. Bureaucratic Politics and American Foreign Policy: A Critique. **Policy Sciences**, [S. l.], v. 4, n. 4, p. 467-490, 1973.

ATKINSON, Roger. Project management: cost, time and quality, two best guesses and a phenomenon, it's time to accept other success criteria. **International Journal of Project Management**, [S. l.], v. 17, n. 6, 1999.

ATTA, Richard Van et al. **Department of Defense Access to Intellectual Property for Weapon Systems Sustainment**. Alexandria, Virginia: Institute for Defense Analyses, 2017.

AURBACH, A. J. et al. **The Efficiency Gains from Dynamic Tax Reform**. Cambridge, MA: NBER, 1981. p. 1-65.

BAK, Per; KAN, C. Self-Organized Criticality. **Scientific American**, [S. l.], v. 264, p. 46-53. 1991.

BAUMGARTNER, F. R.; FRANÇOIS, A; FOUCALT, M. Punctuated Equilibrium and French Budgeting Processes. **Journal of European Public Policy**, [S. l.], v. 13, n. 7, p. 1086-1103, 2006.

BAUMGARTNER, F. R.; JONES, B. D. Agenda Dynamics and Policy Subsystems. **Journal of Politics**, [S. l.], v, 53, n. 4, p. 1044-1074, 1991.

BAUMGARTNER, F. R.; JONES, B. D. **Agendas and Instability in American Politics**. Chicago, IL: University of Chicago Press, 1993.

BEARD, E. **Developing the ICBM**: A Study in Bureaucratic Politics. New York, NY: Columbia University Press, 1976.

BELLAIS, R; GUICHARD, R. Defense innovation, technology transfers and public policy. **Defence and Peace Economics**, [S. l.], v. 3, n. 17, p. 273-286, 2006.

BELOUT, A. Effects of human resource management on project effectiveness and success: Toward a new conceptual framework. **International Journal of Project Management**, [S. l.], v. 16, n. 1, 1998.

BENDOR, J; HAMMOND, T. H. Rethinking Allison's Models. **The American Political Science Review**, [S. l.], v. 86, n. 2, p. 301-322, 1992.

BENNETT, A.; E, C. Case Study Methods. *In*: REUS-SMIT, C.; SNIDAL, D. **The Oxford Handbook of International Relations**. Oxford: Oxford University Press, 2008. p. 518-536.

BENNETT, A. Process tracing and causal inference. *In*: BRADY, H; COLLIER, D. (ed.). **Rethinking social inquiry**: diverse tools, shared standards. Lanham, MD: Rowman & Littlefield, 2010. p. 207-219.

BERGERSON, F. A. **The Army Gets an Air Force**: Tactics of Insurgent Bureaucratic Politics. Balitomore: Johns Hopkins University Press, 1980.

BEVILAQUA, P. M. Genesis of the F-35 Joint Strike Fighter. **Journal of Aircraft**, [S. l.], v. 46, n. 6, 2009.

BOBBIO, N. **Ensaios sobre a ciência política na Itália**. Tradução: Luiz Sérgio Enriques. São Paulo: Editora Unesp, 2016.

BOS, B; BROEKHUIZEN, T. L. J.; FARIA, P. A dynamic view on secrecy management. **Journal of Business Research**, [S. l.], v. 68, n. 12, p. 2619-2627, 2015.

BRASIL. **Portaria Normativa no 899, de 19 de julho de 2005**. Ministério da Defesa, 2005. Disponível em: https://www.defesa.gov.br/sistemas/bdlegis/normas/norma.pdf. Acesso em: 15 abr. 2012.

BREUNIG, C. The More Things Change, the More They Stay the Same: A Comparative Analysis of Budget Punctuations. **Journal of European Public Policy**, [S. l.], v. 13, n. 7, p. 1069-1085, 2007.

BREWER, G.; DELEON, P. **The Foundations of policy analysis**. Monterey, CA: Brooks/Cole, 1983.

BROCKMAN, H. **US Defense Budget Outcomes**: Volatility and Predictability in Army Weapons Funding. West Point (NY): United States Military Academy & Palgrave Macmillan, 2017.

BROWER, Michael. B-2 New Numbers, Old Arguments. **Bulletin of the Atomic Scientists**, [S. l.], v. 46, n. 5, p. 25-29, 1990.

BROWN, Michael E. *et al*. **The Perils of Anarchy**: Contemporary Realism and International Security. Cambridge, MA: MIT Press, 1995.

BROWN, Michael E. B-2 or not B-2 Crisis and choice in the US strategic bomber program. **Survival**: Global Politics and Strategy, [S. l.], v. 30, n. 4, p. 351-366, 1988.

BROWN, M. E. The Case Against the B-2. **International Security**, [S. l.], v. 15, n. 1, p. 100-128, 1990.

BRZOSKA, M.; LOCK, P. (ed.). **Restructuring of arms production in Western Europe.** Oxford: Oxford University Press, 1992.

BULL, Hedley. **A Sociedade Anárquica**. Um estudo da ordem na política mundial. Brasília: Editora Universidade de Brasília, 2002.

BURNETT, W. B.; SCHERER, E. M. The weapons industry. *In*: ADAMS, W. (ed.). **The structure of American industry.** New York, NY: Macmillan, 1990. p. 289-317.

BUZAN, B. **An Introduction to the English School of International Relations.** Policy Press: Malden, 2014.

BUZAN, B; LITTLE, R. **International Systems in World History**: Remaking the Study of International Relations. Oxford: Oxford University Press, 2000.

CANDREVA, P. J. **National Defense Budgeting and Financial Management**: Policy and Practice. Charlotte, NC: Information Age Publishing, Inc, 2017.

CBO. **Budget Options**. Washington D.C.: The Congress of the United States Budget Office, 2005.

CBO. **CBO Staff Memorandum**: Alternative Procurement Programs for the B-2 bomber: Effects on Capability and Costs. Washington D.C: The Congress of the United States Congressional Budget Office, 1993.

CHAPMAN, B. **Global Defense Procurement and the F-35 Joint Strike Fighter.** Cham, Switzerland: Palgrave Macmillan, e-book, 2019.

CHRISTENSEN, T. J. **Useful Adversaries**: Grand Strategy, Domestic Mobilization, and Sino-American Conflict, 1947–1958. Princeton, NJ: Princeton University Press, 1996.

CLANCY, T.; GRESHAM, J. **Submarine**: A Guided Tour Inside a Nuclear Warship. New York, NY: The Berkley Publishing Group, 2002.

CLAUSEWITZ, C. V. **On War.** Oxford: Oxford University Press, 2007.

COLLIER, D. Understanding process tracing. PS: **Political Science & Politics**, [S. l.], Cambridge, v. 44, n. 4, p. 823-830, 2011.

COOKE-DAVIES, T. The real success factors in projects. **International Journal of Project Management,** [S. l.], v. 20, n. 3, p. 185-190, 2002.

CROCKCROFT, J. **Atomic Energy and Propulsion**. Harwell: United Kingdom Atomic Energy Authority, 1956.

CRS. **F-35 Joint Strike Fighter (JSF) Program**. Washington D.C: Congressional Research Service (CRS), 2020.

CYPHER, J. Military spending, technical change, and economic growth: A disguised form of industrial policy. **Journal of Economic Issues**, [S. l.], v. 21, n. 1, p. 33-50, 1986.

DAHL, R. A. **Pluralist Democracy in the United States**. Chicago, IL: Rand McNally, 1967.

DALL'AGNOL, G. F. A Obra de Theda Skocpol e o Método-Histórico-Comparativo (MHC). **Revista Conjuntura Global**, [S. l.], v, 8, n. 2, p. 1-13, 2019.

DALL'AGNOL, G. F. **Economia Política da Guerra nas Estrelas**: as elites norte-americanas e a construção de um escudo antimísseis. Rio de Janeiro: Multifoco, 2018.

DALL'AGNOL, G. F. Realismo Neoclássico e o Nível Doméstico: A dança das variáveis intervenientes. **Brazilian Journal of International Relations**, [S. l.], v. 9, n. 1, p. 147-169, 2020.

DALL'AGNOL, G. F. Política externa e Neoconservadorismo: uma análise comparativa entre os governos George W. Bush e de Donald Trump. **Brazilian Journal of International Relations**, [S. l.], v. 10, n. 2, p. 466-497, 2021.

DAVID, P. A.; HALL, Bronwyn H. Heart of Darkness: Modeling Public-Private Funding Interactions Inside the R&D Black Box. **Research Policy**, [S. l.], n. 29, p. 1165-1183, 2000.

DAVIS, Otto A. M.; DEMPSTER, A. H.; WILDAVSKY, A. A Theory of the Budget Process. **American Political Science Review**, [S. l.], v. 60, n. 3, p. 529-547, 2003.

DEGER, Saadat; SENN, Somnath. Military Expenditure and Developing Countries. *In*: SANDLER, T.; HARTLEY, K. **Handbook of Defense Economics**. North Holand: Elsevier Science B.V, 1995. p. 276-309.

DEMAREST, H. B. **US Defense Budget Outcomes**: volatility and predictability in army weapons funding. Cham: Palgrave Macmillan, 2017.

DEPARTMENT OF DEFENSE (DoD). **DoD Directive 5000.01**: The Defense Acquisition System. Washington D.C.: DoD, 2007.

DEPARTMENT OF DEFENSE (DoD). **DoD Directive 5000.02**: Operation of the Defense Acquisition System. Washington D.C.: DoD, 2003.

DEPARTMENT OF DEFENSE (DoD). **DoD Directive 5000.1** – Defense Acquisition System. Washington D.C.: DoD, 2001.

DEPARTMENT OF DEFENSE (DoD). **Selected Acquisition Report, SAR for F-35 (JSF)**. Washington D.C: DoD, 2011.

DEPARTMENT OF DEFENSE (DoD). **Selected Acquisition Report**: SAR for F-35 JSF. Washington D.C: DoD, 2019.

DEPARTMENT OF DEFENSE (DoD). **Selected Acquisition Report**: SAR for F-35 (JSF). Washington D.C: DoD, 2010.

DEPTULA, D. F-35 Is Performing Far Better Than Critics Would Have You Think. **Forbes**, [S. l.], 2020. Disponível em: https://www.forbes.com/sites/davedeptula/2020/07/20/f-35-problem-child-or-on-track-for-success/?sh=5fe6082e15d1. Acesso em: 15 dez. 2021.

DIAMOND, D. Defence Innovation: Internal and External Factors. **RUSI Defence Systems**, [S. l.], 2006.

DINIZ, E. P. L. **Clausewitz, o Balanço Ataque-Defesa e a Teoria das Relações Internacionais**. UFRJ: 2002.

DINIZ, E. P. L. Brazil? Nuclear Submarine: A Broader Approach to the Safeguards Issue. **Revista Brasileira de Politica Internacional**, Brasília, v. 60, n. 2, 2017.

DODD, C.; JILLSON, C. (ed.). **New Perspectives on American Politics**. Washington D.C.: Congressional Quarterly, 1998.

DODD, L. C. **Political Learning and Political Change: Understanding Development across Time**. *In*: DODD, Lawrence C.; JILLSON, C. **The Dynamics of American Politics**. Boulder, CO: Westview Press, 2018. p. 1-22.

DOMBROWSKI, P; GWOLZ, E. **Buying Military Transformation**: Technological Innovation and the Defense Industry. New York, NY: Columbia University Press, 2006.

DUDLEY, L; MONTMARQUETTE, C. The demand for military expenditures: An international comparison. **Public Choice**, [S. l.], v. 37, n. 1, 1981.

DUECK, Colin. Neoclassical Realism and the National Interest: Presidents, Domestic Politics, and Major Military Interventions. *In:* LOBELL, Steven E.; RIPSMAN, N. M.; TALIAFERRO, J. W. (ed.). **Neoclassical Realism, the State, and Foreign Policy**. Cambridge: Cambridge University Press, 2009. p. 153-183.

DUMAS, L. J. Economic conversion, productive efficiency and social welfare. **Journal of Sociology and Social Welfare**, [S. l.], v. 4, n. 8, p. 567-596, 1997.

DUMAS, L. J. **The overburdened economy**. Oakland, CA: University of California Press, 1986.

DUNCAN, F. **Rickover and the Nuclear Navy**: The discipline of Technology. Annapolis, Maryland: The United States Naval Institute, 1990.

DUNNE, J. P. The Defense Industrial Base. *In*: SANDLER, T.; HARTLEY, K. **Handbook of Defense Economics**. North Holand: Elsevier Science B.V, 1995. p. 400-430.

DVIR, C. *et al*. Critical managerial factors affecting defense projects success: A comparison between neural network and regression analysis. **Engineering Applications of Artificial Intelligence**, [S. l.], v. 19, n. 1, 2006.

EC. **The economic and social impact of reductions in defense spending and military forces on the regions of the Community**. Brussels: EC DGXVI, 1992.

ELIAS, N. **O Processo Civilizador**: Formação do Estado e Civilização. Rio de Janeiro: Zahar, 1993.

ELLIOT, C.; SCHLAEPFER, R. The Advocacy Coalition Framework: Application to the Policy Process for the Development of Forest Certification in Sweden. **Journal of European Public Policy**, [S. l.], v. 8, n. 4, p. 642-661, 2001.

ELLMAN, J. E. **The Role of Evolutionary Acquisition and Spiral Development in the Failure of the Army's Future Combat System**. Washington, D.C.: Georgetown University, 2009.

ELMAN, C. Horses for courses: Why not neorealist theories of foreign policy? **Security Studies**, [S. l.], v. 6, n. 1, p. 7-53, 1996.

ELMAN, C. **The Logic of Emulation:** The diffusion of Military Practices in the International System. Nova Iorque: Columbia University, 1999.

ETZKOWITZ, H. **The triple helix: University-Industry-Government Innovation in Action**. New York: Routledge, 2008.

FAGERBERG, J. Innovation: a guide to the literature. *In*: FAGERBERG, Jan; MOWERY, David G.; NELSON, Richard R. **The Oxford Handbook of Innovation**. Oxford: Oxford University Press, 2004. p. 1-27.

FAGERBERG, J; SRHOLEC, M. National innovation systems, capabilities and economic development". **Research Policy**, [S. l.], v. 37, n. 9, p. 1417-1435, 2008.

FAGERBERG, J; SRHOLEC, M.; VERSPAGEN, B. **Innovation and Economic Development**. Maastricht: United Nations University. Working Paper Series, 2009. p. 1-74.

FEAVER, P. D. Civil–military relations and policy: a sampling of a new wave of scholarship. **J. Strategic Studies**, [S. l.], v. 40, n. 1, p. 325-342, 2016.

FEAVER, P. D. Civil–military relations. **Annual. Rev. Political Sci**, [S. l.], v. 2, n. 1, p. 211-214, 1999.

FONTANEL, J. **Les despenses militaires et le disarmament.** Paris: Publisud, 1995.

FREEDMAN, T. Logic, Politics and Foreign Policy Processes: A Critique of the Bureaucratic Politics Model. **International Affairs (Royal Institute of International Affairs)**, [S. l.], v. 52, n. 3, p. 434-449, 1976.

FREEMAN, C. **Technology, Policy, and Economic Performance**: Lessons from Japan. New York, NY: Pinter, 1987.

GAO. **Assessments of Selected Major Weapon Programs**. Washington, D.C.: Government Accountability Office, 2005.

GAO. **B-2 Bomber**: Status of Cost, Development and Production. Washington D.C.: United States General Accounting Office, 1995.

GAO. **Defense Acquisitions** – Major Weapons Systems Continue to Experience Cost and Schedule Problems under DoD's Revised Policy. Washington D.C.: Government Accountability Office, 2006.

GAO. **F-35 Aircraft Sustainment**: DOD Needs to Address Challenges Affecting Readiness and Cost Transparency. Washington, D.C.: Government Accountability Office, 2017.

GAO. **Report to the Chairman, Committee on Armed Services, House of Representatives. Strategic Bombers**: B-2 Program Status and Current Issues. Washington, D.C.: United States General Accounting Office, 1990.

GERMANY to buy 35 Lockheed F-35 fighter jets from U.S. amid Ukraine crisis. **Reuters**, [S. l.], 2022. Disponível em: https://www.reuters.com/world/europe/germany-decides-principle-buy-f-35-fighter-jet-government-source-2022-03-14/. Acesso em: 12 mar. 2022.

GERTLER, J. **F-35 Joint Strike Fighter (JSF) Program**. Washington D.C.: Congressional Research Service (CRS), 2012.

GIELOW, I. Rússia lança novo caça 'invisível' e mira até a Argentina; Primeiro modelo desde o Su-57 é anunciado sob desconfiança de analistas militares. **Folha**, [S. l.], 2021. Disponível em: https://www1.folha.uol.com.br/mundo/2021/07/russia-lanca-novo-caca-de-quinta-geracao-de-olho-em-mercados-emergentes.shtml#:~:text=Primeiro%20modelo%20desde%20o%20Su,sob%20desconfian%-C3%A7a%20de%20analistas%20militares&text=Desde%20que%20o%20Sukhoi%20Su,modelo%20de%20avi%C3%A3o%20de%20ca%C3%A7a. Acesso em: 13 dez. 2021.

GOURÉ, D. Future Combat System: What Went Wrong? **Lexington Institute**, 2011. Disponível em: https://www.lexingtoninstitute.org/future-combat-system--what-went-wrong/. Acesso em: 21 nov. 2021.

GOUREVITCH, P. The Second Image Reversed: The International Sources of Domestic Politics. **International Organization**, [S. l.], v. 32, n. 4, p. 881-911, 1978.

GRANOVETER, M. Economic Action and Social Structure: The Problem of Embeddedness. **American Journal of Sociology**, [S. l.], v. 91 n. 3, p. 481-510, 1985.

GRANT, R. Black Bom: The B-2's tortured acquisition program. **Air Force Magazine**, [S. l.], Jan. 2012. Disponível em: https://www.airforcemag.com/PDF/MagazineArchive/Documents/2012/January%202012/0112bomber.pdf. Acesso em: 8 out. 2021.

GRIFFIN, L. J.; WALLACE, M.; DEVINE, J. The political economy of military spending: Evidence from the United States. **Cambridge Journal of Economics**, [S. l.], v. 6, n. 1, p. 1-14, 1982.

GRINDLE, M. S.; THOMAS, J. W. **Public Choices and Policy Change**: The Political Economy of Reform in Developing Countries. Baltimore: John Hopkins University Press, 1991.

HAGAN, Joe. Does Decision Making Matter? Systemic Assumptions vs. Historical Reality in International Relations Theory. **International Studies Review**, [S. l.], v. 3, n. 2, p. 5-47, 2001.

HALPERIN, M.; KANTER, A. **Readings in American Foreign Policy**: a bureaucratic perspective. Boston: Little, Brown and Company, 1973.

HALPERIN, M. H. **Bureaucratic Politics and Foreign Policy**. Washington: Brookings Institution, 1974.

HAMMOND, T. H.; KNOTT, J. H. Who Controls the Bureaucracy: Presidential Power, Congressional Dominance, Legal Constraints, and Bureaucratic Autonomy in a Model of Multi-Institutional Policy-Making. **Journal of Law Economics Organization**, [S. l.], v. 12, n. 1, 1996.

HART, P. T.; ROSENTHAL, U. "Reappraising Bureaucratic Politics". **Mershon International Studies Review**, [S. l.], v. 42, n. 2, p. 233-240, 1998.

HARTLEY, K.; SANDLER, T. (ed.). **The economics of defence spending**: an international survey. London: Routledge, 1990.

HARTLEY, K. Industrial Policies in the Defense Sector. *In*: SANDLER, T.; HARTLEY, K. **Handbook of Defense Economics.** North Holand: Elsevier Science B.V, 1995. p. 460-489.

HAYES, M. T. Incrementalism. Encyclopedia Britannica, 2021. Disponível em: www.britannica.com/topic/incrementalism. Acesso em: 7 jun. 2021.

HEALY, M. Cost of $1.95 Billion for Each B-2 Held Possible: Defense: The price would soar if fewer are built and procurement is extended, a congressional report says. Cancellation would save $45 billion. **The LA Times**, [S. l.], Apr. 1990. Disponível em: https://www.latimes.com/archives/la-xpm-1990-04-04-mn-711-story.html. Acesso em: 8 out. 2012.

HERMANN, M. **Assessing Leadership Style**: A Trait Analysis. Columbus, OH: Social Science Automation, 1999.

HERZ, J. H. Idealist Internationalism and the Security Dilemma. **World Politics**, [S. l.], v. 2, n. 2, p. 157-180, 1950.

HILSMAN, R. **Politics of Policy Making in Defense and Foreign Affairs**: Conceptual Models and Bureaucratic Politics. New York (NY): Longman, 1992.

HINTZE, O. **The Historical Essays of Otto Hintze**. Oxford: Oxford University Press, 1975.

HLATKY, S; RICE, J. Striking a deal on the F-35: multinational politics and US defence acquisition. **Defence Studies**, [S. l.], v. 18, n. 1, 2018.

HOBBES, T. **Leviatã, ou Matéria, Forma e poder de um Estado eclesiástico e civil**. São Paulo: Martin Claret, 2009.

HOOPER, N., BUCK, D. Defence industries and equipment procurement options. In: HOOPER, N.; KIRBY, S. **The cost of peace**: Assessing Europe's security options. Harwood: Reading, 1991.

HOWLETT, M. Do Networks Matter? Linking Policy Network Structure to Policy Outcomes: Evidence from Four Canadian Policy Sectors 1990-2000. **Canadian Journal of Political Science**, [S. l.], v. 35 n. 2, p. 235-267, 2002.

HUDSON, V. M. **Foreign policy analysis**: classic and contemporary theory. Lanham: Rowman & Littlefield, 2014.

HUNTINGTON, S. P. **The Soldier and the State**: The Theory and Politics of Civil-Military Relations. Cambridge (Massachusetts): Harvard University Press, 1967.

HUNTINGTON, S. P. **The Common Defense**: Strategic Programs in National Politics. New York: Columbia University Press, 1961.

ISAACSON, W; THOMAS, E. **The Wise Men**: Six Friends and the World They Made. New York: Simon & Schuster, 1986.

JACKSON, P. T.; NEXON, D. H. International theory in a post-paradigmatic era: from substantive wagers to scientific ontologies. **European Journal of International Relations**, [S. l.], v. 19, n. 3, 2013.

JAMES, A. D. The Place of the UK Defense Industry in its National Innovation System: Co-evolution of National, Sectoral and Technological Systems. In: REPPY, J. **The Place of Defense Industry in National Systems of Innovation**. Ithaca, NY: Cornell University Peace Studies Program, 2000. p. 95-124.

JANIS, I. **Groupthink**. New York: Houghton, Mifflin, 1982.

JENKINS-SMITH, H. **Democratic Politics and Policy Analysis**. Pacific Grove, CA: Brooks/Cole, 1990.

JERVIS, R. Cooperation Under the Security Dilemma. **World Politics**, [S. l.], v. 30, n. 2, p. 167-214, 1978.

JONES, B. D.; BRAUMGARTNER, F. R.; TRUE, J. L. **The Shape of Change**: Punctuations and Stability in U.S. Budgeting, 1946-94. Laredo, TX: Working Paper 42, Program in American Politics, Texas A & M University, 1995.

JONES, Bryan D. **Reconceiving Decision-Making in Democratic Politics**: Attention, Choice, and Public Policy. Chicago: University of Chicago Press, 1994.

JONES, Bryan D.; BAUMGARTNER, Frank R. **The Politics of Attention**. Chicago: Chicago University Press, 2005.

JONES, B.; BRAUMGARTNER, R. F.; TRUE, J. L. Policy Punctuations: U.S. Budget Authority, 1947-1995. **Journal of Politics**, [S. l.], v. 60, n. 1, p. 1-33, 1998.

JONES, B; SULKIN, D. T; LARSEN, H. Policy Punctuations in American Political Institutions. **American Political Science Review**, [S. l.], v. 97, n. 1, p. 151-170, 2003.

JONES, C. **An introduction to the study of public policy**. Belmont, CA: Wadsworth, 1970.

JUGDEV, K.; MÜLLER. A retrospective look at our evolving understanding of project success. **Project Management Journal**, [S. l.], v. 46, n. 4, 2006.

KALDOR, M. **The baroque arsenal**. London: Abacus, 1991.

KAMLET, M. S.; MOWERY, D. C. Influences on Executive and Congressional Budgetary Priorities, 1955-1981. **American Political Science Review**, [S. l.], v. 81, n. 1, p. 155-178, 1997.

KATZENSTEIN, Peter J. International Relations and Domestic Structures: Foreign Economic Policies of Advanced Industrial States. **International Organization**, [S. l.], p. 1-45, 1976.

KELLY, S. Punctuated Change and the Era of Divided Government. *In:* DODD, C.; JILLSON, C. (ed.). **New Perspectives on American Politics**. Boulder: Westview Press, 1994. p. 106-132.

KEOHANE, Robert (ed.). **Neorealism and its critics**. New York, NY: Columbia University Press, 1984.

KERZNER, H. **Project management**: a systems approach to planning, scheduling, and controlling. New York (NY): Van Nostrand Reinhold, 1994.

KIEL, D; ELLIOT, E. Budgets as Dynamic Systems: Change, Variation, Time, and Budgetary Heuristics. **Journal of Public Administration Theory**, [S. l.], v. 2, n. 2, p. 139-156, 1992.

KIEWIET, R; MCCUBBINS, M. **The Logic of Delegation:** Congressional Parties and the Appropriations Process. Chicago: University of Chicago Press, 1991.

KOVACIC, W. E. Commitment in regulation: defense contracting and extensions to price caps. **Journal of Regulatory Economics**, [S. l.], v. 3, n. 1, p. 219-240, 1991.

KRASNER, S. D. Are Bureaucracies Important? (Or Allison's Wonderland)? **Foreign Policy**, [S. l.], n. 7, p. 159-179, 1972.

LAFFONT, J.-J,; TIROLE, J. Using cost observation to regulate firms. **Journal of Political Economy**, [S. l.], v. 94, n. 3, p. 614-641, 1986.

LEGRO, Jeffrey W.; MORAVCSIK, A. Is Anybody Still a Realist? **International Security**, [S. l.], v. 24, n. 2, p. 5-55, 1999.

LICHTENBERG, E. R. A perspective on accounting for defense contracts. **The Accounting Review**, [S. l.], v. 67, n. 419, p. 741-752, 1992.

LICHTENBERG, F. R. Economics of defense R&D. *In:* SANDLER, T.; HARTLEY, K. **Handbook of Defense Economics**. North Holand: Elsevier Science B.V, 1995. p. 431-457.

LICHTENBERG, F. R. The private R&D investment response to federal design and technical competitions. **American Economic Review**, [S. l.], v. 78, n. 3, p. 550-559, 1988.

LII. **10 U.S Code § 2430 - Major defense acquisition program defined**. [S. l.], Cornell Law School: Legal Information Institute. Disponível em: https://www.law.cornell.edu/uscode/text/10/2430. Acesso em: 6 jan. 2022.

LIJPHART, A. Comparative Politics and the Comparative Method. **The American Political Science Review**, [S. l.], v. 65, n. 3, 1971.

LIPOVETSKY, S. *et al.* The relative importance of project success dimensions. **R&D Management**, [S. l.], v. 27, n. 2, 1997.

LORELL, M. A.; JULIA, F. Lowell; YUOUNOSSI, Obaid. **Evolutionary Acquisition:** Implementation Challenges for Defense Space Programs. Los Angeles: RAND Corporation, 2006.

MAHONEY, J.; KIMBALL, E.; KOIVU, K. L. The Logic of Historical Explanation in the Social Sciences. **Comparative Political Studies**, [S. l.], v. 42, n. 1, 2009.

MAHONEY, J.; RUESCHEMEYER, D. (ed.). **Comparative historical analysis in the social sciences.** Cambridge: Cambridge University Press, 2003.

MAHONEY, J. After KKV: The New Methodology of Qualitative Research. **World Politics**, [S. l.], v. 62, n. 1, 2010.

MANDELBROT, B. New Methods in Statistical Economics. **Journal of Political Economy**, [S. l.], v. 71, n. 5, p. 421-440, 1963.

MANNA, P. **School's In**: Federalism and the National Education Agenda. Washington, D.C.: Georgetown University Press, 2006.

MARES, D; MARTÍNEZ, R. (org.). **Debating civil-military relations in Latin America**. Chicago: Sussex Academic Press, 2014.

MARSHALL, R. C.; MEURER, M. J.; RICHARD, J. F. The private attorney general meets public contract Law: Procurement oversight by Protest. **Hofstra Law Review**, [S. l.], v. 20, n. 1, 1991.

MARSHALL, R. C.; MEURER, M. J.; RICHARD, J. F. **Unwarranted bidder exclusions and biased bid evaluations in federal procurements**. Durham, C.: Mimeograph, 1994.

MAY, C. **World Intellectual Property Organization (Wipo)**: Resurgence and the Development Agenda. New York, NY: Routledge 2007.

MCDONOUGH, J. **Interests, Ideas, and Deregulation**. Ann Arbor (MI): University of Michigan Press, 1998.

MCDONOUGH, M. D. **The Effects of Defense R&D on Technological Progress**: Resource Diversion Versus Spillover Benefits. Dallas, TX: University of Texas, 2017.

MCFARLAND, A. S. **Neopluralism**: The Evolution of Political Process *Theory*. Lawrance: University of Kansas Press, 2004.

MCKEOWN, T. J. The Cuban Missile Crisis and Politics as Usual. **The Journal of Politics**, [S. l.], v. 62, n. 1, p. 70-78, 2000.

MCLENDON, M. K. The Politics of Higher Education: Toward an Expanded Research Agenda. **Educational Policy**, [S. l.], v. 17, n. 1, p. 165-191, 2003.

MEARSHEIMER, J. J. **The Great Delusion**: Liberal Dreams and International Realities. New Haven, CT: Yale University Press, 2018.

MEARSHEIMER, J. J. **The Tragedy of Great Power Politics**. New York, NY: W.W Norton & Company, Inc., 2014.

MEDEIROS, C. A. O desenvolvimento tecnológico americano no pós-guerra como um empreendimento militar. *In*: FIORI, José Luís (org.). **O poder americano**. Petrópolis: Vozes, 2004. p. 225-232.

MESQUITA, B. B. **Principles of International Politics**: People's Power, Preferences, and Perceptions. Washington, D.C.: CQ Press, 2003.

METZ, S; KIEVIT, J. **Strategy and the Revolution in Military Affairs**: From Theory to Policy. Carlisle Barracks (Pennsylvania): Strategic Studies Institute, US Army War College, 1995.

MEYERSON, M. Price of Admission into the Defense Business. **Harvard Business Review**, [S. l.], v. 47, n. 1, p. 111-123, 1967.

MIDLARSKY, M. I. Rulers and the Ruled: Patterned Inequality and the Onset of Mass Political Violence. **American Political Science Review**, [S. l.], v. 82, n. 2, p. 491-509, 1988.

MILLS, C. W. **The Power Elite**. New York, NY: Oxford University Press, 2000.

MILNER, H. V. **Interests, Institutions and Information**: Domestic Politics and International Relations. Princeton: Princeton University Press, 1994.

MINIR, J. B. **Organizational Behavior 2**: Essential Theories of process and structure. New York, NY: M.E. Sharpe, 2006.

MINTROM, M; VEGARI, S. Advocacy Coalitions, Policy Entrepreneurs, and Policy Change. **Policy Studies Journal**, [S. l.], v. 24, n. 3, p. 420-434, 1996.

MINTZ, A; DEROUEN, K. **Understanding Foreign Policy Decision Making**. New York, NY: Cambridge University Press, 2010.

MOE, T. M.; CALDWELL, M. The Institutional Foundations of Democratic Government. **Journal of Institutional and Theoretical Economics**, [S. l.], v. 150, n. 1, p. 171-195, 1994.

MOE, T. M. Political Institutions: The Neglected Side of the Story. **Journal of Law, Economics and Organization**, [S. l.], v. 6, p. 213-253, 1990.

MOORE, M. B2 BOMBER CANCELLATION IS URGED. **The Washington Post**, [S. l.], May 19, 1989. Disponível em: https://www.google.com/search?q=B2+BOMBER+CANCELLATION+IS+URGED.+The+Washington+Post%3A+May+19%-2C+1989.&rlz=1C1CHBD_pt-PTBR924BR924&oq=B2+BOMBER+CANCELLA-

TION+IS+URGED.+The+Washington+Post%3A+May+19%2C+1989.&aqs=chrome..69i57.784j0j4&sourceid=chrome&ie=UTF-8. Acesso em: 8 out. 2021.

MORAVCSIK, A. Defence co-operation: The European armaments industry at the crossroads. **Survival**, [S. l.], v. 32, n. 1, p. 65-85, 1990.

MORÇÖL, G. (ed.). **Handbook on Organizational Decision-Making**. New York, NY: Taylor & Francis, 2007.

MORROCO, J. D. Management Problems Delay First Flight of Northrop B-2. **Aviation Week and Space Technology**, [S. l.], p. 16-17, jan. 1988.

MORTENSEN, P. B. Policy Punctuations in Danish Local Budgeting. **Public Administration**, [S. l.], v. 83, n. 4, p. 931-950, 2005.

MOWERY, D. G. Military R&D and Innovation. *In*: HALL, Bronwyn H.; ROSENBERG, Nathan. **Handbook of the Economics of Innovation**, Elsevier, North-Holand, v. 2, p. 1219-1256, 2010.

MULHOLLAND, S; SHAKESPEARE, C. **Policy Frameworks for Higher Education Studies**. New York, NY: Alliance for International Higher Education Policy Studies, 2005.

MULLER, Pierre. "Les Politiques Publiques Comme Construction D'un Rapport au Monde." *In:* FAURE, A.; POLLET, G.; WARIN, P. (ed.). **La construction du sens dans les politiques publiques**. Paris: L'Harmattan, 1995. p. 30-49.

NADAL, A. E. Military R&D: The economic implications of disarmament and conversion. **Defence and Peace Economics**, [S. l.], v. 5, n. 1, p. 131-151, 1994.

NALEBUFF, B. J.; STIGLITZ, J. Prizes and incentives: Towards a general theory of compensation and competition. **Bell Journal of Economics,** [S. l.], v. 14, n. 1, p. 21-43, 1984.

NAUTILUS Submarine. **Britannica**, [S. l.], Aug. 2021. Disponível em: https://www.britannica.com/topic/Nautilus-submarine. Acesso em: 5 ago. 2021.

NAVAL History and Heritage Command. **Nautilus (SSN-571)**, 2022. Disponível em: https://www.history.navy.mil/browse-by-topic/ships/submarines/uss-nautilus.html. Acesso em: 8 ago. 2021.

NEUSTADT, R. E. **Poder presidencial e os presidentes modernos**: a política de liderança de Roosevelt a Reagan. Brasília: Enap, 2008.

NISKANEN, W. A. **Bureaucracy and representative government**. Chicago, IL: Adeline-Atherton, 1971.

NOHRSTEDT, D. External Shocks and Policy Change: Three Mile Island and Swedish nuclear energy policy. **Journal of European Public Policy**, [S. l.], v. 12, n. 6, 2005.

OLSON, Mancur. **The Logic of Collective Action**. Cambridge, MA: Harvard University Press, 1965.

OSTROM, Charles W. A Reactive Linkage Model of the U.S. Defense Expenditure Policymaking Process. **American Political Science Review**, [S. l.], v. 72, n. 3, p. 941-945, 1978.

PADGETT, John F. Bounded Rationality in Budgetary Research. **American Political Science Review**, [S. l.], v. 74, n. 2, p. 354-372, 1980.

PARSONS, Wayne. **Public Policy**. Cheltenham, UK: Edward Elgar, 1995.

PAVVIT, Keith. Sectoral Patterns of Technical Change: Towards a Taxonomy and a Theory. **Research Policy**, [S. l.], v. 13, n. 6, p. 343-373, 1984.

PECK, M. J.; SCHERER, F. M. **The weapons acquisition process**: An economic analysis. Boston, MA: Division of Research, Harvard Business School, 1962.

PERISSINOTTO, R; CODATO, Adriano (org.). **Como estudar elites**. Curitiba: Ed. UFPR, 2015.

PERNIN, C. et al. **Lessons from the Army's Future Combat Systems Program**. Santa Monica, CA: RAND Corporation, 2012.

PETERS, B. G. **American Public Policy**: Promise and performance. Washington, D.C.: SAGE/CQ, 2013.

PETERS, E. E. **Chaos and Order in the Capital Markets**. New York: Wiley, 1991.

PETERSON, M. **An Introduction to Decision Theory**. Cambridge, UK: Cambridge University Press, 2009.

PETRELLI, N. Lessons from the F-35 Programme. **Instituto Affari Internazionali**, [S. l.], 2020.

PIERCE, A. et al. There and Back Again: A Tale of the Advocacy Coalition Framework. **Policy studies Journal**, [S. l.], v. 45, n. 51, p. 1-34, 2017.

PION-BERLIN, D. **Through Corridors of Power**: Institutions and Civil-Military Relations in Argentina. University Park, PA: Pa. State Univ. Press, 1997.

PIPER, L; RAJAKARUNA, S. **Comparison of Performance of Diesel and Fuell based Submarine Power Supplies.** Kandy, Sri Lanka: IEEE, 2010.

POSEN, B. **The Sources of Military Doctrine**: France, Britain, and Germany between the World Wars. Ithaca, NY: Cornell University Press, 1984.

POSEN, B. R. The security dilemma and ethnic conflict. **Survival**, [S. l.], v. 35, n. 1, p. 27-47, 1993.

PROVAN, K. G.; MILWARD, Brinton H. A Preliminary Theory of Interorganizational Network Effectiveness: A Comparative Study of Four Community Mental Health Systems. **Administrative Science Quarterly**, [S. l.], v. 41, n. 1, p. 1-33, 1995.

PUTNAM, R. D. Diplomacy and Domestic Politics: The Logic of Two-level games. **International Organization**, [S. l.], v. 42, n. 3, p. 427-460, 1988.

RATI, R. Defense Expenditure and Economic Growth. *In*: SANDLER, T.; HARTLEY, K. **Handbook of Defense Economics.** North Holand, Elselvier Science B.V, 1995. p. 460-489.

REPPY, J. **The Place of Defense Industry in National Systems of Innovation.** Ithaca, NY: Cornell University: 2000.

RESENDE-SANTOS, J. **Neorealism, States, and Modern Mass Army**. Cambridge: Cambridge University Press, 2007.

RHODES, E. Do Bureaucratic Politics Matter? Some Disconfirming Findings from the case of the U.S Navy. **World Politics**, [S. l.], v. 47, n. 1, p. 1-41, 1994.

RHODES, R. **The Making of the Atomic Bomb**. New York, NY: Simon & Schuster Paperbacks, 2012.

RINGSMOSE, J. NATO Burden-Sharing Redux: Continuity and Change after the Cold War. **Contemporary Security Policy**, [S. l.], v. 31, n. 2, p. 319-338, 2010.

RIPSMAN, N. M.; TALIAFERRO, Jeffrey W.; LOBELL, Steven E. **Neoclassical Realist Theory of International Politics**. Oxford: Oxford University Press, 2016.

ROBINSON, S. Punctuated Equilibrium Models in Organizational Decision-Making. *In*: MORÇÖL, Göktuğ (ed.). **Handbook on Organizational Decision-Making**. New York, NY: Taylor & Francis, 2007. p. 133-150.

ROBINSON, S. Punctuated Equilibrium. *In:* RABIN, Jack (ed.). **Encyclopedia of Public Administration and Public Policy.** New York: Taylor and Francis, 2004. p. 100-104.

ROGERSON, W. P. Overhead allocation and incentives for cost minimization in defense procurement. **The Accounting Review**, [S. l.], v. 67, n. 4, p. 671-690, 1992.

ROGERSON, William P. Incentive Models of the Defense Procurement Process. *In:* SANDLER, T.; HARTLEY, K. **Handbook of Defense Economics.** North Holand: Elselvier Science B.V, 1995. p. 310-347.

ROSATI, J. Developing a Systematic Decision-Making Framework: Bureaucratic Politics in Perspective. **World Politics**, [S. l.], v. 33, n. 2, p. 234-252, 1981.

ROSE, G. Neoclassical Realism and Theories of Foreign Policy. **World Politics**, [S. l.], v. 51, n. 1, p. 144-172, 1998.

ROSEN, S. **Winning the next war**: innovation and the modern military. Ithaca: Cornell University Press, Ithaca, 1991.

ROSEN, S. **Winning the next war**: innovation and the modern military. Ithaca: Cornell University Press, 1991.

ROSENTHAL, U. *et al*. The Bureau-Politics of Crisis Management". **Public Administration,** [S. l.], v. 69, n. 2, p. 211-233, 1991.

ROSENTHAL, U. Politics and administration: Max Weber and the quest for democratic order. *In:* KOUZMIN, Scott N. (ed.). **Dynamics in Australian public management**: Selected essays. South Melbourne: MacMillan, 1990. p. 392-408.

RUN Silent: The Birth of the Nuclear Navy. **Military**, [S. l.]. 2020. Disponível em: https://www.military.com/history/run-silent-the-birth-of-a-nuclear-navy.html. Acesso em: 9 ago. 2021.

SABATIER, P. A.; JENKINS-SMITH, H. **Policy Change and Learning**: An Advocacy Coalition Approach. Boulder, CO: Westview Press, 1993.

SABATIER, P. A.; JENKINS-SMITH, H. The Advocacy Coalition Framework: An Assessment. *In:* SABATIER, P. (ed.). **Theories of the Policy Process**. Boulder, CO: Westview Press, 2007. p. 117-166.

SABATIER, P. A. Top-Down and Bottom-Up Approaches to Implementation Research: A Critical Analysis and Suggested Synthesis. **Journal of Public Policy**, [S. l.], v. 6, n. 1, 1986.

SABATIER, P. A. An advocacy coalition framework of policy change and the role of policy-oriented learning therein. **Policy Sciences**, [S. l.], v. 21, n. 1, 1988.

SABATIER, P. A.; WEIBLE, Christopher M. The Advocacy Coalition Framework: Innovations and Clarifications. *In*: SABATIER, Paul A. (org.). **Theories of The Policy Process**. Boulder: WestView Press, 2007. p. 201-232.

SATURNO, T. **Continuing resolutions**: Overview of components and recent practices. (CRS Report No. R42647). Washington, D.C.: Congressional Research Service, 2016.

SCALES, R. **Yellow Smoke**: The Future of Land Warfare for America's Military. Lanham, MD: Rowman & Littlefield Publishers, 2003.

SCHATTSCHEINEDER, E. E. **The Semisovereign People**. New York, NY: Harcourt Brace Javonovich, 1975.

SCHERER, E. M. **The weapons acquisition process**: economic incentives. Boston: MA Harvard Business School, 1964.

SCHERER, E. M. Using linked patent and R&D data to measure interindustry technology flows. *In*: GRILICHES, Z. (ed.). **R&D, patents, and productivity**. Chicago, IL: University of Chicago Press, 1984. p. 417-461.

SCHILLING, W. R. The H-Bomb Decision: How to Decide without Actually Choosing. **Political Science Quarterly**, [S. l.], v. 76, n. 1, 1961.

SCHLAGER, E.; BLOMQUIST, W. A. Comparison of Three Emerging Theories of the Policy Process. **Political Research Quarterly**, [S. l.], v. 49, n. 3, p. 651-672, 1996.

SCHMOOKLER, T. **Invention and Economic growth**. Cambridge, MA: Harvard University Press, 1966.

SCHNEIDER, M. *et al.* Building Consensual Institutions: Networks and the National Estuary Program. **American Journal of Political Science**, [S. l.], v. 47, n. 1, p. 143-158, 2003.

SCHOFIELD, S. Defence technology, industrial structure and arms conversion. *In*: COOPEY, R.; UTTLEY, M.; SPORADI, G. (ed.). **Defence science and technology**: adjusting to change. Harwood: Reading, 1993. p. 134-161.

SCHWELLER, R. L. **Deadly Imbalances**: Tripolarity and Hitler's Strategy for World Conquest. New York: Columbia University Press, 1998.

SCOTT, B. **Inside the Stealth Bomber**: The B2 Story. Blue Ridge, PA: TabAero Books, 1991.

SEGURA, E. R. *et al.* Critical success factors in large projects in the aerospace and defense sectors. **Journal of Business Research**, [S. l.], v. 69, n. 11, 2016.

SERTAFI, C. **Production d'Armes, Croissance et Innovation**. Paris: Economica, 1995.

SERTAFI, C. The Place of the French Arms Industry in its National System of Innovation and in the Governmental Technology Policy. *In*: REPPY, Judith. **The Place of Defense Industry in National Systems of Innovation**. Ithaca, NY: Cornell University, 2000. p. 71-95.

SHERIDAN, A. E.; BURNES, R. **F-35 Program History**: From JAST to IOC. Reston, VA: American Institute of Aeronautics and Astronautics, 2018.

SHERWIN, C. W.; ISENSON, R. S. Project hindsight: A Defense Department study of the utility of research. **Science**, [S. l.], v. 23, n. 157, 1967.

SHIMOOKA, R.; NORAD, Tactical Fighter Modernization and the F-35: Operational Considerations, Process and Politics. *In*: LEUPRECHT, Christian; SOKOLSKY, Joel J.; HUGHES, Thomas (ed.). **North American Strategic Defense in the 21st Century**: Security and Sovereignty in an Uncertain World. Switzerland: Springer Nature, 2018. p. 162-173.

SIL, Rudra; KATZENSTEIN, P. J. **Beyond Paradigms**: Analytic Eclecticism in the Study of World Politics. Basingstoke: Palgrave Macmillan, 2010.

SILVA, F. M. E; ELEONORA, S. M. C. Process-tracing e a produção de inferência causal. **Teoria e Sociedade**, [S. l.], v. 22, n. 2, p. 104-125, 2017.

SIMON, H. A. **Administrative Behavior**: A Study of Decision-Making Processes in Administrative Organization. New York: Free Press, 1965.

SIPRI. **SIPRI Yearbook**. Oxford: Blackwell, Oxford (for Stockholm International Peace Research Institute), 2020.

SKOCPOL, T. **States and Social Revolutions**: A Comparative Analysis of France, Russia, and China. Cambridge: Cambridge University Press, 1979.

SMITH, J. R. General Disputes Cheney on Need for B-2 Bomber. **Washington Post**, [S. l.], p. 15, 5 May 1990.

SMITH, R. The Demand for Military Expenditure. *In*: SANDLER, T.; HARTLEY, K. **Handbook of Defense Economics.** North Holand: Elsevier Science B.V, 1995. p. 70-89.

SMITH, R. Military expenditure and capitalism. **Cambridge Journal of Economics**, [S. l.], v. 1, n. 1, p. 61-76, 1977.

SMITH, R. Military expenditure and capitalism: a reply. **Cambridge Journal of Economics**, [S. l.], v. 2, n. 3, p. 299-304, 1978.

SNYDER, G. The Security Dilemma in Alliance Politics. **World Politics**, [S. l.], v. 36, n. 4, p. 461-496, 1984.

SOROKA, S.; WLEZIEN, C.; MCLEAN, I. Public Expenditure in the UK: How Measures Matter. **Journal of the Royal Statistical Society**, [S. l.], v. 169, n. 2, p. 255-271, 2006.

SPRENGER, S. 30 Years: Future Combat Systems: Acquisition Gone Wrong. **Defense News**, [S. l.], Oct. 2016. Disponível em: https://www.defensenews.com/30th-annivesary/2016/10/25/30-years-future-combat-systems-acquisition-gone-wrong/. Acesso em: 8 nov. 2021.

STACY, Jerry; GUNZINGER, Mark. **Bureaucratic Politics and the B-2 Bomber**: The FY'96 Budget as a Case Study. Washington, D.C.: Naval War College, 1996.

STEIN, J. Deterrence and Reassurance. *In*: TETLOCK, Philip; HUSBANDS, Jo; JERVIS, Robert; STERN, Paul; TILLY, Charles. **Behavior, Society and Nuclear War**. New York: Oxford University Press, 1991.

STENHAR, A. J.; DVIR, D. Toward a typological theory of project management. **Research Policy**, [S. l.], v. 25, n. 1, p. 607-632, 1996.

STERLING-FOLCKER, J. Realist Environment, Liberal Process, and Domestic-Level Variables. **International Studies Quarterly**, [S. l.], v. 41, n. 1, p. 1-25, 1997.

STONE, M. Bipartisan U.S. senators pen support for funding of F-35 jet. **Reuters**, [S. l.], 2021. Disponível em: https://www.reuters.com/world/us/bipartisan-us-senators-pen-support-funding-f-35-jet-2021-05-06/. Acesso em: 7 dez. 2021.

STOWSKY, J. Secrets to shield or share? New dilemmas for military R&D policy in the digital age. **Research Policy**, [S. l.], v. 33, n. 3, p. 257-269, 2004.

SU, T.; KAMLET, M. S.; MOWERY, D. Modeling U.S. Budgetary and Fiscal Outcomes: A Disaggregated, Systemwide Perspective. **American Journal of Political Science**, [S. l.], v. 37, n. 1, p. 213-245, 1993.

SWANN, P. **The Economics of Innovation: An Introduction**. Cheltenham: Edward Elgar Publishing, 2009.

TERLECKYJ, N. Direct and indirect effects of industrial research and development on productivity growth of industries. *In*: KENDRICK, J. W.; VACCARA, B. N. **New development in productivity measurement analysis**. Cambridge, MA: NBER, Chicago Un. Press, 1980. p. 357-386.

TERLECKYJ, N. **Effects of R&D on The Productivity Growth of Industries**: An Exploratory Study. Washington, D.C.: National Planning Association, 1974.

THATCHER, M. The Development of Policy Network Analyses: From Modest Origins to Overarching Frameworks. **Journal of Theoretical Politics**, [S. l.], v. 10, n. 4, p. 389-416, 1988.

THOMAS, J.; TUNG, S. Cost Manipulation Incentives under cost-reimbursement: Pension costs for defense contractors. **The Accounting Review**, [S. l.], v. 67, n. 4, p. 691-711, 1992.

THURMAIER, K. Decisive Decision-Making in the Executive Budget Process: Analyzing the Political and Economic Propensities of Central Budget Bureau Analysts. **Public Administration Review**, [S. l.], v. 55, p. 448-460, 1995.

TILLY, C. **Coercion, Capital, and European States AD 990-1990**. Cambridge, Massachusetts: Basil Blackwell, Inc., 1990.

TISHLER, A. *et al*. Identifying critical success factors in defense development projects: A multivariate analysis. **Technological Forecasting and Social Change**, [S. l.], v. 51, n. 2, 1996.

TRUE, J. L.; JONES, B. D.; BAUMGARTNER, F. Punctuated-Equilibrium Theory: Explaining Stability and Change in Public Policymaking. *In*: SABATIER, Paul A. (org.). **Theories of The Policy Process**. Boulder: West View Press, 2007. p. 129-155.

TRUE, J. L. Avalanches and Incrementalism. **American Review of Public Administration**, [S. l.], v. 30, n. 1, p. 3-18, 2000.

TRUE, J. L. Is the National Budget Controllable? **Public Budgeting and Finance**, [S. l.], v. 15, n. 2, p. 18-32, 2003.

TRUMAN, D. B. **The Governmental Process**: Political Interests and Public Opinion. New York: Alfred A Knopf, 1971.

TSEBELIS, G. Veto Players and Institutional Analysis. **Governance**: An International Journal of Policy and Administration, [S. l.], v. 13, n. 4, p. 441-474, 2000.

UN (United Nations). **The economic aspects of disarmament**: Disarmament as an investment process. New York: United Nations, 1993.

UNDERSECRETARY OF DEFENSE (Comptroller). DoD Budget Request: Washington D.C.: Disponível em: https://comptroller.defense.gov/Budget-Materials/. Acesso em: 6 dez. 2021.

USS NAUTILUS. **History of the USS Nautilus**. Disponível em: https://ussnautilus.org/history-of-uss-nautilus/. Acesso em: 8 abr. 2021.

VASQUEZ, J. A. The Realist Paradigm and Degenerative versus Progressive Research Programs: An Appraisal of Neotraditional Research on Waltz's Balancing Proposition. **American Political Science Review**, [S. l.], v. 91, n. 4, p. 899-912, 2007.

VEKSTEIN, D. Defense conversion, technology policy and R&D networks in the innovation system of Israel. **Technovation**, [S. l.], v. 19, n. 10, p. 615-629, 1999.

VENABLE, J. **ISSUE BRIEF Nº 2042**. The F-35A Is the World's Most Dominant, Cost-Effective Fighter: The Air Force Needs to Accelerate Its Acquisition Now. Washington, D.C.: The Heritage Foundation (Center for National Defense), 2020.

WAKELIN, J. H. Hr. **The Development of Nuclear Propulsion in the Navy**. 22nd Meeting of the American Power Conference in Chicago. Chicago, 1960.

WALGRAVE, S.; FRÉDÉRIC, V.; DUMONT, P. Policy with or without Parties? A Comparative Analysis of Policy Priorities and Policy Change in Belgium (1991-2000). **Journal of European Public Policy**, [S. l.], v. 13, n. 7, p. 1021-1038, 2006.

WALKER, L. J. Jr. **Mobilizing Interests Groups in America**: Patrons, Professions, and Social Movements. Ann Arbor: University of Michigan Press, 1991.

WALKER, W.; GRAHAM, M.; HARBOR, B. From components to integrated systems: Technological diversity and interactions between military and civilian sectors. *In*: GUMMETT, P.; REPPY, Judith (ed.). **The relation between military and civilian technologies**. Dordrecht, Netherlands: Kluwer Academic Publishers, p. 17-3, 1988.

WALLACE, M. Armaments and Escalation: Two Competing Hypotheses. **International Studies Quarterly**, [S. l.], v. 86, n. 1, p. 37-56, 1982.

WALT, S. M. **The Origins of Alliances**. New York: Cornell University Press, 1987.

WALT, S. M. The Enduring Relevance of the Realist Tradition. *In*: KATZNELSON, Ira; MILNER, Helen (ed.). **Political Science**: State of the Discipline. New York: W. W. Norton, 2002. p. 197-230.

WALTER, S. G.; SCHAFER, M.; YOUNG, M. D. Systemic Procedures for Operational Code Analysis: Measuring and Modeling Jimmy Carter's Operational Code. **International Studies Quarterly**, [S. l.], v. 42, n. 1, p. 175-190, 1998.

WALTZ, K. **Theory of International Politics**. Reading, MA. Addison-Wesley Publishing Company, 1979.

WALTZ, K. International Politics is not Foreign Policy. **Security Studies**, [S. l.], v. 6, n. 1, 1996.

WATERIDGE, J. How can IS/IT projects be measured for success? **International Journal of Project Management**, [S. l.], v. 16, n. 1, , p. 615-629, 1988.

WATTS, B. **The US Defense Industrial Base**: Past, Present and Future. Washington D.C.: CSBA, 2008.

WELCH, D. A. A Positive Science of Bureaucratic Politics? **Mershon International Studies Review**, [S. l.], v. 42, n. 2, p. 210-216, 1998.

WELCH, D. A. The Organizational Process and Bureaucratic Politics Paradigms: Retrospect and Prospect. **International Security**, [S. l.], v. 17, n. 2, p. 112-146, 1992.

WELCH, J. Assessing the Value of Stealthy Aircraft and Cruise Missiles. **International Security**, [S. l.], v. 14, n. 2, p. 47-63, 1989.

WIBERG, H. Measuring military expenditures: Purposes, methods, sources. **Cooperation and Conflict**, [S. l.], v. 18, n. 1, p. 161-177, 1999.

WIGHT, M. **International Theory**: Three Traditions. New York, NY: Holmes & Meier Pub, 1993.

WILDAVSKY, A. **The Politics of the Budgetary Process**. Boston: Little, Brown, 1964.

WIT, A. Measurement of Project Success. **International Journal of Project Management**, [S. l.], v. 6, n. 3, p. 164-170, 1988.

WOHFORTH, W. C. Unipolarity, Status Competition, and Great Power War. **World Politics,** [S. l.], v. 61, n. 1, p. 29-57, 2009.

WOHLFORTH, W. C. **The Elusive Balance**: Power and Perceptions during the Cold War. Ithaca, NY: Cornell University Press, 1993.

ZAKARIA, F. **From Wealth to Power**: The Unusual Origins of America's World Role. Princeton, NJ: Princeton University Press, 1998.

ZEGVELD, W; ENZIG, C. **SDI and Industrial Technology Policy**: Threat or Opportunity? New York, NY: St. Martin's Press, 1987.